"十二五"职业教育国家规划教材
经全国职业教育教材审定委员会审定

21世纪高职高专规划教材 ◆ 旅游与酒店管理系列

会展服务与现场管理

（第四版）

HUIZHAN FUWU YU XIANCHANG GUANLI

许传宏 编著

中国人民大学出版社
·北京·

第四版前言

会展行业具有人员密集、交流广泛等特点，举办会展需要便利的公共交通、充足的人力资源以及完善的城市基础设施等。因而，重大的公共突发事件会对会展业产生重大影响。

2020年，新冠肺炎疫情暴发，会展业成为受影响最大的行业之一。东京奥运会推迟，迪拜世博会推迟，包括我国在内的许多国际知名展会纷纷取消或延期。疫情对整个产业链的冲击是全方位的。在此背景下，会展服务与管理部门纷纷出台办法，采取措施，应对危机。例如，北京市政府发布了《疫情期间三级响应下会展行业防控指引》、上海市会展行业出台了《新冠肺炎疫情防控指南（修订版）》等。

在本次修订中，增加了在会展服务与现场管理中，面对新冠肺炎疫情突发这种特殊时期需增加特殊的安保措施，如疫情防控的系列安全措施；会展的开幕式必须把疫情防控放在第一位等内容。这次疫情也加速了会展产业数字化的升级，线上线下融合的趋势越发明显，“云展会”等概念进一步进入大众的视线，尤其是VR、AR、5G、AI等新技术在现代会展上被越来越多地运用。

在现代会展通信中，无线局域网络的使用已经非常普遍，利用宽带或者无线路由器架设的无线网络提供网络服务，是现代会展商务服务的重要内容，付款方式也通过微信或者支付宝等平台进行。本书针对这些内容也进行了修订和完善。同时，本书的典型案例也更换了新的内容，如“第十五届中国国际会展文化节”“第十八届上海国际汽车工业展览会”“第29届中国国际自行车展览会”等有关的素材。

教材在修订过程中，以党的二十大精神为引领，全面贯彻党的教育方针，落实立德树人根本任务，体现课程思政要求，力求成为培根铸魂、启智增慧、适应时代要求的精品教材。

会展是一个不断发展的行业，由于编者的学识有限，本书中还存在着不足之处，恳请广大读者予以批评指正。

本书的出版得到了上海工程技术大学学科建设项目的支持，借本书第四版出版之机，再一次表达对本书的所有读者以及关心和支持本书出版的各界朋友的深深谢意！

许传宏

第一版前言

有数据显示，在中等收入水平国家，有大约50%的国内生产总值来自服务业；在发达国家，这个比例超过60%；而在我国香港地区，更是高达90%以上。会展作为服务业的一部分，其“服务”与“管理”的质量越来越受到人们的重视。

会展服务与现场管理在会展产业链中处于核心位置，它决定着整个会展工作的成败。在会展专业人才的培养中，“会展服务与现场管理”是一门主干课程。

本书在编写过程中，注意吸收国内外会展相关理论研究的新成果，且突出高职高专教材的应用性、实践性、操作性等特点，因此，它既可以作为高职高专会展专业相关课程教学的教材使用，也可以作为从事会展工作人员的参考用书和岗位培训用书。

本书具有以下几个特点：

一是案例导入，以突出学习目标，提出要解决的问题。

二是理论与概念阐述简明扼要，便于记忆和掌握。

三是突出操作技能的应用，步骤精要，方法实用。

四是通过案例解析，完成每章小结，使学生掌握重点。

五是作业指导充分考虑到会展服务与现场管理的实际情况，通过复习思考、案例讨论及工作实践等不同形式，达到举一反三的效果。

目前，会展在我国还是一个新兴的领域，对会展服务与现场管理的诸多方面内容仍处于不断实践和探索阶段，因此，本书一定存在一些不妥当之处，恳请各界朋友批评指正，以便今后能不断地进行完善补充。

许传宏

2007年11月于上海

目录

第1章

概　述

案例导入

德国会展——服务无处不在

面向参展企业的“服务”可谓德国展览业界的灵魂。德国的诸多公司无一例外地将“服务”作为竞争的“杀手锏”。

德国展览界的普遍观点是：“对于成功的展览会而言，绝不是简单地用出租了多少面积来衡量。对参展商和观众的服务是必不可少的。”在这个基本共识的基础上，德国的各大展览公司都使出浑身解数，展开了激烈的服务竞争。这是一种软件和硬件相结合的综合性的竞争。

展览公司作为展览会的举办者，本身就是服务型的企业，所以对参展商的服务自然成为现代展览公司的核心任务。对参展商的良好服务不仅对参展商取得良好展览效果很有帮助、对某个展览项目和展览企业的发展有利，而且从更广泛、更深远的意义上来讲，它能促进一国展览经济的整体发展。德国展览业界就是从这样的高度出发来开展具体的参展商服务工作的。

一、传统的德国展览企业对参展商的服务

传统的德国展览企业对参展商的服务由以下四个方面构成：参展准备、技术支持、市场营销、参展计划。

（一）参展准备

从严格意义上来讲，作为为参展商提供服务的第一大组成部分，参展准备方面的服务主要集中于展览会的摊位。它主要包括下列服务：

(1) 国内外合作单位、代表处、代理公司的服务工作。目前，德国各大展览公司基本都已通过海外分公司、代理公司、合作伙伴等建立了比较完善的全球网络。在参展商参展准备阶段，运用这样的全球网络在世界各主要市场就可以本地化地为参展商提供必要的服务。

(2) 摊位搭建、摊位设计、技术规定、技术指南服务。这些服务，尤其是展览馆的技术规定往往作为参展商和展览举办者所订立合同的一部分，是参展商必须要接受的。

(3) 道具、家具出租。

(4) 其他摊位服务（包括餐饮、装潢、安保、人力资源、清洁、翻译、办公设备租赁等）。

（二）技术支持——硬件方面的服务

现代的摊位结构及技术含量较高的展品的展示都对展出环境提出了更高的要求。因此，展览会举办者的一项主要任务便是做好展览场地的前期准备工作，确保自己出租的场地处于“适展”的状态，同时为参展商提供技术支持性服务，以满足展品展出的技术要求。这些服务包括：

（1）接电服务。

（2）接水服务。

（3）灯光照明。

（4）压缩空气。

（5）通信技术服务（互联网络、视听技术、ISDN、宽带技术、卫星通信等）。

（三）市场营销——软件方面的服务

参展准备与技术支持属于有形的服务，德国展览公司将其基本目的定义为“使展馆内生活成为可能”。而市场营销方面的服务作为无形的服务，同样是参展商所需要的。选用这些服务，可以大大提升参展的效果。属于这个范围的服务有：

（1）为参展商提供该行业内重要客户的信息，具体到地址，以支持参展商以直接邮寄的方式邀请客户的营销活动。

（2）配合参展商共同开展针对展览观众的广告宣传。

（3）提供免费的广告平台。

（4）提供互联网上的展示平台和链接服务。

（5）展览会小册子刊录。

（6）展览场馆内、外广告。

（7）为参展商筹备展出期间的专业研讨会。

（四）参展计划——方便参展商制订参展计划的服务

现代德国展览公司都在潜在客户（潜在参展商）决定参展之前提供一切必要的信息与协助，以便最终说服客户参展。这些服务旨在提高展览会的透明度，用以阐明一旦参展可以获得哪些收益，以帮助客户作出参展决定。通常展览公司向潜在的参展商提供以下信息：

（1）展览会回顾——客观提供往届展览会的分析和数据，包括德国展览会数据自愿管理协会（FKM）认证数据。FKM认证的展览会参展商数、观众数等贸易展览会相关重要数据为权威数据，在德国展览界受到广泛认可。

（2）展览会市场调查结果——往届展览会调查问卷统计结果。

（3）参展手册、工作一览表。

（4）行业信息，尤其是发展趋势——这对于参展商选择符合市场发展需求的展品并取得良好参展结果至关重要。

（5）其他有助于促进参展可能性的有效信息。

二、纽伦堡展览公司的服务战略

德国的展览企业贯彻为客户提供涵盖一切的服务，不仅体现在德国国内的展览会，而且出展工作也遵循这样的指导思想。

我们以纽伦堡展览公司的服务战略为例来看一下德国会展的服务。

（一）组织结构：成立专门的服务部

在纽伦堡展览公司，展览服务部是最年轻的一个部门，成立于2002年。进行这样组织结构上的改革，其目的有二：一是方便参展商，提高效率。过去没有专门部门时，诸多的展览服务项目全是分散的，由不同的公司提供。参展商在需要服务时，必须多头接洽，费时费力。而现在展览服务部每两年会根据服务业绩、客户的意见等与所有的服务提供方分别签订转包合同，参展商则只需同服务部一家接洽即可。这既方便了参展商，又对服务提供方所提供的服务质量起到监督和控制的作用。二是获取利润。参展商参展需要诸多方面的服务，这便是巨大的市场和商机。展览公司近水楼台，当然不能放过。何况近两年德国展览业受整体经济不景气的影响，利润纷纷下滑。纽伦堡展览公司虽然相对情况较好，但是也必须未雨绸缪。展览会本身在广告、公关等方面都有大量的开支，因此，以展养展，以参展商服务部分的利润来支持展览本身很重要。

（二）服务手段：建立"展览商店"

提供全托、半托、单项、特例等多种形式灵活的服务产品，让参展商任意选择、组合，如同购买普通商品那么方便。

（三）按服务种类区分大类，以不同的颜色加以区别

每个展览项目都有一本相当完整、全面的参展商服务手册，里面包括十分详尽的服务征订表，涉及方方面面。以黄色纸印制的是摊位搭建服务，包括单独摊位、标准摊位、自搭摊位、道具租赁、媒体设备租赁、花卉图案等；以红色纸印制的是运输交通物流服务，包括展品运送、餐饮、安全、清洁、停车、废品销毁、公共交通等；以蓝色纸印制的是技术类服务，包括水、电、压缩空气、冰箱制冷、悬挂、通信等；以绿色纸印制的是市场营销方面的服务，包括举办研讨会、举办各类仪式、室内外广告、特别广告、联络、摄影、组织等。

（四）专业人员按项目组成服务小组

服务小组的特色是专业小组、服务小组、项目小组横向纵向有机结合。横向专业组和服务组按照为参展商服务的四大方面分为四个小组，分别负责摊位搭建、技术支持、运输物流及市场营销。而专业组的四小组又分别和服务组中的不同部分结合成项目小组，每个项目小组又分别负责本年度内纽伦堡展览公司要举办的所有项目。这样纵横交错形成一个有机整体。

（五）设立服务热线、传真和电子邮箱

无论需要哪方面的服务，或对其中哪方面有疑问，参展商只需记住一个电话号码或一个电子邮件地址，便可以得到满意的答复。

（六）争取客座办展者的光顾

展览服务部的客户目标不仅是纽伦堡展览公司自己举办的展览会的参展商，还需要不断开拓思路，拓展、挖掘市场。像纽伦堡展览公司这样自己拥有展览场馆的展览

公司，除了每年举办自己的展览项目以外，还有一项重要的业务，就是出租展馆给那些没有展览场地的所谓“客座办展者”。譬如，著名的纽伦堡国际玩具展览会就属于这样的性质。玩具展的主办者是玩具协会的展览公司。对于这一性质的展览会，通常参展商服务都是由主办者自理，纽伦堡展览公司的展览服务部不能介入。但是因为拥有得天独厚的地利之便（本身就坐落于展览中心内），因此对主办者而言，利用展览服务部的一些服务渠道就显得更加方便，对于纽伦堡展览公司的展览服务部而言，就又成功争取到了一部分利润与市场。

案例分析

会展属于服务型产业，服务是会展业的基本属性。可以说，服务，尤其是对参展商的服务，是现代会展企业的核心任务，是会展企业取得成功的关键所在。德国的展览企业一贯尝试着为客户提供涵盖一切的服务，这一点，我们从纽伦堡展览公司的服务战略中可见一斑。德国会展服务与管理的经验对中国会展业的发展很有借鉴意义。

教学目标

- 熟知会展服务的含义与特点。
- 理解广义与狭义的会展现场的含义。
- 掌握会展服务与现场管理的类别。
- 掌握会展服务的基本要求。
- 明确会展现场管理的基本要求。

基本概念

服务（service）　会展服务（exhibition service）　会展现场（exhibition site）　会展项目管理（exhibition events management）

1.1　会展服务与现场管理的概念

1.1.1　会展服务的概念

1. 会展服务的含义

服务业又称第三产业，指国民经济中能提供服务、取得无形收益或创造财富而不生产有形产品的产业部门。会展属于服务业，会展服务有广义与狭义之分。

（1）广义的会展服务。

广义的会展服务是指会展企业和与会展相关的企业向会展活动的主办方、承办方、支持方、与会者、参展者、客商及观众所提供的全方位服务，包括会展策划、会展筹备和组织、会展接待、会展文案制作、会展宣传等各方面的服务。

在广义的会展服务方面，会展服务企业是主体，但其他相关企业如宾馆、旅行社、银行、广告公司、保险公司等，都可以在会展活动中提供有特色的服务。

（2）狭义的会展服务。

狭义的会展服务是指在会展活动中，由主办方或承办方向与会者、参展者、客商及观众所提供的各项服务，主要包括采访、接待、礼仪、交通、运输、餐饮、后勤、租赁、文书、通信、金融、展台设计、展具制作、展台搭建等方面。

狭义的会展服务项目主要是由主办方、承办方或专业会展公司提供的。如会展期间的金融和保险服务，可由主办方或承办方提供代理服务。

（3）广义与狭义会展服务的区别。

从主体上看，广义的会展服务主体是会展服务的外部机构，如会展场馆、物流公司、广告公司、工程搭建公司等；而狭义的会展服务主体是会展活动的主办方、承办方以及专业会展公司，是会展活动的内部机构。以展览为例，就服务的供给与需求关系而言，展览现场的基本关系如图 1－1 所示。

图 1－1　展览现场服务的主体与客体

从形式上看，广义的会展服务是提供直接的服务项目，如宣传物品印刷、展品运输、展台搭建等；狭义的会展服务主要是提供咨询、推介和沟通等间接服务。会展活动的主办方或承办方一般都是委托相关的公司或部门，如会展场馆或其他公司，提供具体的服务内容和项目，或者直接由会展活动的主办方或承办方提供一些如餐饮、宾馆接待等方面的服务。

2. 会展服务的特点

会展是特殊的服务行业，其核心本质是服务。会展服务具有专业性、人文性、综合性、时尚性、协调性等特点。

（1）专业性。

参与会展服务的人员必须掌握足够的会展专业知识。只有明确了会展的业务性质、范围、工作流程、职责要求及服务标准，才能更好地完成会展服务工作。例如，会展项目策划、展台设计等，都有很强的专业性要求。

（2）人文性。

中国古代典籍《易经》中就有对“人文”的诠释：“文明以止，人文也。”“观乎人文以化成天下。”“人文”强调对人的关怀，强调个性化服务。在会展服务中，人文性贯穿于会展的整个过程——会展报名，会展的议题，会场的选择，会展的筹备、策划、日程安排，与会者的餐饮，会展布置，现场服务及会后的后续工作等。

（3）综合性。

要做好会展服务工作，需要综合素质好、能力强的专业人员。会展服务的对象特殊而又复杂，参与会展服务的人员不仅要具有历史、文化、营销、礼仪、服务心理等现代服务理论，而且必须掌握接待礼仪、沟通艺术、餐饮文化、现代设施及设备的使用等服务技能。

（4）时尚性。

现代服务业的特性决定了会展服务的性质、场所与时代的发展密切相关，因此，服务的形式与内容都要求时尚、有现代感，能给所有参加会展的人留下深刻印象。

（5）协调性。

会展服务林林总总，所涉及的部门很多，各部门只有通力合作、协调共进，才能提高服务效率，达到共赢的目的。

1.1.2　会展现场管理的概念

1. 会展现场的含义

会展现场有广义与狭义之分。

（1）广义的会展现场。

现代意义上的“会展”或“展会”，并不是孤立的“展”“会”或“展览”，而是有将展览与会议、贸易、赛事、演艺等活动相结合的趋势。这一方面是会展与展览、会议、节事活动的内在联系使然，另一方面则反映了主办者对会展的重视，希望更隆重、更有效地举行。它大大地丰富了会展的内容，提高了会展的档次，增加了会展的吸引力。因此，可以说会展也就是会议、展览、节事等集体性活动的简称，是指在一定地域空间内，由多个人集聚在一起形成的、定期或不定期的、集体性的物质、文化交流、交易活动。

据此，广义的会展现场包括展览、会议、节事活动等在内的全部有形场所和设施，以及全部相关无形要素在现场的集合。

（2）狭义的会展现场。

直观地看，会展现场包括室内外场馆及配套活动场所与设施，如展厅、会场、场馆的门禁系统、馆区连接通道、贵宾接待室、开（闭）幕典礼及相关活动场所、休息餐饮场所、卫生间、停车场等。狭义的会展现场有时特指会议现场、展览现场或节事活动现场。

2. 会展活动的特点

我们以会展活动中最具代表性的三类活动（会议活动、商业性展览活动、节事活动）为例来看会展活动的特点（见表 1－1）。

表 1－1　三类会展活动的特点

会议活动	展览活动（商业性）	节事活动
（1）专业导向。 （2）重复性低。 （3）场地要求分散，时间较短。 （4）依赖场馆提供的全面服务。 （5）餐饮服务要求较全面。 （6）与会人数一般较展览会少，而且多为专业人士。	（1）市场导向。 （2）重复性高。 （3）场地要求大，时间较长。 （4）某些服务由承办商负责（如展台搭建、运输等）。 （5）基本的餐饮服务要求。 （6）参与人数较多。	（1）社会导向。 （2）重复性依情况而不同。 （3）场地要求大，时间短。 （4）所需提供服务较少，但安全保障要求较高。 （5）一般无餐饮服务要求。 （6）参与人数极多且杂。

显然，不同类别的会展活动，其活动目的与导向有很大不同，对会展场地、设备等的要求也各异，因而，这对会展现场管理提出了较高的要求。

3. 会展现场管理的流程

会展现场管理根据活动类别的不同而有所区别。以展览为例，其现场管理的一般流程如图 1－2 所示。

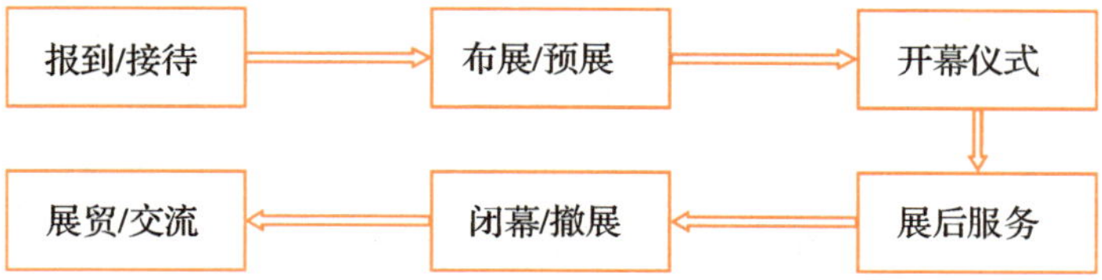

图 1－2　展览现场管理的一般流程

从会展现场服务管理的主体上来看，主要有组展商与场馆商。一般来说，场馆商主要提供布展服务、场地管理、会议和活动服务，以及展场商务等；组展商要做的工作主要有布展接待与管理、开幕式的设计与组织、展场服务与控制、会议设计与组织、活动设计与管理、观众服务与控制、信息采集与管理，以及闭幕与撤展等。

值得指出的是，组展商与场馆商在服务与管理上虽然分别承担着不同的职能，但由于会展现场的管理是一项关联紧密的系统工程，所以，在场地管理、会议和活动服务及展场商务等方面，组展商与场馆商需要通力合作、紧密配合，共同做好会展的服务与管理工作。

4. 会展项目管理与现场管理

（1）会展项目管理的相关理论。

会展项目管理是会展项目管理者根据会展项目运营客观规律的要求，运用系统观点、理论和方法，对执行中的会展项目各阶段工作进行计划、组织、控制、沟通和鼓励，以实现其目标的各项活动的总称。

会展项目有多种类型，不同类型的项目管理，其任务也不尽相同。会展项目管理一般包括会展项目团队组织、成本控制、进度控制、质量控制、合同管理和风险管理等任务。

从会展项目管理的过程来看，其主要包括四个阶段，如图1-3所示。

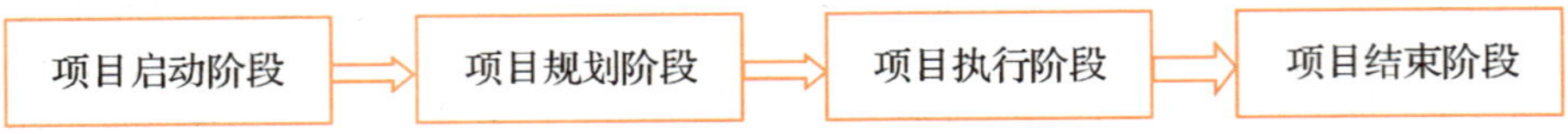

图1-3　会展项目管理过程的阶段划分

会展项目管理的过程按一定顺序发生，彼此紧密关联。根据具体会展项目的不同，每个过程的时间长度和投入情况都会有所不同。大致说来，会展现场管理主要发生在项目执行阶段，但是，执行阶段的每一任务或环节都不是孤立的，它与整个会展项目的启动、策划及善后工作息息相关。

（2）会展现场管理的定义。

会展现场管理是会展项目管理的实施、执行环节。简言之，会展现场管理是指会展项目的主办方、承办者（组展商）及会展场馆商为完成既定的会展目标，对发生在会展活动场所（会议室、展览厅、露天广场、礼堂、运动场等）的会展活动所实施的一系列的组织、控制、沟通、服务等工作的过程。

1.2　会展服务与现场管理的类别

1.2.1　会展服务的分类

会展服务有不同的分类方法，从会展服务的对象来看，有对参展商的服务、对观众的服务和对其他会展参加者的服务；从会展的不同阶段来看，有展前、展中服务，也有展后服务；从会展服务提供的方式来看，有承诺服务、标准化服务、个性化服务和专业服务等。

一般来说，人们习惯上按服务的功能、内容将会展服务分成下述几种。

1. 广告宣传类

现代会展广告宣传服务的项目很多，展会品牌与产品形象的广告宣传也比较复杂。

围绕会展现场的相关服务有派送宣传活动的宣传品、服务手册，提供会展现场的新媒体广告、招贴广告、入场券广告等。

2. 信息咨询类

信息在现代会展中的地位越来越重要，从传播学的角度来说，会展是一种物质、精神信息的传播交流交易活动。信息服务包含的内容多种多样，如提供会议简报、会展动态，发布会展资讯以及处理与会展活动相关的提案和议案等。

3. 秘书礼仪类

秘书礼仪服务在会展活动中是最常见的，如会展文案写作、会议记录、报到签到、资料分发、礼仪引导、庆典礼仪、会展模特等。

4. 设计安装类

会展活动离不开设计安装服务，从展台、会场的设计到展具展架定制、搭建布展、设备安装、撤展等都需要专门的设计搭建服务机构。

5. 运输仓储类

随着会展产业的区域化、国际化发展趋势，会展物流服务业务日益重要。这方面相应的服务有提供展品、展具、展架等的包装、运输、通关、搬运、仓储等。

6. 设备租赁类

如向参展商提供语音视频会议系统、电视墙、视频数字投影仪、音响扩声系统、灯光表演系统、同声传译系统、洽谈桌椅等设备的租赁、安装、调试服务。

7. 休闲娱乐类

在会展活动中，安排文艺表演观摩、体育比赛、摄影摄像等活动，让观众、嘉宾休闲娱乐也是常见的服务形式。

8. 观光考察类

现代会展通常在会展活动期间或会展结束后，会结合会展活动主题，适当地安排商务考察、文化考察、观光旅游等方面的活动。

9. 后勤保障类

会展后勤保障方面的服务主要有为参加者提供安全保卫、食宿安排、茶水供应、票务联系、展品保护、现场急救等。

从会展服务的内容来看，会展项目不同，其服务内容往往有很大差异。以会务服务为例，会务服务的内容主要包含会议服务和会议接待两个方面。一般来讲，接待工作主要在两头，而会议服务在中间，它们是一个整体，任何一个环节都不能脱节或被轻视。

从某种意义上来说，服务水平的高低，往往决定着会展活动的成败。因而，增强服务理念，提高服务水平，搞好服务反馈，为参加会展的各方人士提供优质、高效、满意的服务是现代会展举办者追求的奋斗目标。

1.2.2 会展现场管理的分类

按照会展活动所包含的内容，我们可以将会展现场管理分为会议的现场管理、展览的现场管理及节事活动的现场管理等类别。

1. 会议的现场管理

会议的现场管理主要是为了确保会议的顺利、高效进行，其管理的内容涵盖会前的准备，如会议通知、会场布置、会议编组、证件制发、交通接送、安全保障；会间工作，如人员签到、迎候入座、文件印发、会议记录、参观引导、会场调度、现场指挥、茶歇餐饮、生活服务；会后收尾，如票务安排、文件清退、财务结算、会场清理等。

在会议的现场管理中，一定要有明确的责任分工，由会务负责人统一调度指挥。

2. 展览的现场管理

在会展现场管理中，展览的现场管理是最具有代表性的。一般来说，展览的现场管理主要有以下内容：

（1）报到接待管理。

报到接待管理主要包括接待参展商和展会媒体的报到、接纳展品进场等，一般由组展商负责。

（2）展位搭建管理。

展位搭建管理主要包括参与并监督搭建施工、供给施工用电等，一般由场馆商负责。

（3）展场秩序管理。

展场秩序管理主要包括保障展览秩序、预防和处理事故、进行开馆和闭馆的管理等，一般由场馆商和组展商共同负责。

（4）展馆安全管理。

展馆安全管理主要包括展馆公共安全管理、展馆消防设备设施管理等，一般由场馆商负责。

（5）展览后勤管理。

展览后勤管理主要包括餐饮供给、展馆卫生保洁管理等，一般由场馆商负责。

（6）展具设施管理。

展具设施管理主要包括展具租赁、展览设施巡护管理等，一般由场馆商负责。

近年来，有些展览的现场管理还增加了媒体管理、广告管理、外包管理、信息管理等新的内容，展览的现场管理呈现出越来越科学化、专业化、系统化的趋势。

3. 节事活动的现场管理

节事活动的现场管理包含很多内容，这里从场地的布置与管理、后勤管理和现场人员管理三个方面来描述。

（1）场地的布置与管理。

节事活动的现场有室内场地、临时搭建的凉棚式场地及露天场地等多种类型。选择何种场地来实施活动方案不仅要看活动的性质，而且要根据活动的层次、规模、场地条件对活动项目的适合性、场地的区位因素及设施设备要求等进行。要根据举办场地所必须具有的要素进行区域化管理，一般将节事活动的现场分为舞台、表演和演示区域，观众和参与者区域，设施设备管理区域及服务区域等。

（2）后勤管理。

对于所有节事活动而言，现场管理中的后勤管理是非常重要的，即便是极其微小的细节也会影响活动的成败。后勤管理中要弄清的问题有：

- 举办活动的目的是什么？是招商引资、募集资金、吸引媒体注意、促销各种产品，还是提供公众娱乐机会？
- 活动规模如何？预计有多少观众、媒体记者和 VIP 贵宾参加？
- 活动在室内还是在室外进行，还是两者皆有？
- 活动是否有分会场？如果有，它们之间相距多远？
- 是否开展线上活动？线上线下有无互动安排？
- 是否需要，以及需要哪方面的服务商/供应商？如何选择服务商/供应商？
- 活动对设施有何要求？
- 公共卫生部门对设施有何限定？公共卫生事件的防疫管控与要求如何？
- 是否提供食品和饮料？如果提供，谁负责？由谁或向谁提供？
- 计划特邀多少嘉宾？
- 运动员/演员、观众和媒体记者乘坐何种交通工具抵离场地？停车场地在哪里？列出交通车辆的类型、来往时间和特殊要求。
- 工作人员和志愿者乘坐什么车辆到达指定地点？
- 对卫生设施的需求（按照国际标准，每 100～200 人应有一个公厕位。2016 年 11 月 17 日，住房和城乡建设部发布了《城市公共厕所设计标准》。新标准中将女性厕位与男性厕位的比例提高到 3∶2，人流量较大地区为 2∶1）。
- 需要特殊照顾的观众（如残疾人、老人、不同语种的外国人）是否占有很大的比例？
- 场地的座位如何布局？是否考虑到对公共卫生事件的防疫管控？
- 活动需要多少工作人员和志愿者？
- 需要安排多大的地方来存储设备和物品？

- 工作人员和志愿者是否需要制作制服？
- 需要安排何种紧急救援、安保措施和人流控制措施？
- 可能发生的情况（如人群冲突、遇到阴雨或高温天气等）对加强安全措施的需求。

此外，还要考虑与服务商/供应商的协作及交通管理、安保管理以及公共卫生安全管理等问题。

（3）现场人员管理。

节事活动举办场地中的人员可分为三类，即组织者（包括临聘人员在内的所有工作人员），观众、游客等消费者，以及邀请来的演员、嘉宾和媒体记者等。做好临聘人员、工作团队的激励工作十分重要，以确保他们现场工作的积极性和高度投入。而对观众、游客等消费者和邀请来的演员、嘉宾及媒体记者等，不仅要做好接待服务工作，而且要确保他们的人身、财产安全。

节事活动的现场最容易出现以下三个问题：

- 活动前期准备不足造成现场物资漏缺。
- 活动现场分工不明确导致管理混乱。
- 对现场突发事件的处理缺乏一定的准备和技巧。

有效的管理是解决这些问题的关键所在。由于节事活动现场的参与人员众多、事务繁杂，如何控制好现场的各项工作，保证活动的顺利进行，对于活动的管理者来说是一个极大的挑战。

节事活动的现场管理一般是根据活动参与者的角色来分配管理工作的，即根据参与活动者的不同身份把现场的管理任务分为若干个方面，每一参与角色群体的相关事务为一方面的管理任务，再分别安排专人来负责每一方面的相关事务，最后由项目负责人来统一管理各个方面的负责人，协调和控制整个现场工作。

1.3 会展服务与现场管理的基本要求

服务是指以各种劳务形式为他人提供某种效用的活动。会展业属于服务行业，它应该像金融、旅游等服务行业那样为顾客提供优质服务，营造美好体验。会展主题的策划和会展活动的举行要牢固树立服务的宗旨，明确如何做好服务，这是会展活动成功举办的基础和前提。

1.3.1 会展服务的基本要求

世界著名企业 IBM 对服务是这样阐释的：

> 服务并不是能够接触到、看得到或感觉得到的有形产品，而是一种无形的行为和绩效。简单地说，服务是行动、过程和表现。

服务有自己的特性，服务的关键词是“行动、过程和表现”。会展作为服务业的一种，它具有一般服务的原则，同时作为一种专业性很强的行业，会展服务又有着自己具体的基本要求，具体如下所述。

1. 以顾客为中心

企业服务营销最重要的战略就是“关注客户”。这就意味着所有的服务战略都必须关注客户，服务战略的实施需要了解对客户的影响。策划组织者关于服务和沟通的决策要融入客户的观点。

从会展主办方的角度来看，在会展服务中，如果说参展商是客户，那么，参展、参会者都可以视为会展主办者的“顾客”。会展服务应该首先树立以顾客为中心的原则。

一般来说，顾客总是期望完美的、规范化的服务，这就要求会展服务的提供者要充分了解顾客的期望，选择正确的服务设计和标准，按标准提供服务，服务的绩效与服务承诺相匹配。

例如，在会展服务过程中，常常会遇到顾客的不满与抱怨，以顾客为中心的服务原则应该是欢迎与鼓励抱怨。抱怨是应该被预期、被鼓励和被追踪的。抱怨的顾客应该真正被当作朋友来看待。在接到顾客的抱怨之后，迅速采取补救措施并及时处理，这样才可以变不利为有利，提高顾客的满意度。

2. 细节决定成败

会展服务成功的一个重要衡量标准是，让客户或观众在参加你所组织的活动或接受你的赠品时，愉快地接受你所宣传的理念并乐意接受你的服务。这就要求会展服务者在与客户交流时要做到热情周到、细致入微，要能在短时间的接触中，正确地了解对方的职业、身份、兴趣、爱好等，并迅速作出判断，为其提供切实有效的服务。

在会展服务细节上，有人曾作出过这样的解释：

服务（Service）这个词包含了你跟顾客接触、保持跟顾客的关系时，所必要的一切组成部分。

S代表微笑（Smile）：你的微笑，你友好的方式，给人以温暖和受欢迎的感觉，从而表明一种积极的态度。微笑是一张天下通行的名片。

E代表优秀（Excellence）：你工作的每一个地方都要完美。例如，服装、修饰、倾听的能力、实际知识、信守承诺等。

R代表乐意（Ready）：随时乐意为顾客服务。这意味着不能与同事聊天，或低头看手机、打私人电话，因为那样的话，你会自顾不暇，不能够服务好顾客。

V代表察看（Viewing）：对会展现场有全面的观察，从顾客发出的语言和非语言的信号中，理解顾客的需求。

I代表吸引（Inviting）：你的仪态、行为非常吸引人，顾客感到很受欢迎，因而渴望回来。你可以通过提出开放式的问题，欢迎顾客提出问题。

C代表创造（Creating）：创造宜人的气氛，让顾客感到快乐。同样，这意味着要想顾客所想，寻找使你的产品能为顾客服务的办法。

E代表眼睛（Eye）：眼神交流。这是指专注于顾客，随时密切注意各种信号，对顾客的需求作出反应。不要东张西望去留意他（她）身后发生的事情，这会给人一种心不在焉的印象，制造一种焦虑不安的气氛。

这里对服务的解释给会展服务者的启示是：要实现令顾客满意的服务，必须以自身不懈的努力，关注到每一个服务的细节，倾心投入，这样才会有回报。

3. 以真诚换取信任

会展中大量的服务体现在参展企业与顾客之间，参展企业的展台服务人员要想在会展中达到吸引顾客的注意、赢得顾客信任的目的，就要清楚参展企业与顾客之间是平等的、互利的，对顾客尊敬，才能赢得顾客的尊敬，也只有这样，参展企业才能获得与客户沟通、交流的机会。

会展现场服务人员在工作中要注意，不管是新顾客还是老顾客，都要尊重顾客的意见，要学会多用征求性的话语，如“请您看看这个好吗?”“您觉得这个怎样?”“那您认为呢?”要让顾客觉得你是一个非常真诚且尊重他人的人，这样他们才会愿意与你交往，乐意合作。做任何一笔生意或发展任何一个新客户，真诚待客都是至关重要的。

会展服务人员必须明白，客户愿意与参展企业合作的主要原因有以下两点：

（1）真诚而有礼貌的交流使客户对参展企业产生了信任感。

（2）通过沟通、了解，客户认为与参展企业合作是可以获得相应利益和好处的。

在会展活动中，一旦赢得了客户的好感，会展服务人员通常会留下他们的联系信息，会展结束后，必须与这些客户经常联系、沟通。建立联系、沟通的畅通渠道，如节假日的祝贺卡、电子邮件的问候祝福等。如果在会展上有对客户的某种服务承诺，那么一定要遵守时间、履行承诺，一直给客户一个真诚、守时的印象，使顾客有兴趣、有信心，与自己的企业长久保持信任合作的关系。

4. 树立全程服务思想

德国慕尼黑国际博览集团的项目总监彼得·诺尔先生曾这样阐述过他们的办展理念：办会展就是做服务，办会展其实是为行业提供交流的平台，如果没有了良好的服务做支撑，会展就无须存在了。

会展服务是一种全程服务，包括会展活动之前的推广宣传、参展商招募和观众的组织；展中服务除了必备的项目之外，还包括法律、科技、信息等方面的援助；展后服务主要体现在相关信息的统计、分析、调查与反馈等方面。不同环节的服务其侧重点是不同的，在会展服务管理过程中，需要平衡这些服务维度。

在整个会展活动中，信息的交流、商贸的洽谈、论坛的召开、观众的邀请等软性服务与场馆的水电供应、交通和食宿的安排、展品的运输与保管、展场的布置与安排等硬性服务结合起来，为会展的参加者创造一个自我表现的舞台，使他们在互动参与中达到体验的升华。

1.3.2 会展现场管理的基本要求

会展的现场工作包括会展活动正式开始之前的一系列准备工作及会展期间到最后会展闭幕这段时间内对会展的各项事务的组织管理工作。会展现场工作是主办机构对会展进行组织管理的集中体现，是会展主办机构与参展商、与会者和观众等有关方面最直接的面对面的交流。它所包含的事务很多，需要多方面的协调配合，会展现场工作某一方面的疏忽和失误就可能对会展造成严重影响，因此，会展主办机构一般对会展现场管理工作都极为重视。

1. 会展现场管理人员的岗位职责

会展现场管理人员的岗位职责如下：

（1）服从会展组织者或领导对会展工作的要求，确保会展各项组织活动顺利完成。

（2）组织会展现场布置，检查场地和各种设备，并保持良好状态。会展开始前消除各种隐患，排除故障。

（3）做好会展接待工作。

（4）做好会展前的准备，确保会展按时、按要求进行。

（5）以高度负责的精神、真诚热情的态度，细致周到地做好会展的各项服务工作。

（6）会展或接待过程中不得擅自离岗或做职责以外的事，确保会展现场工作无差错。

（7）做好会展期间的各项记录。

（8）处理好会展期间的各项应急事务。

（9）保证会展的场所及相关用具清洁卫生，做好饮食卫生的管理工作。

（10）严格遵守各项规章制度和保密要求。

2. 会展现场管理的规程

会展现场管理的规程根据管理主体的不同而有所差异，具体如下：

（1）从会展的主办方角度来说，会展现场管理的规程主要有：

观众登记和入场管理→现场广告管理→参展商（与会者）行为管理→安全管理→交通、物流管理→餐饮管理→证件管理→参展商（与会者）和观众投诉管理→新闻管理等。

（2）从会展的场馆商角度来说，会展现场管理的规程主要有：

物业管理→会展组织管理→展商招待管理→会展网络管理→展台展具管理→综合服务管理→市场推广管理以及会展安全管理等。

会展现场管理规程的每一部分都有具体的指标内涵，概括起来说，会展举办期间现场管理主要是会展现场秩序的维护及会展运营过程的组织与服务，以确保会展的顺利进行。以会展现场巡视为例，在会展举办期间，要指定相关人员对场馆的公共设备设施、功能服务设施、场馆环境及现场秩序等进行日夜巡视和定点巡视，确保设施设备正常运转和现场秩序良好。发现问题要及时通知有关管理部门进行处理。

案例参考

深圳高交会展览中心推出“一站式”服务

深圳高交会展览中心客户服务中心宣告成立后，为主（承）办单位和参展商提供“一站式”服务，使高交会展览中心的服务水平实现了新的飞跃。

所谓“一站式”服务，是将商务、海关、工程、货物运输等机构集中起来为主（承）办机构、参展商提供一条龙服务。这种服务大大方便了参展商、卖家及主（承）办单位，减少了许多不必要的环节。在硬件设施上，新推出的客户服务中心占地面积为600平方米，在设计上以简洁、方便、快捷、优雅为原则，充分发挥了计算机网络技术的功能和作用。在设计思想上强调通透、简单、环保，充分体现了大方、国际化的特点。整个客户服务中心划分为迎候区、办公区、商务区、登录区、洽谈室等几个部分。其中的四个备用办公室可供主（承）办单位（或组委会）作现场办公之用，这样就解决了主（承）办单位找不到展馆职能部门的麻烦，也解决了参展商因对场地陌生而找不到组委会和展馆工作人员的麻烦，充分体现了人性化的设计思想。

客户服务中心以服务窗口的形式对外提供服务。客户服务中心为主（承）办单位提供的服务项目包括展馆租赁、会务预订、展位搭建、消防报建等，为参展商提供的服务内容主要包括展具租赁、展品运输、仓储等。此外，客户服务中心还提供票务、酒店、商务等配套服务，且为主（承）办单位、参展商提供量身定做的个性化服务。

高交会展览中心客户服务中心的负责人说，成立客户服务中心最直接的作用体现在三个方面：一是建立和完善自己的服务体系和服务标准，通过提升服务在全国起到带头作用；二是培养一支各个岗位有机合作的展览服务队伍，形成“多兵种”协同作战的能力；三是将员工的服务素质和服务技能提升到一个新的高度。

高交会展览中心通过流程再造，建立起了一套高标准的、以客户服务为导向的展览服务体系。改造后的服务流程贯穿于整个会展的展前、展中和展后各个环节。展前，为主（承）办机构提供包括对政府的有关政策规定、批文申报、市场分析等内容的立项咨询；在项目确立和签订租馆合同之后，客户服务中心组成项目团队主动介入，并提供主

(承)办机构和参展商所需要的一切服务。场馆、主(承)办机构、承建商及配套服务商是一个利益共同体,为参展商提供最优质的服务是大家共同的目标。

高交会展览中心不断加大国际业务和对国际资源的拓展力度,吸引了全国各地的展馆纷纷前来交流取经。高交会展览中心设在德国和美国的办事处同德国、美国、新加坡、日本、韩国等国际同行建立了友好互动关系。展览中心利用这些丰富的国际资源(包括庞大的资讯数据库资源),为主(承)办机构和参展商提供海外买家邀请、海外宣传推介等服务。此外,展览中心还学习和借鉴世界第四大展览跨国集团——科隆展览有限公司的服务模式及经验,引进其先进的管理经验和服务模式,积极推动深圳展览服务与国际接轨,带动会展管理和会展服务质量的全面提升;展览中心还与德国杜伊斯堡公益中心、深圳大学联合开展会展教育及培训,为我国会展业的发展培养高素质会展服务人才。

案例解析

高交会展览中心创造的全新服务体系引起了业界极大的关注。可以说,高交会展览中心的全新服务体系是面对日趋激烈的展览市场竞争而推出的应对举措。随着国内会展业的迅速发展,市场竞争达到了前所未有的激烈程度,高交会展览中心兼收并蓄了国际国内先进的展览经验和展览项目的运作模式,通过流程重组和再造,推出了一套高于行业标准、富有自身特色的服务系统。展览中心通过这种全新的服务体系,以服务创品牌,提高市场竞争力,更好地为主(承)办机构做好服务,并与主(承)办机构共同推动会展产业的发展壮大。高交会展览中心的经验为会展服务和现场管理提供了有益的借鉴。

本章小结

服务是区别于传统物质产品的一种特殊产品,它不是以物质形态表现出来的一个个具体的有形产品,而是凭借一定物质条件以多种形态表现出来的无形产品。会展活动是一种服务性的活动。会展服务包含在会展活动的采访、接待、礼仪、交通、运输、后勤、旅游、文书、通信、金融、展台设计、展具制作、展台搭建等各个方面。服务创造品牌,一流的服务创造一流的品牌。会展主办者要想在激烈的竞争环境中脱颖而出,除了策划出高品位的会展主题、组织独特新颖的会展活动形式之外,还必须向与会者、参展者提供满意的服务。会展现场管理是对会展期间各项工作的计划和管理,它与会展服务一起共同构成会展策划与筹备最为核心的环节,是会展能取得成功的重要保证。

作业

1. 在会展服务细节上,“服务”(Service)这个词包含了会展企业与顾客接触、保持与顾客的关系时，所必要的一切组成部分。在国际会展服务中，“服务”一词中的S、E、R、V、I、C、E分别被赋予了怎样的内涵？

2. 展览的现场管理主要包含哪些内容？以下是会展现场中常见的突发事件，从现场管理的角度来看分别该如何处理？

（1）断电。

（2）人流拥挤。

（3）遇到偷盗、诈骗。

（4）喷淋或水管爆裂。

（5）展商与顾客发生纠纷。

（6）遇到暴雨天气。

3. 在会展活动中，餐饮服务是重要的一环。在餐饮服务中，涉及大量的计划、控制和团队工作。完善的组织和周密的预先计划是餐饮活动的必要前提，而有效的现场管理是解决会展现场问题的关键。阅读下列材料，试从会展服务的原则及现场管理的要求等角度进行分析。

英国的某次会议

在英国某次会议中，会议组织者已经对会场进行了实地考察，与餐饮工作人员讨论了菜单，抽取了实物的样本，向代表们询问了特殊的饮食要求，核查了残疾与会者出入的便利性，并反复核查了接待处的特殊要求，然后放松了。

但是当前四道菜的第一道出现在苏格兰议题代表的桌上的时候，他们就知道麻烦了：给非素食者们供应的是韭菜鸡汤，而所有素食者在等了很长一段时间之后，他们的汤才被端上来，这个汤与韭菜鸡汤看起来完全一样，只是没有鸡肉，素食者们要会议方保证他们的汤没有以任何动物的死亡为代价的要求遭到了冷遇；下一道菜是哈吉斯和芜菁甘蓝（萝卜），从一开始就看着有问题，在会议方保证他们的哈吉斯是用小扁豆做的之后，这些素食者们的不满情绪才平息下来。

主菜上来的时候，代表们开始真正抗议了。非素食者们被供应了阿伯丁·安格斯牛肉，20分钟后，他们的素食同事们才等到了主菜，他们实在不知道是应该先吃还是应该看着菜变凉。

当素食者们的菜上来的时候，人们发现主菜非常难吃且难以辨认。这种主菜并不是包有野蘑菇的面粉糕饼，而是一堆难以描述的由谷物和豆类构成的东西，这些东西非常黏，以至于当郁闷的素食者将盘子倾斜90°的时候，它们仍然黏在盘子上。整个餐厅响起了抱怨的声音，无论是素食者还是非素食者都非常气愤。

组织者随后发现，素食者直接向工作人员反映了他们对于午餐的不满而不是向会议的组织者。厨师在没有经过讨论的情况下自己修改了菜单。为了改善这种情况，组织者将供应的葡萄酒数量加倍并坚持说可以为那些饥饿的素食者提供冷餐。并要求会场免除了会议的大部分费用。

现在，会议组织者在协议中写明：任何会议的菜单在没有代表团直接授权的情况下，都不能改变。他们向会场方强调，组织机制必须保证同时为素食者和非素食上菜。并且他们告诉代表们如果对食物有意见，可以向会议桌上的工作人员反映。他们还要求将会议晚宴的菜单放在桌子上，每道菜都向素食者展示细节。

第2章

会展推介服务

案例导入

中国北京国际科技产业博览会宣传推介

一、科博会名称由来

科博会是经国务院批准，每年定期举办的国家级高新技术产业国际交流与合作的盛会。它由一系列相对独立的展览、论坛、会议、洽谈等活动组成，每一项活动都有自己的组织机构，承办各自的活动内容。

科博会（原称“北京高新技术产业国际周”，简称“国际周”）创办于1998年，由国家科技部和北京市政府联合主办，北京市贸促会承办。科博会是每年五月定期在北京举办的国家级高新技术产业国际交流与合作盛会，是北京市每年举办的最为重要的品牌会展活动。

1999年，该活动的名称改为“中国北京高新技术产业国际周”，主办单位增加到三家，即国家科技部、外经贸部、北京市人民政府，由北京市贸促会承办。

2001年，该活动的名称改为“中国北京高新技术产业国际周暨中国北京国际科技产业博览会”，主办单位增加到五家，即国家科技部、外经贸部、教育部、信息产业部、北京市人民政府，由北京市贸促会承办。

2002年，该活动的名称改为“中国北京国际科技产业博览会（中国北京高新技术产业国际周）”，主办单位增加到七家，即国家科技部、外经贸部、教育部、信息产业部、中国贸促会、国家知识产权局、北京市人民政府，由北京市贸促会承办。

科博会的名称不断变化，外延不断缩小，内涵逐步丰富，至2003年，名称确定为“中国北京国际科技产业博览会”（以下简称“科博会”），主办单位仍为七家，即国家科技部、外经贸部、教育部、信息产业部、中国贸促会、国家知识产权局、北京市人民政府，由北京市贸促会承办。

2020年9月17日至20日，主题为“推动科技创新中心建设 引领产业高质量发展”的第23届科博会在北京举行，展会通过搭建综合活动、展览展示、推介交易、论坛会议、网上展示推介“五位一体”活动平台，宣传我国科技创新发展成就，展示全国科技创新中心建设成果，取得了良好的效果。

二、从数字看科博会的发展历程

科博会的发展缩影反映了中国经济的快速发展，也客观地体现了北京会展业的快速发展，经过近二十届的培育和精心策划，科博会以其庞大的会展规模、丰富的内容、广泛的国际国内参与和所取得的丰硕成果，在国内外高新技术及相关产业产生了强烈反响，已成为中国进行国际科技经贸交流与合作的重要平台。

科博会的举办，全面宣传推介了我国的发展政策和环境，为科技成果转化为产品、进入市场创造了机会和条件，为技术、人才、信息、资本、管理等高新技术产业链众多要素的对接提供了市场空间，推动了高新技术的商品化、产业化、国际化进程，促进了中国与世界各国的经济技术交流与合作，推动了高新技术发展的新观念、新思维的交流和碰撞，带动了区域经济的发展。

前九届科博会相关数据见表 2－1。

表 2－1　前九届科博会的有关数据

数据项目	第一届	第二届	第三届	第四届	第五届	第六届	第七届	第八届	第九届
参会国家和地区（个）	15	53	51	56	68	45	33	31	35
外国政府、专业代表团（个）	10	18	65	70	70	85	83	139	200
参会总人数（万人次）	6	10	20	80	60	40	34	16	23
展览面积（平方米）	10 000	12 000	28 000	100 000	120 000	60 000	60 000	60 000	60 000
参展中外机构和企业（家）	309	350	510	2 138	2 545	2006	2 100	2 100	3 000
论坛（个）	3	5	16	25	18	22	25	18	10
论坛场次（场）	19	25	55	95	83	81	93	100	
演讲人（人）	41	85	190	400	416	518	580	500	323
经贸洽谈场次（场）	1	7	9	15	10	6	5	10	7
参展中外客商（人次）	500	3 000	4 000	4 000	14 600	7 000	10 000	16 000	
签约项目（个）	32	27	636	823	397	224	252		149
成交额（亿美元）	6.3	6.8	60.23	79.22	75.3	46.82	39.6	120	

从表 2－1 中可以看出：

（1）参会国家和地区、参会总人数、展览面积、经贸洽谈场次、成交额等逐步趋于稳定，表明了北京科博会经历了初期的“小”到突然的“大”，走向“中”，这是一种理性回归。

（2）论坛、演讲人、外国政府和专业代表团依然呈增长的态势，表明科博会的“会中会”越来越成为热点，吸引演讲人的参与和加入，说明科博会的影响力越来越大。

（3）参展中外机构和企业、参展中外客商、签约项目等波动幅度不大，并趋向平稳。

据不完全统计，第 22 届科博会先后有 100 多个国家和地区的 981 个境外政府和科技经贸代表团组参加科博会，有 3 万多家高新技术企业和科研院所推出最新技术成果，参与科博会的各界人士累计达到500余万人次；先后共举办208个专题近千场次高层论坛和专项交流活动，境内外知名科学家、经济学家、著名企业首脑到会演讲5 074人次；举办涉及国内外投资合作、技术贸易、城市发展重点项目等经贸洽谈活动205场，参加中外客商11万余人次，签署合同、协议、意向5 208个，总金额8 432.22亿元人民币。科博会的成功举办，为促进产学研用融合提供了务实链接，为新动能成长和传统动能改造提升提供了技术示范，为深化国际产能合作、拓展科技创新空间提供了重要平台。

三、科博会的宣传阵容

(1) 中央电视台。

(2) 中央人民广播电台。

(3) 中国国际广播电台。

(4) 中国教育电视台。

(5) 海峡之声广播电台。

(6) 新华社。

(7) 中国新闻社。

(8) 北京电视台。

(9) 北京人民广播电台新闻台。

(10) 北京城市管理广播电台。

(11)《人民日报》。

(12)《人民日报（海外版）》。

(13)《经济日报》。

(14)《科技日报》。

(15)《国际商报》。

(16)《光明日报》。

(17)《中国日报》。

(18)《中国贸易报》。

(19)《中国青年报》。

(20)《金融时报》。

(21)《中国经济导报》。

(22)《中国经济时报》。

(23)《中国高新技术产业导报》。

(24)《经济参考报》。

(25)《中国改革报》。

(26)《人民政协报》。

(27)《中国电子报》。

(28)《中华工商时报》。
(29)《中国财经报》。
(30)《中国产经新闻》。
(31)《大众科技报》。
(32)《科学时报》。
(33)《中国信息报》。
(34)《北京日报》。
(35)《北京晚报》。
(36)《北京青年报》。
(37)《北京晨报》。
(38)《北京现代商报》。
(39)《竞报》。
(40)《北京娱乐信报》。
(41)《法制晚报》。
(42)《劳动午报》。
(43)《京华时报》。
(44)《新京报》。
(45)《第一财经日报》。
(46)《华夏时报》。
(47)《中国企业报》。
(48)《中国质量报》。
(49)《法制日报》。
(50)《中国知识产权报》。
(51)《中国国门时报》。
(52)《中国医药报》。
(53)《中国中医药报》。
(54)《中国证券报》。
(55)《财经时报》。
(56)《健康报》。
(57)《中国纺织报》。
(58)《中国经营报》。
(59)《北京汽车报》。
(60)《燕京都市报》。
(61)《中国科技产业》。
(62)《北京月讯》。

(63)《中国展览》。

(64)《中外会展》。

(65)《中国会展》。

四、科博会的宣传组织

科博会组委会办公室新闻宣传部负责科博会的新闻宣传工作并与网络业务部共同组建科博会新闻中心。新闻中心的主要职责包括：制定和执行科博会新闻宣传方案、联系科博会各项活动承办单位并收集新闻素材、发布科博会筹备进展情况、编印科博会快讯、举办新闻发布会、负责媒体接待与合作、更新科博会网站新闻中心栏目、与主要媒体确定科博会采访报道方案、记者注册、编印媒体采访手册、发放科博会会报、举办科博会新闻评比活动等。

新闻中心编印的“科博会快讯”以信息共享为目标，向新闻媒体、组委会各机构、参展参会单位和社会公众提供科博会最新动态信息。“科博会快讯”主要由“新闻快讯”和“经贸快讯”两部分组成。“新闻快讯”主要面向媒体，目的是便于媒体及时、准确地了解科博会；“经贸快讯”主要面向参展参会单位，发布科博会的重要技术、项目、贸易、参会企业信息等，为相关企业、机构提供决策参考。“经贸快讯”发布在科博会网站“热点商机”栏目。

科博会组委会办公室为新闻媒体提供广泛的服务：科博会新闻快讯、科博会电子刊物订阅、记者参会指南、高分辨率新闻照片等。

案例分析

中国北京国际科技产业博览会自1998年开始举办第一届以来，由小到大，影响不断扩大，已经成为北京乃至全国具有国际影响的科技博览会。科博会的成功当然离不开政府的重视及社会各界的支持。不过，科博会主办者在推介服务方面年年有创新、趋向“精品化”，尤其是善于吸引媒体的关注也是成功的重要原因。科博会得到了包括电视、广播、报纸、杂志等境内广大新闻媒体的热情关注与支持，吸引了全世界的目光，在海内外产生广泛的影响，形成了巨大的品牌优势。科博会的宣传推介经验值得借鉴。

教学目标

- 熟知会展推介的形式。
- 明确会展推介方案的制作要点。
- 掌握招展方案的拟订。
- 理解招展艺术与技术的含义。
- 熟知专业观众的组织。

基本概念

会展推介（exhibition promotion）　会展招展（invite exhibitors）　招展代理（agency for merchants-recruiting exhibition）　会展招商（merchants-recruiting exhibition）　专业观众的组织（organizing of professional audiences）

2.1　会展推介概述

会展宣传推介服务决定了会展能否吸引更多的参展商参展和更多的专业观众观展，同时其也是增加会展知名度、提升企业形象的重要手段。从本质上讲，会展的宣传推介不在推介会展本身，而是宣传推介会展的服务，会展为参展商和客户提供的服务是吸引他们的主要因素，因此，会展推介服务十分重要。

2.1.1　会展推介的作用

会展的推介工作是一项长期性、系统性的工作，推介服务必须具备整合传播的思路，同时要以实现长期效应为出发点。会展推介的主要作用如下。

1. 促进招展

对于会展活动来说，招展的目的是招徕有效的参展商参加会展，从而实现会展主办者到目标客户的价值传递。招展这一环节是会展项目取得成功的基础，它决定着会展的成效，会展推介服务工作做得好，招展才能取得满意的效果。

2. 促进招商

会展招商就是邀请观众到会展现场来参观。和参展商一样，观众也是会展活动取得成功不可或缺的重要因素。拥有一定数量和质量的观众，是许多会展所竭力追求的目标，也是一个会展成功的重要标志之一。会展主办者通过推介，使目标受众可以全面地了解会展，从而作出选择、参加会展。

3. 树立形象

会展推介的主要目的在于扩大会展的社会影响，树立会展良好形象。宣传推广的重点是追求目标受众对本会展定位及形象的认同，积极与他们进行信息和情感的沟通，增进他们对会展的忠诚度和信任感。

随着会展业的不断发展，品牌会展的长期影响力和良好的声誉成为会展主办方的重要课题。会展宣传推广是吸引参加者、推广会展主题、建设会展品牌的重要手段。从国际普遍的做法来看，办展机构一般会将会展收入的 10%～20%拿出来作为会展宣传推广的资金投入。在进行实际的会展宣传推介时，必须要明确推介的形式，有的放矢地进行会展的宣传推介服务工作。

2.1.2 会展推介的原则

服务业具有生产和消费的无形性、多样性、易逝性和不可分割性等特点。在进行会展推介时，要注意这些特点，而且要遵循下述原则。

1. 重视口碑传播

有调查显示，当某一会展活动知名度不高时，有 40%的观众是因为同行或熟人推荐而得知的。口碑传播不论是对参展企业还是对观众来说都有重要意义。因此，在进行会展的宣传和推广工作中，要充分营造气氛和环境，重视口碑传播。

2. 承诺能提供的服务

会展在宣传和推广时，向参展商与观众进行有关承诺非常重要，它是吸引参展商与观众参加会展活动的因素之一。一次会展活动举行之后，如果参展商与观众得到了主办方在宣传和推广时承诺的东西，就会感到满足；反之，会感到失望。所以，会展活动在宣传和推广时向参展商与观众进行的承诺应当注意力所能及。有的会展活动事先并没有承诺，但在会展中向参展商与观众提供了超值服务，有效地提升了会展自身的形象。

3. 强化有形展示

会展服务的本身具有无形性，不容易在目标受众的心目中产生实在的印象。这就要求在进行会展的宣传和推广时向参展商与观众描绘有形的形象，让参展商与观众感受到有形展示与服务。例如，对于参展商，可用具体的数据告诉他们将有什么样的观众到会、到会观众的构成是怎样的等；对于观众，可以告诉他们本次会展的参展企业规模、层次、展品的特色和能得到的信息与服务等。

4. 注重连续性

会展的宣传和推广要有一定的连续性。对会展活动的主题、定位、优势、特点等的宣传要一如既往、坚持不懈。只有这样，才能在参展商与观众的心目中形成固定的印象，从而达到良好的宣传效果。

除此之外，在进行会展的宣传和推广时，要注意宣传和推广自身的规律，如使用行业和客户熟悉的语言等。

2.1.3 会展推介的形式

一般说来，比较常用的会展推介形式有人员推介、广告推介、新闻推介、公关活动推介等，具体如下。

1. 人员推介

人员推介是一种人际交流，是一种直接的宣传推介方式，会展的主办者通过与目标观众直接联络，告知目标观众会展情况，邀请其参加会展活动。会展人员推介方式主要是直接联系、发函和发电子邮件等。

人员推介，特别是作为会展的组织者，利用现有条件开展与参展方之间的直接人员推介是相当有效的方式。作为会展组织者的政府部门、行业协会等，可以采用人员联系的手段进行相关的推介工作。

2. 广告推介

有专项调查显示，比起未登广告的参展企业，在展前连续登 6 次广告的参展企业要多 50%的参观者，登 12 次整版广告的参展企业要多 70%的参观者。

广告的本意可以解释为“广而告之”。在会展活动中，广告是会展宣传推介的重要方式，也是吸引参观者的主要手段之一。广告可以把信息传给很多人，在商业社会中，广告的促销作用是显而易见的。因此，会展宣传一定要充分利用广告这一手段。

3. 新闻推介

新闻媒体推介费用一般较低，因为通常情况下新闻采访与报道是免费的，同时新闻报道的可信性较高，效果也不错。新闻推介必须在会展之前、期间和之后连续进行。会展主办方一般都在会展期间设有专门的新闻宣传部门，该部门的工作人员应该具有良好的媒体背景，熟悉新闻宣传推介的一般规律，并能够与专业新闻人员有效沟通，和记者、编辑、摄影师、专栏作家等都能够保持联系。良好的人际关系有助于获得媒体的最大支持并获得正面的报道。

4. 公关活动推介

为扩大会展影响、吸引观众、促进成交，会展主办方往往要通过会议、评奖、演出等公关手段对会展进行宣传推介。这些公关活动通常不是单纯地为会展服务，还兼顾政策宣传、文化交流等社会责任。公关活动不仅可以帮助主办方争取到更多的来自当地政府的支持，而且可以有效地在参观者中引起共鸣。

报告会、研讨会、交流会、说明会、讲座等会议形式是会展过程中最普遍的公关手段。一般会议可以吸引行业管理者、决策人物、专家、学者到来，这些人往往具有相当的影响力，参展商和参观者往往希望通过参加会议获得如国家经济动向、政策发展、法规变动等信息；技术咨询会不仅可以对新技术、新领域进行专业探讨，而且能够为技术转化提供平台。

评奖活动的公关效果更为明显，一般由会展组织，参展方参加。评奖团多由专家组成，评奖结果通过媒体宣传。例如，2020 年上海书展组委会对书展进行全程跟进，通过现场检查、数据统计、沟通调研等形式规范指导，实现服务读者、服务社会的价值，并据此评选上海书展暨“书香中国”上海周优秀分会场，颁发证书、奖金，予以表彰。不仅大大调动了参展商的积极性，而且也增强了观众对会展的信赖感。

各种演出活动往往与促销结合，可以通过服务代理由公关公司负责完成。

时下，利用微信公众号等新型传播手段发送展会的语音短信、视频、图片和文字等信息，也是一种新的会展推介形式。

2.1.4 会展推介方案的制作

制作会展推介方案是会展策划工作的重要组成部分。会展推介方案的制作人员需要对会展项目有深刻理解和整体把握，并能全面熟悉和掌握会展可利用的资源。会展推介的形式是多种多样的，其方案制作的要求也各不相同。下面就新闻发布会、广告推介这两种方式分别介绍其方案制作的要点。

1. 新闻发布会方案要点

新闻发布会，也称记者招待会，它是会展主办部门向记者、媒体宣传、说明有关事宜的活动，是以记者为主要受众的信息发布活动。大型会展活动在展（会）前召开新闻发布会为自己做宣传是一种很常见的推介形式。

借用新闻“5W”理论，召开新闻发布会前首先要确定“Who”（由谁来发布会展信息、哪些重要人物出席、邀请哪些媒体等）、“Where”（在哪个城市召开、在哪个会议场所召开）、“When”（什么日期、什么时间召开）、“What”（会上的新闻焦点是什么、希望得到什么结果）、“Why”（为什么要这样召开、为什么要在此时此地召开）等问题。以上几点中，“Who”和“What”是关键性的。

一般说来，新闻发布会工作要点有：

（1）任命新闻发布会负责人，收集、整理、更新目标新闻媒体和人员名单。

（2）制订新闻发布会工作计划。

（3）举办记者招待会，发布会展基本信息。通常的服务要点有：记者入场后，会务服务人员应热情照顾记者饮水，注意续添桌上的饮品，及时收回空瓶。在招待会开始前 10 分钟把茶杯、饮品、毛巾端上摆好，引导主席台人员入座，退到厅内两侧。新闻发布会一般时间不长，服务程序也比较简单。需要注意的是，当主持人入场时，要协助主办单位人员疏通走道，同时要防止记者因抢拍镜头而碰倒厅内陈设和用具。招待会结束后，要立即清理现场，做好善后工作。

（4）收集媒体报道情况。如果对记者有过承诺，一定要尽快予以办理或告知何时办理。

（5）向未能参会的重要记者寄发资料。

（6）向出席招待会的记者发感谢信，向所有记者寄会展新闻工作报告。

（7）迅速、充分地回答新闻报道引起的读者来信。

（8）与媒体保持联系。

在新闻发布会工作中，会展主办方特别需要注意新闻稿、新闻图片等问题。新闻稿是主办方提供给媒体的主要的和基本的新闻资料，质量高、内容新、符合新闻写作要求的新闻稿被广泛应用的可能性就高。好图片可以直观体现会展现场的效果或主题，好图片比好文章更易被采用。

2. 广告推介方案要点

会展活动，尤其是大型展会，它要传达给目标受众的信息是多方面的。例如，主（承）办单位、会展时间、地点、规模，以及会展的主题、内容、特点和优势等。所有这些都是在制定广告推介方案时必须考虑的。广告推介方案的制作要点有：

（1）明确广告受众。

会展的广告受众包括潜在受众和目标受众。目标受众是商品交易会或消费品会展的观众，是从参展商那里购买或预订产品、商品或服务的人，或者至少是去会展收集信息的人。会展主办者应围绕目标受众的需求制定广告策略，因此，对目标受众进行深入的调查与分析，是做好广告推介的第一步。

（2）设计广告内容。

有人说，广告是瞬间决定成败的艺术。这一方面是由广告自身的特性所决定的；另一方面，是因为受众有自身的接受规律。心理学的试验结果表明，人们一般只能保留他们所听到的50%的信息，而且在一分钟甚至更短的时间内90%的信息又会被遗忘。因此，广告必须简明扼要、风格独特、主题明确，这对广告商的选择、广告内容设计及广告文案写作都提出了极高的要求。

（3）制定广告目标。

广告目标是整个广告推介活动要达到的最终目的。在会展的广告策略中，制定广告目标是最重要的一环。这个目标实际上就是广告推介活动在社会上展开以后引起的预期反应，以及由此所产生的促销效果。

广告目标从期限上讲，有长远目标、中期目标、短期目标和具体目标；从内容上可以分为商品目标、企业目标和观念目标。在具体的会展活动中，究竟该确定什么样的目标是会展主办者应该花大力气研究的。

(4) 组合运用各种广告手段。

从整合传播（又称新广告）的角度来说，广告推介活动可以涵盖广告、促销、公共关系、CI、包装、新媒体等一切传播活动。整合传播的特性在于将广告扩展到与企业市场营销活动有关的一切信息传播活动中，而且为所有对外信息传播活动提供整体策略。这一概念对所有的会展企业来说并不陌生，会展主办方在具体运用各种媒体的组合时，整合传播是有所不同的。

(5) 广告媒体的选择。

选择媒体主要看媒体的读者、观众、听众是否是参展企业的目标观众。如果是消费类的展会，可以选择大众传媒，包括大众报纸、电视、电台，以及人流集中地的招贴、旗帜等；如果是专业类的展会，就要选择使用生产和流通只针对专业观众的专业媒体，包括专业报刊、内部刊物、展览刊物等；如果是文化类的展会，则可以兼用上述各种媒体形式。

在选择媒体时，无论是在展前、展中还是展后，都要发挥网络以及微信等新媒体的作用。将展前宣传与网络联系在一起，可以增加网站的访问人数，提升企业品牌知名度。在会展中，可以充分利用网络进行投票，这样可以让更多的人访问你的网站。展后，可以在网上发布会场照片（上面充满参观者），以奖金再次吸引人们访问相关的网站。

户外广告方式成本相对较低，但效果不错。它不仅达到实现宣传效果，而且可以制造氛围。

海报或招贴是广告的一种形式，比较适合面向大众的宣传，如果有专业人士聚集地区，在该地区张贴海报也可以做专业宣传。张贴海报要注意时间、地点等管理规定和手续。海报多由会展组织者使用，可以从机场、车站、市中心沿路一直贴到会展现场甚至展台中心。

广告牌也是广告形式之一。广告牌分为场外广告牌和场内广告牌。场外广告牌主要用于吸引、激发参观者的兴趣，场内广告牌的主要作用不是推销，而是吸引观众参观展台。

另外，数量众多、颜色鲜艳的横幅、气球可以制造出热闹的气氛。直接发送手机短信和运用微博、微信平台传播也是很重要的。

(6) 策划广告推介中的互动环节。

没有互动，参展商就不能充分地发挥会展的营销作用，单纯地“灌输”信息或一味地强调销售，可能会影响广告的整体效果。如果在策划广告时注重互动环节，如利用注册表、反馈回执或有奖促销等广告手段，则可能会收到令人意想不到的效果。

2.2 会展招展服务

2.2.1 招展的概念

会展招展的主体是会展组织者，包括会展的主办者和承办者。会展参加者最重要的一方是参展商，参展商是会展活动最基本的要素，会展主体的利益主要来自参展商支付的参展费和观众缴纳的门票费，因此会展活动十分重视招展工作。

会展活动的目的和成功并不在于会展管理本身，而在于如何成功、有效地把买卖双方组织到一起，增加他们参加和参观会展的兴趣和价值，促进和提高买卖双方之间的信息交换率和成功率。会展招展主要是指办展机构通过各种方法和渠道邀请会展题材所涉及的企业到会展现场来参展。

会展的组织者往往包含多个单位，所以，从招展服务的角度来说，招展服务的主体也往往不止一个，这就要求各招展单位之间在服务上要有分工安排，同时，在本单位内也有一个招展人员的分工安排问题。

在现代会展服务中，办展机构往往借用外部力量来做大做活招展业务。在这种情况下，会展组织者需要指定会展的招展代理。常见的招展代理形式如下。

1. 独家代理

独家代理，即在保证一定展位数的基础上，会展组织者在一个地区只选择一家代理商，而且办展单位不得在该地区招展，不管是否由代理商直接招来，所有来自该地区的展位都记入其招展业绩中，统一支付佣金。

2. 多家代理

多家代理是指办展机构在某一地区同时委托几家机构甚至个人作为招展代理商，而且自身也可以在该地区从事招展活动。采用这种代理方式要避免混乱。

3. 承包代理

承包代理是指招展代理商承诺完成一定数量的展位销售，且不论是否达到既定的数量，都得按照事先商定的展位费付款给办展机构。这种代理形式风险较高，同时，所获得的权利最大，佣金比例也最高。

4. 排他代理

排他代理是指在一定时间内，针对某个或几个具体的会展，主办机构在某一地区只选择一家招展代理商，但自身也可以在该地区招展。对于国内办展机构，寻找国外代理商时一般采用这种形式，可以收到良好的效果。

会展的主办方在选择招展代理商时要注意以下几个原则：

（1）要选择在业界有良好信誉的代理商，这样容易建立互惠互利的合作关系。

（2）选择代理商时要弄清楚该代理商是否具备雄厚的经济实力及比较完善的客户网络，以确保有足够的能力完成招展工作。

（3）签订协约条款要清晰，如对权责利的说明。有时候还要代理商支付一定数量的保证金，以有效控制代理商的相关行为。

一般说来，在确定了代理商之后，办展机构必须加强与代理商的沟通和联系，并规范对代理商的管理，以保证代理工作的有效性。

2.2.2 招展方案的拟订

招展方案是为招揽企业参展而制定的各种策略、措施和方法，是为展位销售而制定的具体执行方案。办展机构需要在全面了解市场及相关信息的基础上，结合会展项目自身的定位等制定招展方案。会展招展方案主要包含下述内容。

1. 行业信息分析

要从宏观上介绍和指出展览题材所在行业的分布特点，指出各地区的产业发展状况，介绍该产业的企业结构状况及分布情况。

2. 客户信息分析

在收集目标参展商信息的基础上建立参展商数据库。通过数据库分析龙头厂商的生产和市场营销情况及参展愿望，分析潜在的中小参展商的整体实力，分析大采购商的基本情况，争取大赞助商等。

3. 展区与展位的划分

展区与展位的划分是招展的基础性工作。展览会一般都按展品类别划分展区，一个专业题材展区可能包括一个或几个展馆，也可能是一个展馆的某一部分。在每个展区里，还要根据场馆的场地特征划分展位，决定哪些地方将搭建特装展位，哪些地方将搭建标准展位，两种展位各需要多大面积。展区与展位划分得好，不仅有利于提高参展商的参展效果，而且对会展的现场服务与管理有重要意义。

4. 招展价格的制定

所谓招展价格，是指展位的出售价格。一般说来，招展价格可分为标准展位价格与空地展位价格；按场地的不同，招展价格还可以分为室内展位价格和室外展位价格等。

从对会展活动有效管理方面来说，招展价格的制定应避免混乱，要注意以下问题：

（1）必须严格执行价格和价格折扣标准。严格控制差别折扣与特别折扣的适用范围。

（2）加强对招展代理的招展价格管理。招展代理为了获取更多的佣金，往往会超越权限低价推销展位，所以要对其进行有效的管理与监督。

（3）避免在招展末期低价倾销展位。如果在招展中采取末期低价倾销展位的做法，就会打击早签约的参展商，造成恶性循环，影响下一届会展的招商工作。

5. 招展函的制作与发送

招展函是办展机构用来说明会展举办情况以招揽目标参展商参展的小册子。招展函的主要作用是引起目标参展商对参加会展展出的兴趣。

招展函的制作与发送要求内容全面、发送及时，要充分考虑到展前沟通的时效性及会展的周期等因素。

6. 招展宣传推广

招展宣传推广是为了促进会展活动更好地招展而有目的、有针对性地举行一些宣传推广活动。在招展方案中，要提出招展宣传推广的策略、渠道、时间、地域安排及费用预算等。

7. 招展预算

招展预算是为了招展各项工作的顺利进行而做的费用支出预算，主要包括招展资料的编印和邮寄费用、招展代理费用、招展宣传推广费用、招展公关费用、招展人员费用（包括招展工作人员工资、差旅费、办公费等）及其他不可预计的费用等。

8. 招展工作进度计划

招展工作进度计划一般用表格的形式来表现，如表 2－2 所示。

表 2－2　招展工作进度计划

时间	招展措施	宣传推广支持	计划完成的招展任务

招展计划一旦制订，就应该按照招展的时间进度一步步地完成。一般说来，大的会展活动的招展工作在开展前的 12 个月就铺开了；在会展开幕前 3 个月，招展任务基本完成，招展工作转为落实和巩固前期招展成果，实施各种客户跟踪服务，为会展顺利开幕做准备。

2.2.3　招展艺术与技术

会展是包含着艺术与技术的公众服务性活动。在整个招展过程中，无论是会展的行业信息分析、客户信息分析、展区与展位的划分、招展价格的制定，还是招展函的制作与发送、招展宣传推广等，都有一个艺术与技术的问题，我们以会展招展函的设计和电话招展技术等为例来说明。

1. 会展招展函的设计

会展招展函一般包括以下五个方面的内容：

（1）会展的基本内容。

主要有会展名称和徽标、会展举办的时间和地点、办展机构名单、办展起因和办展目标、会展特色、展品范围和价格等。

（2）市场状况介绍。

主要包括本展会的行业状况和地区市场状况等。

（3）会展招商和宣传推广计划。

主要包括会展招商计划、宣传推广计划、相关活动计划、会展服务项目等。

（4）参展办法。

主要包括如何办理参展手续、付款方式、参展申请表（见表 2－3）和办展机构的联系办法等。

表 2－3　参展申请表

单位名称	中文				
	英文				
联系地址	中文			邮编	
	英文				
联系人		电话		传真	
E-mail					
网址					
申请展位					
展品介绍					

申请单位（盖章）：　　　　负责人签名：　　　　日期：

（5）各种图案。

如展馆图、展馆周边地区交通图、往届会展现场的图片等。

一份完整、精美的会展招展函除了内容完备之外，在设计上还要注意以下几点：

（1）会展名称和徽标一般要放在招展函封面最醒目的位置，会展名称一般用较大字体。

（2）内容应准确无误，应使用简短明了的语句。如果该会展活动是国际性的，则文字部分要中英文对照。

（3）设计时应充分利用图片，重要的图片要精心制作。

（4）字体类型不要超过三种。

（5）会展招展书中应该设计有深浅颜色的对比色块。

（6）突出参展登记表，标明联系人的联系方式，如电话号码、电子邮件地址、传真号码等。

（7）印刷包装纸张选择要讲究，要便于携带与传递。

2. 电话招展技术

电话招展是使用较为广泛的一种招展方式。据统计，招展人员 80％以上的国内招展活动是通过打电话洽谈完成的。利用电话招展是招展的基本功，而完美的态度是电话招展成功的第一步。利用电话招展，要做到以下几点：

（1）完善你的声音。

电话招展主要是依赖声音来完成的。心理学家通过观察发现，在人与人的信息交流过程中，声音和声音传达的文字信息影响比例占到了整个信息传播的45%。

（2）克服“电话恐惧症”，积极地接听电话。

对于电话招展人员而言，要尽可能克服接电话的畏惧感，要不怕失败，积极地接听电话，避免“电话恐惧症”。

在电话招展中，接听电话的确是有技巧的，主要的技巧有：

（1）接电话的姿势要正确。

坐在椅子的前半部分，这样可以迫使姿势端正，也可使声音更有力、更清晰。左手拿听筒，右手准备备忘录。这样，电话交谈的内容就能够自然而然地被记录下来。

（2）电话旁一定要先备妥备忘录。

不管是打电话还是接听电话，牢记“5W1H”的技巧。“5W”即：

- When——什么时候。
- Who——对象是谁。
- Where——在什么地点。
- What——什么事情。
- Why——为什么、原因。

“1H”即How——如何进行。

（3）重复客户所传达的具体信息。

要尽可能归纳客户的电话要点或用自己的话进行复述。这样可以取得以下两个方面的成效：

- 能确定了解的情况是正确的。
- 能让客户同意你的意见。

另外，开场白或者问候语是电话招展人员与客户通话时在前30秒钟要说的话，这可以说是客户对电话招展人员的第一印象。一个好的电话沟通往往开始于一个好的电话开场白。好的电话开场白一般应该注意以下几点：

（1）选择给客户留下深刻印象的开场白/问候语。

（2）注意开场白的五个基本要素：

- 问候或自我介绍。
- 相关人或物的说明。
- 介绍打电话的目的，陈述价值，吸引对方。
- 确认本次给对方打电话的时间是否可行。
- 转向探询客户的进一步需求（或以问题结束开场白，等待对方的回答）。

(3) 设置礼貌而有吸引力的问候语。

当电话招展人员接听电话的时候，应该以积极的、开朗的语气，微笑着表达自己的问候。在问候结束后，电话招展人员可稍微停顿一下，等客户开口，或者看看客户的反应。

要避免下列拿起电话的反应：

- 喂，你找谁？
- 什么事情？
- 怎么样？嗯。

上述做法会降低电话招展人员在客户心中的专业程度。

3. 其他招展技术

对于专业观众的邀请，最常用的方法是电话、传真，但成本较高，一般只针对关系比较密切的客户和成功的可能性比较大的潜在客户。另外，可以向所有潜在客户和业内人士发送电子邮件，还可以通过微信公众号等平台发送信息，通知企业于某月某日参加某个会展、资料发送后提醒查收、开展之前提醒展位号。同时，可以邮寄资料，包括参会资料和展位活动邀请。邮寄资料最好在开展前一个月左右将资料和邀请函一并送达，之后配合短信提醒。此外，可以通过报纸、杂志、电台、网站等手段进行招展宣传，鼓励参展商提供参观者名单及资料，由主办机构代邀参展商有意接洽的买家、代理商等，努力使会展的买家和展商人数成正比。

2.3 专业观众的组织

2.3.1 会展专业观众的概念

任何一个会展活动，其基本的要素有四方面，即展品目标市场、组织者、参展者和参观者。会展以目标市场为中心，会展的存在以参展者的存在为前提，参展者的存在以参观者的存在为条件，参观者的存在以展品目标市场的存在为背景，四者构成一个相互联系的完整系统，如图 2-1 所示。

参展者和参观者是会展的两个助推器，会展具备一定数量和质量的参展者才能成为一个好的会展，同时，拥有一定数量和质量的观众，是每个组展方所竭力追求的目标。国际上衡量会展活动是否成功的重要标志之一，就是参展商与专业观众的数量和质量。参展商参加一个会展，是因为专业观众的参加，专业观众就代表了这个生产商的商品的目标市场。也就是说，参展商品目标市场的存在，是吸引参展商前来参展的根本原因。广交会之所以让国内企业趋之若鹜，就在于进场的是十几万海外观众。可以说，会展品牌和观众质量成正比，组展成功的关键在于专业观众的质量。

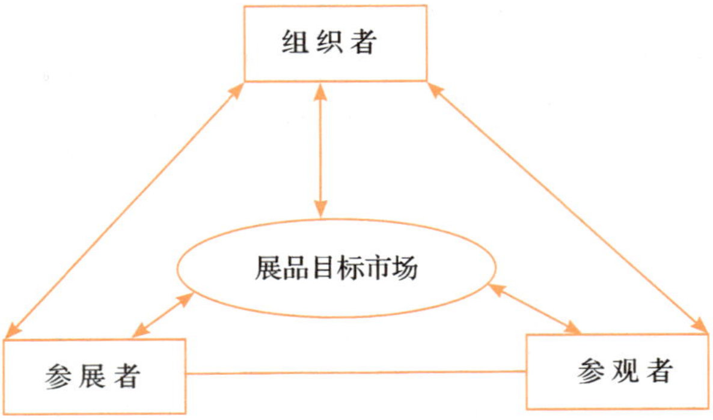

图 2-1　会展关系

需要说明的是，对于专业观众的界定有不同的标准。所谓专业观众，是指从事会展上所展示的某类展品或服务的设计、开发、生产、销售或服务的专业人士及该产品的用户代表。严格的观众界定是专业观众数据库建立的基础。德国在展览观众的定义及展览统计方面有一套相当成熟的做法。德国展览统计数据自愿控制组织只将有兴趣和展商建立商业关系的人算作观众，并明确规定：凡购票入场或是在观众登记处登记了姓名和联系地址的人才被称为观众，记者、参展商、馆内服务人员和没有登记的嘉宾不在观众之列。这个行规在欧洲普遍适用。但在美国，参展公司的工作人员和其他团体被称为“展览参与者”，部分也计算在观众数量中。

2.3.2　专业观众组织的基本程序

会展观众是会展活动的最终服务对象，会展的主办者一定要把工作的重点从吸引参展商更多参展转到组织观众更好地参观上来。会展招商从根本上来说就是邀请目标观众前来参观会展。但是，人气旺并不意味着会展活动的成功，能吸引真正具有商业价值的客户才是组织者最应关心的。专业观众组织的基本程序如下所述。

1. 制定专业观众的组织方案

专业观众的组织方案是为了邀请专业观众前来参观而制定的具体工作方案。它需要会展的主办方充分了解会展所涉及的需求市场之后而制定，是针对会展招商工作的总体安排和把握。一份科学合理的专业观众的组织方案应包括以下几个方面：

（1）会展展品或服务的消费市场分析和研究。

（2）人员安排方案。

（3）专业观众邀请函的制作和发送。

（4）确定组织渠道和方式。

（5）制订专业观众组织的宣传计划。

（6）专业观众组织工作的费用预算。

（7）专业观众组织的进度安排。

2. 建立专业观众数据库

建立专业观众数据库是专业观众组织的基础。采集专业观众样本的主要渠道有：

（1）现场实施取样。即对会展现场得到的数据进行及时的统计。

（2）登记表登记。即根据专业观众进场前的登记进行统计。

（3）网络注册取样。即利用会展网站开通的网上电子登记系统，将所需取样的内容制成表格，以电子请帖的形式提供给观众填写。

（4）会展身份识别信息管理软件。

（5）在同类会展信息中寻找专业观众。

（6）根据参展商的期望寻找专业观众。

需要注意的是，在建立专业观众数据库的时候，要科学分类，这样易于查找和检索，还要注意确保信息准确、及时更新。

以第十七届上海国际汽车工业展览会（以下简称车展）为例，我们来看成功的观众组织。这次车展由上海国际展览有限公司（SIEC）联合德国慕尼黑国际博览集团（MMG）和国际交易会及展览有限公司（IMAG）共同承办。SIEC 主要负责国内观众的组织，首先根据建立的汽车及其相关行业的专业观众数据库向目标观众发出邀请函，然后运用新闻、广告等手段使潜在观众获得展览信息前来观展。IMAG 和 MMG 的主要任务是吸引欧洲及世界其他国家和地区的观众。与此同时，本次车展得到了中国汽车工程学会和中国机械工业联合会的大力支持，以及中国汽车工业协会、中国国际贸易促进委员会上海市分会等作为主办单位的领导与支持。由于多方的共同努力，会展现场人头攒动，参观者达 101 万人次，展会中的两天双休日共接待观众 35.8 万人次，而且专业观众比例高，观众质量较高。会展获得圆满成功，得到社会舆论的一致认可。

从车展的成功案例中不难发现：数据库的建立不是目的，它的主要作用在于分析市场构成、需求及变化趋势。同时，SIEC 还特别注意专业观众的意见反馈，这可以进行“一对一”的个性化营销。

数据库的建立是一个长期的过程，途径有很多。最常规的办法是在会展现场设立观众登记处，采用电子扫码、微信注册、信息表和收集名片的办法。要想获得第一手独家专业观众数据资料，最方便的办法就是查看专业观众信息表。信息表上的所有信息都要按照观众所属的行业、地区、产品兴趣、公司规模等标准一一分类整理后全部保存在数据库中，并由专人进行管理。

信息表有两种：一种是登记表或记录表（定性）；另一种是调查表（定量）。登记表是一种简单的记录方式，一般只记录每位观众的姓名、职务、公司名称、地址、联系方式等。这是一种比较传统的方法，虽然简便，但内容有限（没有对展商的评价和展览效果的评语及后续工作的建议），因此不是最佳方法。记录表的内容除参观者的基本信息外，还有公司情况（如规模、成立年份、经营业务、经营性质、现有代理和市场区域等）、参观兴趣、参观要求、购买影响力等。记录表和登记表相比，内容上增加了参观者的背景、兴趣、要求、展览感受及建议等更为个性化的内容，对今后的市场分析有较高的价值。

调查表的理论依据是概率论，即从数量角度研究自然现象的规律性。其特点是抽样，按照概率论的随机抽样方法，调查结果准确度相当高，因此对数据库的客观真实性很有帮助。调查表可含以下内容：参观者姓名；公司名称；参观目的（收集信息、寻找代理、寻找新货源、订货、其他）；参观兴趣（全部产品、特定产品、新产品、零配件）；从何处了解到本展览会（广告、新闻、内部刊物、直接发函、其他）；展台吸引注意的原因（展台设计、产品、资料、其他）；有兴趣购买的产品是哪些/兴趣范围；在公司购买过程中的作用（决定、参与、建议、不参与）；对展览的感受（时间、地点、宣传、设计）；是否参加过其他同类展览会（请列明）；本展览会下一届将在某年某地举办，是否参加（是、否、未确定）；经常阅读的专业报刊有哪些。

关注在电视、报纸、网络上刊登广告的相关厂商，这些属于潜在专业观众，应及时、全面地统计到数据库里。

除此之外，可通过国际商业公司、信息咨询公司、公关公司等从事行销研究的公司获得专业观众名单。

3. 专业观众分析

在组织专业观众之前，要开展专业观众分析，以便搜寻专业观众的来源。开展分析时可以选择不同的划分标准，如地区、公司经营内容、工作职能、职位等，同时还要结合不同行业会展的实际情况进行分析。也可以通过问卷调查、参展注册、网上注册等方式了解他们的职务、个性特点、年龄及购买影响力等情况。

4. 选择组织手段

会展组织最常见的手段是综合运用电台预告、电视报道、杂志和报纸，以及网络媒体等手段展开宣传，吸引专业观众前来参观。例如，中国（北京）国际服务贸易交易会（以下简称京交会）是由商务部与北京市人民政府共同主办的。在组织手段上，京交会利用政府主导型会展的优势，不仅将世界贸易组织、联合国贸发会议、经济合作与发展组织列为永久支持单位，而且协同外交部、教育部、工业和信息化部、财政部、住房和城乡建设部、交通运输部、文化和旅游部、国家卫生健康委员会等为支持单位。会展具体由北京市国际服务贸易事务中心、中国国际经济技术交流中心作为执行机构。同时，会展还利用新华网、《国际商报》《京华时报》《北京商报》等媒体进行综合报道。

另外，在主办单位的网站上进行观众登记也是较好的一种组织手段，这也是近年来比较流行的一种方式。主办方只需要按照登记的地址和所需的门票数直接邮寄门票和VIP胸卡以区分直接到现场的观众，无须在现场再进行登记。

5. 专业观众的现场登记与管理

会展现场服务与管理是观众组织的重要部分。具体内容详见“专业观众的登记环节”，此处不赘述。

6. 展后跟踪工作

会展活动结束以后，从建立品牌会展的角度来说，算是新一轮专业观众的组织工作的开始。展后的专业观众组织工作主要包括感谢工作、媒体跟踪报道、发布下届展览会信息、发放意见调查表和征询表及数据库更新等。另外，借力行业组织共同推进展后跟踪工作同样重要。

2.3.3 专业观众的登记环节

专业观众是一个会展活动的宝贵资源，会展的主办者往往对专业观众的工作十分重视。会展期间，主办者一般专门安排对到会的专业观众进行登记，其主要环节如下。

1. 发放会展参观指南

会展参观指南是编印的用来指引观众参观会展的一种小册子，主要向会展的专业观众、媒体记者及与会参观的嘉宾发放。

参观指南主要包括以下四个方面的内容：

第一，会展的基本内容简介，包括会展的徽标、名称、展览时间、地点、办展机构名称和展品范围等。

第二，会展的简短介绍，主要简单介绍会展的规模、参展企业数量和来源、展品特点、会展相关活动安排等。

第三，展区和展位划分与安排，主要包括会展的展区展位划分图、各展区的位置和范围、各参展企业名单及展位号一览表等。

第四，其他图表，主要有展馆在该城市中的位置及交通图、展馆内各服务网点的分布图等。

编写参观指南主要是为了方便观众参观，因此，一定要编写得简单实用、条理清楚、一目了然。

下面是广交会的一份简明“参观指南”，供参考。

广交会参观指南

一、简介

中国进出口商品交易会，又称广交会，创办于1957年春季，每年春秋两季在广州举办，迄今已有60多年历史，是中国目前历史最长、层次最高、规模最大、商品种类最全、到会客商最多、成交效果最好的综合性国际贸易盛会。

近年来，广交会由数十个交易团组成，有数千家资信良好、实力雄厚的外贸公司、生产企业、科研院所、外商投资/独资企业、私营企业参展。

广交会贸易方式灵活多样，除传统的看样成交外，还举办网上交易会。广交会以出口贸易为主，也做进口生意，还可以开展多种形式的经济技术合作与交流，以及商检、保险、运输、广告、咨询等业务活动。来自世界各地的客商云集广州，互通商情，增进友谊。

第126届广交会已于2019年11月4日落下帷幕，相关信息如表2-4所示。

表2-4　第126届广交会相关信息

举办时间	第一期：2019年10月15日—19日 第二期：2019年10月23日—27日 第三期：2019年10月31日—11月4日
举办地点	中国进出口商品交易会展馆（广州市海珠区阅江中路380号）
主办单位	中华人民共和国商务部　广东省人民政府
承办单位	中国对外贸易中心
展出内容	● 电子及家电类；五金工具类；机械类；车辆及配件类；建材类；照明类；化工产品类；能源类；进口展区 ● 日用消费品类；礼品类；家居装饰品类 ● 纺织服装类；鞋类；办公、箱包及休闲用品类；医药及医疗保健类；食品类；进口展区
展览总面积	119万平方米
总展位数量	60 228个
出口成交	280.56亿美元
境外采购商	184 801人
参展商数量	24 713家境内外企业

二、咨询处的位置

大会工作人员在广交会流花路展馆1号馆序幕大厅东侧、琶洲展馆25号馆和21号馆对应的珠江散步道设立的咨询处为到会客商提供咨询服务。

三、如何获得《中国进出口商品交易会参展商名录大全》

到会客商凭请帖可到广交会流花路展馆1号馆序幕大厅东廊会刊资料发放处、琶洲展馆25号馆对应的珠江散步道免费领取《中国进出口商品交易会参展商名录大全》一本。

四、翻译服务

大会可为客商提供英语、日语、德语、法语、俄语、西班牙语、意大利语、泰语、越南语、印尼语、朝鲜语等语种的翻译服务。

客商如需聘请翻译，请事先向中国对外贸易中心对外联络处预订或在报到时与广交会来宾报到处联系。

五、上网服务

电子商务中心在展馆内为与会来宾提供上网服务。

具体位置：广交会流花路展馆：1 号馆西廊、4 号馆 2 楼、6 号馆 1 楼、14 号馆 1 楼；广交会琶洲展馆：23 号馆珠江散步道 1、2 号柜台，23 号馆珠江散步道 3、4 号柜台，21 号馆电子商务中心内，23 号馆电子商务中心内，25 号馆电子商务中心内，27 号馆电子商务中心内，24 号馆二层电子商务中心内。

六、安全提示

由于广交会展馆内禁止吸烟，如果有需要可以到设置的吸烟区吸烟。在展馆内请保管好自己的财物，如有物品遗失，请及时联系广交会保卫办展馆保卫科。展馆保卫科地点：流花路展馆 6 号馆 2 楼 6 277 房间；琶洲展馆 23 号馆一层 05 房间。

如果您遇到有关安全方面的问题，请向广交会保卫办求助。

2. 填写观众登记表

为了收集专业观众的有关信息，会展一般要对专业观众进行登记，为此，会展要编印观众登记表。观众登记表是用来收集专业观众信息的一种问卷调查表，专业观众只有填写它才能取得可进入展馆参观会展的“专业观众证”。

观众登记表主要包括两个部分的内容：一是观众的联系方法；二是问卷调查问题。

一张简单的观众登记表如表 2-5 所示。

表 2-5 ×××家居博览会观众登记表

登记说明：

×××家居博览会将在××××年××月××日—××日举行，请您认真填写登记表后选择：①将此表传真给主办方；②会展开幕时交到总服务台。我们将为您提供免费门票，凭此登记表到会展上免费领取“专业观众证”。

1. 个人资料

姓名：________	职务：________
公司：________	邮编：________
国家：________	省份：________
城市：________	电子邮箱：________
网址：________	移动电话：________
固定电话：________	传真：________

2. 经营内容

□ 政府机关	□ 商务机构/协会	□ 公共服务	□ 金融/保险
□ 科研/高校/教育	□ 进/出口	□ 代理/分销	□ 输出中心
□ 生产企业	□ 销售商/批发商	□ 专业协会	□ 厨房家具
□ 家居家具	□ 软体家具	□ 办公家具	□ 酒店家具
□ 庭院、户外休闲家具	□ 家具生产设备及原辅材料		
□ 其他：________			

3. 您感兴趣或者贵公司有需求的产品			
☐ 整体衣柜	☐ 客厅家具	☐ 餐厅家具	☐ 卧室家具
☐ 儿童家具	☐ 床垫	☐ 卫浴家具	☐ 梳妆台
☐ 餐厅家具	☐ 整体厨房	☐ 桌子	☐ 扶手椅
☐ 帐篷	☐ 单人沙发	☐ 多功能沙发	☐ 长凳
☐ 长沙发	☐ 休闲椅	☐ 摇椅	☐ 软体套房家具
☐ 转椅	☐ 办公桌	☐ 储藏柜	☐ 档案柜
☐ 电脑桌	☐ 屏风	☐ 办公设备	☐ 机械家具
☐ 学校/图书馆家具	☐ 影院家具	☐ 游乐场家具	☐ 房产
☐ 二手房	☐ 家居原材料	☐ 建材	☐ 家纺
☐ 家居设备	☐ 其他：________		
4. 您参观的目的			
☐ 采购	☐ 联络供应商	☐ 寻求代理/合资伙伴	☐ 建立关系
☐ 收集最新资料	☐ 考虑下次参展	☐ 其他：________	
5. 您是通过何种渠道了解到本会展信息的？			
☐ 报纸广告	☐ 网站	☐ 电子邮件	☐ 传真
☐ 电台广播	☐ 杂志	☐ 家居市场	☐ 户外广告
☐ 纸张信件	☐ 客户介绍	☐ 其他：________	
6. 您是否曾经参观过往届家居博览会？			
☐ 从未	☐ 一次	☐ 二次	☐ 多次

表 2-5 中，之所以将观众的所在地域单列出来，一是便于建立观众信息库的分类；二是清楚地了解观众的来源，有利于更好地调整和执行会展的广告宣传推广、招商策略。

3. 会展证件与门票管理

根据实际需要，一般会展需要印制以下证件：

（1）专业观众证。供会展的专业观众进出展馆时使用。专业观众填写并交送“观众登记表”，经审核后方可获得专业观众证。

（2）贵宾证。也称 VIP 证，供到会的嘉宾使用。

（3）参展商证。供参展商进出展馆时使用。

（4）媒体证。供新闻媒体的记者、摄影等工作人员使用。

（5）筹（撤）展证。供布展和撤展时会展展台搭建商及参展企业的有关工作人员使用。筹（撤）展证在会展展出期间一般不能使用，搭建商与参展商的相关人员不能再凭此证进出展馆。

（6）工作人员证。供办展机构的相关工作人员使用。

（7）停车证。供参展商、观众及到会嘉宾停车时使用。

专业观众凭“专业观众证”进出场馆，一般观众可凭购买的门票进入场馆参观。如果会展出售门票，要事先与地方税务部门取得联系，在取得地方税务部门的同意后方可印制出售门票。

4. 会刊的编印与发放

会刊可以说是会展活动期间供参展商与专业观众使用的会展活动指南。编制会刊是一项专门的工作，它是整个会展活动的视觉系统，属于会展的 CIS 设计。设计制作精美的会刊不仅在会展期间方便实用，而且可以成为会展的宣传册，长时间使用、留存。

会刊的编制主要有会标和海报设计、封面封底设计、会刊的内容及校样审核、排版印刷等工作。

一般会展会刊内容组成比较固定，最常见的包括：序言/欢迎辞、目录、地区概况、企业简介、领导贺词、会展活动日程安排（时间、地点、主办方、承办方、活动内容等）、展位分布图（标明展位号、所在位置、通道、出入口、洗手间等）、参展商索引、参展企业资讯、行业/地区简讯、参展商名录、展览跟踪调查表。各部分内容应准确无误，表述正确，杜绝错别字。

国际性会展所提供的会刊中说明性文字至少应有中、英两种文字。

5. 观众登记的注意事项

会展的观众登记工作是一项十分重要的工作。如果会展要向国际展览联盟（UFI）申请入会，就必须提供观众的有关数据。

会展可以在展馆的大厅内设立“持有邀请函的观众登记台”和“无邀请函的观众登记台”，设置“专业观众通道”和“一般观众通道”。一般说来，持有邀请函的专业观众往往事先已经填写了会展所需要的有关信息，在会展现场可以不必再填写“专业观众登记表”，这样可以大大提高会展现场的登记效率，使会展现场不至于拥堵。

在会展现场进行观众登记时要注意以下事项：

（1）要由专人负责管理观众登记的现场事务，观众登记现场要保持秩序井然，不杂乱。

（2）观众提交的资料要尽量完整。如果观众没有填写完整有关资料，工作人员应当友情提醒，等填写完毕之后再发放有关进馆手续。

（3）工作人员现场录入的观众信息要力求准确。

（4）如果现场来不及录入观众的所有信息，可以录入其中的主要信息，其他信息在会展后期录入。

（5）观众提交的填好的观众登记表、邀请函和名片等资料要妥善保管，分类整理，以便以后录入观众资料时核对。

（6）现场工作人员的服务态度要好，动作要迅速，并对会展有一定的了解，能回答观众提出的一般问题。

案例参考

会展招商面面观

德国汉诺威展览公司每年用于推广组织，以及争取专业观众、招商、广告的支出达一亿德国马克，在100多个国家和地区举行几百次信息发布会，仅“木工与机械展”一个项目，在上海一年就举办了五次信息发布会。

当今展览市场竞争激烈，焦点已从争取参展商转为争取和组织专业观众，谁能够拥有一定数量和质量的专业观众，尤其是大采购商，谁就能够取胜。因此，在展览策划立项时就必须重视招商工作，同时确保足够的招商费用，选择确有成效的招商方式。

招商方式有多种多样，通常的做法是：印发参观券和邀请函并有针对性地向政府有关部门、商协会、协办单位、经贸机构、团体、大型企业发送，向外国驻华使馆或机构发送；网上链接宣传；在各种新闻媒体和专业刊物上发布广告（软性、硬性）；召开新闻发布会；电话、传真；寄邮件、明信片；登门拜访等。

近几年随着展览会的主办者对专业观众重要性认识的不断提高，观众邀请工作五花八门，出现了许多新的方式。以下列举十种，各有利弊，可供借鉴和评判：

（1）有些政府主导型的会展，地方政府十分重视，主要领导轮流带队，各级分管部门抽人组成规模庞大的出国招商团，分批到各国举办推介会，成本费用极高。因多数团组人员是轮流或照顾性质出国，所以招商效果参差不齐。

（2）有的办展单位公开在邀请函上承诺组委会为前往参观的客商提供在本地的吃、住、行等，以此来吸引专业观众。

（3）有的请各地对口行业协会组织采购团，然后按规模给对方提取组织费，因此也经常出现滥竽充数的现象。

（4）有的给需方代表发了邀请函，但担心流于形式得不到落实，特地在请柬上注明凭请柬现场领礼品（有的甚至标明礼品名称和价值）和几天餐券，或凭请柬现场抽奖。

（5）有的在拜访重要客商时直接送去请柬、贵宾卡和礼品。

（6）有的办展单位充分利用信息传媒将展览消息用手机短信的方式发给所有专业观众，这种方法既有目标的针对性和操作的简便性，又快且节省费用，正被越来越多的办展单位采用。

（7）有的参展单位干脆就派人拉客商（在展厅或宾馆酒店门口拦截），因此厂家因争抢客商而吵架的情形时有发生，让客商感到十分尴尬。

（8）有的办展单位要求每家参展单位必须提供一定数量的客户名单，报组委会后统一以办展机构的名义发邀请，而参展单位则担心自己的客户被别人带走，因此经常“留一手”。

（9）有的地方政府主办的“洽谈会”“招商会”招商工作有较大难度，采用商业化运作，请相关单位或人员协助邀请外商赴会，按外商报到的实际数量提取招商佣金（每位数百元至数千元不等)，这种做法真可称作“商托”了。出于“商托”的利益，有些持海外护照长期在境内的人员也都经常成为前来凑数的对象。

(10) 品牌展览会的组织者通常将招商工作放在举足轻重的位置，经常对专业观众进行研究，以争取其参展。各种招商理念可概括如下：

“上帝之上帝”理论：会展主（承）办单位或展览公司在租用展馆办展时，是展览馆的“上帝”；厂商报名参展时，是主（承）办单位的“上帝”；专业观众参观订货时，是参展单位的“上帝”。因此，展览场馆面对着三重“上帝”，主（承）办单位面临着两重“上帝”。对服务对象而言，订货的专业观众是涉及办展各层次人员的最终服务目标，是最终的“上帝”，所以，做好观众的邀请和服务工作是招商工作的核心。

“观众三层次”理论：将参观的观众分为三个层次，即决策层（各级政府部门负责人、企事业单位负责人）、经办层（经贸业务、科技、情报等人员，他们带有一定的任务要在展览会上进行经济贸易和技术交流活动）和潜在层（指一般参观者），三者呈金字塔形。上两层统称贸易观众，决策层对展品的采购或项目的开发合作具有决定权，经办层人员对展品或项目有推荐权或承办权，主办单位邀请的重点是这两层贸易观众。一般观众也并非完全是无关人员，如有些参观者虽然还是学生，但他们毕业后可能会成为该会展某些产品的用户；有些设计人员对各类展品留下深刻印象，在今后的工作中会有涉及和推广的机会；布展装修人员则收集拍摄了大量资料，今后在使用借鉴过程中会有意无意地起到宣传和推介该厂商和产品的作用；随行人员则有可能经常回忆起对展品的印象或提出看法等，因此一般观众都属于潜在层。总之，瞄准决策层、留住经办层、争取潜在层，这些都是招商工作的重点。

据芝加哥一家展览公司的经理介绍，在美国的专业展览会上，70%的会展观众是对其中某些产品的采购起决定作用的人，美国的进出口贸易40%是在展览会上实现的。在德国则几乎没有无关人员进入专业展览会。由此可见，“经贸展览—专业观众—实现贸易合作”三者密切相关。

案例解析

在会展推介服务中，会展观众的邀请工作至关重要，它关系到会展的生命力，决定着会展的成败。在会展招展和招商两方面工作的关系中，招展决定着会展能否举办，而招商决定着会展是否能够圆满成功，因此从某种意义上说招商比招展更为重要。然而，会展不仅需要参观者，更需要一定数量和质量的专业参观者，专业观众的数量与质量直接影响参展商的参展效益，决定着下届会展参展客户的回头率和各项工作是否能够走向良性循环，也是会展主（承）办单位服务质量的重要体现。

国际上知名的会展企业德国汉诺威展览公司、芝加哥展览公司等在会展推介服务中都积累了宝贵的经验，不论是“上帝之上帝”还是“观众三层次”的提法都告诉我们，做好观众的邀请和服务工作至关重要。

本章小结

会展推介服务是会展服务的重要内容，也是会展营销的中心环节之一。会展的宣传推介是吸引目标观众的主要手段，宣传推介的目的是将会展的有关情况告知现有客户与潜在的客户，欢迎他们前往参加会展。会展宣传推介对于招展、招商、吸引观众到会参观及提升会展的知名度、美誉度都有很大的作用。会展宣传推介的具体执行应全方位、立体化，通过综合运用各种宣传手段实现最佳的推介效果。

随着我国会展行业的飞速发展和会展项目的快速增加，相同项目的会展竞争越来越激烈，想要在该行业中有较大的影响力，除了要提高会展本身的相关服务外，更重要的是会展参展商和专业观众在行业中的比例和比重。要把一个会展办好，首先应不停地寻找这个行业中最优秀的展商、最优秀的企业，让他们带最好的产品参加会展，把更多的机会留给专业观众，因为有的品牌在当地的经销可能很不错，在外地却没有代理商。这样，会展就为企业寻找代理商提供了一个机会。

在会展推介服务中，招展、招商目标一定要明晰，要广泛地、大量地收集相关信息。制定招展、招商方案时要考虑方案的可行性和可选择性。方案的实施要遵守原方案中制定的程序、原则和操作办法，不得随意变更时间、地点、出席会议的人员等。会展推介服务是一个复杂的项目工程，层次多，环节多，但只要掌握要领，踏踏实实地去做，就能事半功倍。

作业

1. 借用新闻“5W”理论，请指出在招展过程中，召开新闻发布会前要确定的“Who”“Where”“When”“What”“Why”的具体内涵是什么。

2. “会展是包含着艺术与技术的公众服务性活动。在整个招展过程中，无论是会展的行业信息分析、客户信息分析、展区与展位的划分、招展价格的制定，还是招展函的制作与发送、招展宣传推广等，都有一个艺术与技术的问题。”如何理解这段话的含义？

3. “观众管理”是近年来在会展现场管理中出现的一个新概念。阅读下列材料，试分析会展卖门票或是登记后发证或是敞门入场等，在会展现场服务与管理的方式上有什么不同的要求。

不同的观众管理方式

随着社会的发展和科技水平的不断提高，各种观众管理的方式不断出现。

国外有的展馆采取“敞门入场—出门收票”的做法，即先进馆参观，然后随时买门票，待出馆时检票。此做法实施后，许多参展单位就先买门票寄给自己的客户，或通知客户展览期间到自己的展位见面洽谈，临别时赠门票送其出馆，这既是展览馆避开入场高峰期排队购票既拥挤又浪费时间而采取的措施，也成为参展单位邀请客户表示诚意、增进感情的极好办法。

最近，国内有的专业展览会主办单位为了证实自己进行了客商的邀请工作，直接就给登记了资料后的参观客商身上贴了个“买家”字样的不干胶标签，犹如旅行团随行的人员。被贴了标签的客商代表表现不一，有的昂首挺胸满面春风，有的则哭笑不得无所适从。

不同的展览会需要不同的观众，“商品展销会”需要的观众是一般的商品消费者，以购物为主；“专业订货会”“交易会”需要的观众主要是贸易商或各类需方代表，以贸易订货为主；“洽谈会”“招商会”的观众主要是项目开发和准备投资的合作者；“国际博览会”的观众则是各界、各层次愿意接受新科技成果应用和项目开发的综合型的观众……

不同的国别、地区、学历、职业、年龄有着不同的会展意识，也会形成不同的会展观众，这是分析会展观众时不可忽略的一个重要因素。国内展览会通常人较多，特别是看热闹的人多，经常会有拥挤火爆的现象，三米宽的通道经常会被挤得水泄不通，而展位内却无人问津。看热闹的人多，其主要原因是观众的邀请工作只注重数量的增加，未注重质量的提高。

观众登记资料后免费领证与卖高价门票创收是一对矛盾，有些展览会的承办单位注重门票的收入，尚未形成品牌时，就想高价出售门票，造成冷场，参展商意见很大；相反，有的主办单位怕冷场到处拉人，忽略对现场的管理，造成无关的闲杂人员随意进入展厅，展览环境混乱，参展商、参观商同样意见很大。确定展览会是卖门票、登记后发证还是敞门入场等，是主办单位在总体策划的时候就要考虑各方面的因素而慎重决定的，它是招商工作的一个重要组成部分，需要通盘考虑，切不可随意。

第3章

参展商服务

案例导入

义博会的人性化服务

“Thank you for your great service.”这是美国佛罗里达州迈阿密市的一位商人发来的电子邮件里面的一句话，对中国义乌国际小商品博览会（以下简称义博会）组委会客商服务部的服务表示感谢。

记者从义博会组委会客商服务部了解到，类似这样的信件，组委会收到过不少，组委会对客商提供的人性化服务获得了良性互动，为义博会带来了更多商机。

商城展览作为义博会的展务执行机构，其客商服务部承接义博会的各项客商服务工作，以“一站式”服务为宗旨，具体分为八大服务模块，包括会展咨询服务、展期房务预订、客商票务预订、车辆调度职能、医务支援、翻译服务、商旅服务及现场协调，以工作模块划分工作职责、责任到人，大大改善了义博会的服务效率，基本上达到了“有求必应”的服务要求。

客服中心在运营手段上，强化互联网在工作流程中的运用，客商可通过网络完成客房预订、网上采购商登记及参展商报名等工作。客服中心推出“网上报名、邮寄证件”的服务，客商在“在线义博会”网站上提前注册详细的个人信息，客服中心工作人员审核信息后，会马上为其办理采购商入场证，再以邮寄的方式将会展入场证寄到客商的手里。

客服中心携手义博会参展商发送邀请函，通过几千家参展企业向更多的客商发送了近 5 000 份邀请函。由参展商邀请的客商可以向客服中心申请提前办理入场证。

在接到电子邮件、网上咨询及电话传真等各种形式的咨询时，客服中心以谁接到谁负责到底的原则，做到责任到人的一对一对接服务。

房务预订是客商服务中心重头服务内容。义博会客商服务中心克服外商文化背景不同、时差等困难，由专人负责、跟踪，尽力满足参展商、采购商的订房需求，通过展期房务预订服务来提高客房订单处理的成功率。

案例分析

参展商是会展的核心要素。对于某个会展，“参展商服务”有两层含义：从会展的主办方来说，为参展商做好服务是会展成功的关键；从参展商本身来说，也有一个服务的问题，那就是为目标客户群及潜在客户群做好服务。义博会的主办方以“一站式”服务为宗旨，大大改善了义博会的服务效率，对参展商基本上达到了“有求必应”的服务要求。可以说，这是义博会打造品牌会展的务实之举。

教学目标

- 熟知参展目标的选择问题。
- 掌握参展宣传的方法。
- 明确展前客户沟通的类型。
- 明确参展商的工作进程。
- 理解展台工作的含义。

基本概念

参展商服务（exhibitor service）　参展目标（exhibitors' goal）　参展宣传（exhibition publicity）　客户沟通（customers communication）　展台工作（booth work）

3.1 展前宣传服务

3.3.1 参展目标的选择

全球每天都有各种类型的会展活动在举办，其中哪种会展是你的首选呢？企业为什么要参加这些会展呢？从会展管理的角度来看，参展目标的制定与宣传工作十分重要。

1. 参展目标选择的重要性

从某一企业或单位的角度来说，设定参展目标尤为重要。

参展目标是展览策划、筹备、展出、后续等一系列工作的方向，也是每一项工作评价的基础和标准。因此，应当充分考虑遵循市场规律和经营原则，重视参展目标并做好参展目标的制定工作。

德国著名研究机构 IFO 曾经对世界跨国展览集团之一——德国慕尼黑国际博览集团举办的世界最大规模的机械工程设备类展览会 BAUMA 进行过“企业参展目标”专门调查，其结果表明，在参展目标中：

提高企业知名度为 85%。

密切老客户和结识新客户均为 70%。

通过展览会宣传产品进而提高市场占有率为 63%。

推介新产品为 60%。

提升产品知名度为 58%。

交流信息为 50%。

发现客户需求为 50%。

影响客户决策为 33%。

最后才是签署销售合同，仅为 29%。

可见，尽管企业参展一般是希望能提高产品销售率、获得订单、扩大市场份额，然而，成熟参展商通常是将参展目标锁定为在知名会展上集中精力“展示企业形象”和“推介创新产品”。因为对于专业观众而言，最吸引他们的除了产品性能和价格之外，更关键的是企业的实力。

2. 定性与定量目标的选择

（1）定性目标。

在制定参展目标时，有的内容难以用数量的形式直接表达评价结果，如在会展期间参观者的满意度等，只有采用分析评价法定性来确定目标。

对主办方而言，定性目标可以设立为通过会展的举办能让国内外参展商、采购商乃至参观者对会展留下深刻、难忘的好印象，今后继续支持和关注该会展。

对参展商而言，定性目标可以设立为从会展中取得物质上和非物质上的利益，达到预期的参展目标。

对采购商和参观者而言，定性目标可以设立为收获很大且在参展过程中感受到宾至如归的人性化的商务服务。

对会展的承办方而言，定性目标可以设立为会展能令多方满意，会展取得可观的利润，同时，能打响自身品牌等。

（2）定量目标。

对可以通过测量得出数量结果的，则用定量评价的方法设立目标，如参展商的数量、国外参展商的比例等。

定量目标的表述示例如下：

● 通过制定完善的商务服务使会展招商规模比上届增长约 20%，展位数达到约 3 000 个。

● 以人性化服务及与国际接轨的招商服务内容来吸引更多外商，期望国外参展商比例超过 25%，使会展成为真正意义上的国际知名品牌展。

● 加大宣传力度，使采购商及参观者数突破 28 万人次，较往届参展公众 26 万人次增长约 8%。

● 为参展商提供有效的商务服务，尽可能使总成交金额比上届增加 12%，资金总额约达 33.4 亿元人民币等。

3. 制定参展目标常见的问题

制定参展目标常见的问题有：

（1）目标不明确。

由于种种原因，特别是集体展出者，除政府部门、贸促机构、商会、工业协会等之外，还有展览公司、咨询公司、公关公司等以营利为目的的多部门组合参展。有些部门的负责人可能将展出看作例行公事，不认真制订会展计划，造成参展目标不明确。

在制定参展目标时，过于抽象的目标是不行的。例如，将“促进友谊，发展贸易”作为参展目标显然是抽象的，难以衡量展出效果。

（2）目标过高或过低。

在制定具体目标时，一定要切实可行。如果参展目标过高，有关人员无论如何努力也达不到，可望而不可即，目标就失去了指导实际工作的意义。比如参展总人数是3 000 人，你却定出要 2 500 人成为你的目标客户，显然是不切合实际的。可是如果参展目标定得过低，也不容易调动工作的积极性。

（3）目标没有可操作性。

目标量化是欧美现代展览的重要观念和技术之一。目标量化可以使参展企业更合理地分配资源，提高参展效率。

在会展实际的操作过程中，要使目标明确，参展目标往往要量化，需要有与之相配套的数据，不能只说“赢得许多可能的顾客”之类的话，要设立详尽而又具有可操作性的目标。例如，赢得 50 个可能的客户，赢得 5 个媒体部门的关注，现场销售额达50 000 美元，派送出 500 份样品等。

（4）目标随意更换。

参展目标一经确立后，不能因为出现某些问题或更换负责人就随意更改。参展目标一般是根据参展企业的发展需要和发展战略、展览会特点等因素综合考虑后制定的。如果随意改变，就必须相应地调整人员、经费和工作重点，否则有可能造成参展企业资源的浪费。

3.1.2 参展宣传工作

1. 参展宣传的意义

（1）扩大声势，提升参展企业形象。

展前宣传工作做得好，展出时前来观摩洽谈的客户络绎不绝，特别是在行业内有重大影响力的龙头企业代表人物前来观展，将为参展企业带来意想不到的效果。行业龙头企业的光临甚至签约，这应该成为会展企业宣传上的热点。大客户的光临会提升企业形象，还可能影响其他潜在的客户与本企业成交。

（2）加大企业新产品或服务的发布力度。

很多企业都把参展作为一种新的营销方式，一些企业总是把会展办成新产品或服务的新闻发布会。在展览会上，特别是一些高质量的展览会，很多潜在客户都会参加，如果通过展前宣传，让更多的客户来到会展现场，这将为企业发布新产品的消息提供很好的传播途径。

另外，加大参展宣传力度还能增强与客户的关系，促进贸易成交。在展览会上，参展企业通过周密的策划，精心挑选展品，精妙布展，细心安排会展礼仪，这都将有利于贸易成交。

2. 参展宣传的方法

（1）贴附宣传标签。

贴附宣传标签是一种经济实用的办法。在展览会开幕前，可将宣传标签贴附在寄给目标观众的信件上。在邮局分拣信件时，工作人员往往会揭掉附在信封上的东西，因此，宣传标签不应贴在信封上，而要贴在信纸上。

（2）邀请函。

在邀请函上写上老客户、潜在客户的名字，会给他们留下良好印象。参展商可用邀请函的形式，将组委会提供的宣传材料（包括宣传册、入门证）、关于公司展台的说明等转发给客户。邀请函要能引起客户的阅读兴趣，如有可能，要写上客户的姓名，邀请函上要有邀请人的签字，如果由与客户有生意联系的人签字，效果会更好。比如让销售人员签署给客户的信件，让客户技术顾问签署给对方设计师的信件。

邀请方式越活泼生动，效果越好。向观众寄送展台明信片或向关系较好的客户寄送往届展览会的照片，都能有效打动他们来参观本公司的展位。

参展商也可分阶段邀请客户，即在一段时间内分步骤邀请他们前来参观。每一步的邀请信都应附上新的内容或小礼品，这样才能有效吸引客户的注意力。

邀请工作可以按公司老客户和潜在客户名单逐个开展，有的公司专门出售潜在客户名单，多数客户名单以专业或按地区划分。参展商应于展览会开幕前两个月开始邀请工作。

（3）邀请册。

如果参展商预算较为充裕，则应印制包含以下信息的本公司邀请册：

- 展览会名称、地点、日期和徽标。
- 公司名称和邮政地址。
- 展台联系的电话号码。
- 展览活动安排及各项主题。
- 参展标语。
- 将于展台上提供的特色服务或有关活动。
- 展台值班人员名单（便于客户知道何时能与谁交谈）。

参展商也可在邀请中强调说明展台设计特点和即将举办的活动。另外，预先印制的回执卡有助于约定在展台与客户见面的时间，无论展出期间展台上有多么繁忙，都要保证洽谈如约举行。参展商也可通过电话邀请客户，并安排洽谈事宜。

（4）免费入门证。

参展商可向展览会组委会索取入门证并免费发放给客户，客户非常看重这一点。邀请册中一般夹有凭条，客户可在展览会换取入门证，参展商一般按折扣价支付组委会这类入门证的费用。

（5）礼品和抽奖活动。

如果知道可以领取礼品，无论礼品多少，客户都有可能前来参观展台。若是分次送出礼品，效果会更好。每年发放的礼品若能构成一个收藏系列，效果也很突出（必须注意：发放礼品不能影响展台的正常工作，更不能影响相关规定）。

（6）报刊广告。

在大型贸易展览会开幕前不久，展览会定期刊物或专业杂志上往往为参展商发布关于本公司参展及展台详细位置的广告，这也是原有报刊广告的延续。这样的广告常见于报刊的补白部分。

（7）会刊广告。

参展商可以在展览会会刊上刊登广告和公司的徽标、商标。虽然观众信息系统在展览馆内具有较高的广告价值，但观众可在展览会结束后长期保存会刊，并在必要时作为参考。

（8）外部广告。

一些展览中心可在围墙或展厅内规定的位置上张贴广告，这样的招贴画、广告台、霓虹灯饰广告、电子屏幕都能在展馆内外形成强烈的视觉冲击，在展览会上，观众一下子就能看到这些广告宣传。参展商还可在展览举办城市设立广告宣传设施。

（9）展台娱乐活动。

参展商应尽可能使观众在展台前获得令人兴奋难忘的“展台经历”，比如可以举办名人专访等展台娱乐活动来吸引观众注意。当然，这类活动要与展品展示有关，而不应变成与展品毫不相干的纯粹娱乐，比如可运用哑剧形式来展现产品的优点。这类活动应作为展出活动的组成部分，写入发给观众的邀请册里。

3.2 展前客户沟通服务

3.2.1 展前客户沟通的特点

每一个参展商都希望自己的展位前人气很旺、客户云集。当然，这一方面得益于会展主办方的宣传推广及会展的知名度；另一方面，参展商的展前客户沟通工作也十分重要。

参加会展是参展企业与新老客户增加沟通的好机会，展前客户邀约是企业参展的工作重点，对参展效果有着直接的影响，具有极为重要的意义。参展商不仅要通过各种方式邀请相关领导、嘉宾和大客户，还要邀请一般客户，切实做好展前客户沟通工作。

在做展前客户沟通的工作时，应该明白展前客户沟通的一些特点，做到有的放矢。展前客户沟通的特点如下所述。

1. 实效性强

会展服务是一种会展所特有的活动，具有不可存储的特点。因此，参展企业从作出参展决定那天起，就应把展前客户沟通作为一个专题工作项目单列出来，并由专人负责按进度完成邀请工作。

2. 竞争激烈

在会展活动上，特别是一些行业展览会上，参展企业相互之间几乎全是竞争对手。在展场中，它们之间是一种直接的较量；在展前客户沟通中，是另一种较量。在本企业邀请客户参观自己的展位时，竞争对手也在邀请同一名客户前去观展。为了争夺参观客户，参展企业常常用报销路费、安排食宿、安排旅游甚至赠送礼物等手段拉拢客户。

3. 变动因素多

展前邀约客户，要做好相关安排。但是，客户数量众多，每个客户都有自己的特殊情况，所以变动因素很多，要统一安排，需要一定的统筹能力。

3.2.2 展前客户沟通的类型

根据标准的不同，会展的客户可以有不同的分类：按地域可以分为国际客户、全国客户和区域客户；按建立关系的先后可以分为老客户和新客户；按企业实力可以分为大客户和小客户等。一般说来，根据企业发展的战略需要，展前客户沟通应该有一个总体的部署。不过，与大客户的沟通和开发新客户是现代企业更为重视的。

1. 展前与大客户的沟通

在与大客户沟通时，首先，要完整地收集有关大客户的基础资料，摸清大客户单位所处的行业、规模等情况，摸清大客户内部的运作情况，甚至关键人物的个人资料，包括性格、兴趣爱好、家庭、学历、年龄、能力、经历、同本企业交往的态度等。对大客户的类别划分要准确，一般分为综合大客户、专业大客户、协作大客户和潜在大客户。

其次，要优先为大客户做好有关事宜，重视大客户的差异化及个性化，保证大客户得到最新、最优的产品或服务。

最后，要关注竞争者的动向。

在与大客户沟通的过程中，不少企业已经积累了丰富的经验，主要的做法是：

（1）努力与大客户签订合作协议。

（2）对所有的大客户保持统一的价格和一致的服务标准。

（3）对大客户要提供“门到门、桌到桌”的服务。

（4）养成走访习惯，最好是分层对口走访。尤其是对大客户的决策者、经办人及财务负责人等，应经常保持沟通，从业务和情感上让大客户感受到“零距离”的服务。

（5）与大客户沟通，其角色特点与销售人员有所不同。大客户主管或经理应该是客户的顾问，参展企业人员的职责不仅是发展和培育顾客、销售谈判，还要了解顾客决策流程、收集具有竞争力的情报、发现创造附加值的机会，协调客户的保养、维护和升级服务、信息沟通、定制产品及服务等。

（6）要警惕竞争者的参与，保持大客户的忠诚度。

2. 新客户的开发与沟通

新客户是会展的宝贵资源，也是会展未来的发展空间。新客户数量的多寡决定未来会展发展规模的大小。新客户开发与沟通的主要步骤有：

（1）确定沟通对象。

首先要按会展定位的需要将客户进行分类，确定哪些是参展商、哪些是潜在观众、潜在参展商主要生产什么产品、潜在观众主要采购什么产品、这些潜在参展商和观众主要分布在什么地方、各有什么特点，等等。

（2）确定预期沟通目标。

客户从最初接触会展信息到最后决定参展（参观）一般会有知晓、认识、接受、确信、参展（参观）五个阶段的反应过程。沟通首先要让对方知道你是在介绍哪一个会展，并要慢慢让对方认识该会展，还要让对方接受该会展。通过一步步的努力，对方才会对会展产生信心，才会决定参展（参观）。

（3）设计沟通信息。

不同的会展信息对不同的客户所起的作用不尽相同。对于理性诉求倾向较强的客户，信息设计就应该从客户的利益出发，着重描绘会展的优势、特点及能给客户带来什么样的利益；对于情感诉求倾向较强的客户，信息设计就应努力激发起客户的某种特定情感；对于道德诉求倾向较强的客户，信息设计就应利用客户的道德感来强化他们参加本会展的理由等。

（4）选择沟通渠道。

与客户沟通在很多时候是与会展展位营销和会展宣传推广一起进行的，所以，展位营销和会展宣传推广的渠道也是与客户沟通的重要渠道。例如，报纸、杂志、电视、互联网、微信平台、电子邮件、广播、人员推销、公共关系、赞助、营业推广等。

在新客户的开发与沟通过程中，要特别注意沟通的连续性和一致性，沟通信息在实体上和心理上要彼此关联，会展沟通的口径和会展徽标要统一，还要有统一的客户利益主张和会展定位诉求，这样才能做好沟通工作。

另外，促进潜在客户转化为现实客户也是一项富有挑战性的工作。要实现这一目标，必须站在客户的角度考虑问题。除了完整地传播会展信息外，还应重视客户的需求、尽量降低客户的成本、重视与客户的每一次接触、了解客户参展（参观）的阻力、尽快提供参展（参观）便利等。

3.3 参展选择与实施

3.3.1 参展选择的相关因素

企业进行展览选择的目的是找出最有助于达到展出目的的展览会。在理论上，应该事先制定展出目标再选择展览会，因为展览会为展出目标服务，但在实际工作中，也常常是先选择展览会，再制定展出目标。企业应根据自己的实际情况，安排两者之间的具体操作。企业选择会展应考虑下述因素。

1. 展览种类和特性的选择

展览种类的选择是指在特定市场、特定期间和特定行业里选择类似的展览会。因为会展是一项极为复杂的系统工程，受制因素很多，从制订计划、市场调研、展位选择、展品征集、报关运输、客户邀请、展览布置、展览宣传、组织成交直至展品回运，形成一个互相影响、互相制约的有机整体。只有了解这些特性，从而选择会展，才能收到预期的效果。

2. 展览性质的选择

每个会展都有自己不同的性质。展览按目的划分，可分为形象展和业务展；按行业设置划分，可分为行业展和综合展；按观众构成划分，可分为公众展和专业展；按贸易方式划分，可分为零售展和订货展；按参展企业划分，可分为综合展、贸易展、消费展等。

许多会展在性质上往往不容易区分，比如法国巴黎国际展览会历史悠久、规模庞大，但它不是贸易性质的展览会，而是消费性质的展览会，不适合贸易企业参展。所以，在选择会展时，必须先对会展的性质作出正确的评判。

3. 会展时间、地点的选择

对于会展时间的选择，首先要考虑订货季节，大部分产品都有特定的订货季节，也就是订货高峰，在订货季节期间举办的会展，成交的可能性会大些。其他的考虑因素包括配额年度、财政年度等，一般的规律是前松后紧，上半年额度多、经费充裕，订货就可能多些。另外，参展企业还要考虑自己的日程是否能安排过来等问题。

展览会举办地点的选择：一是从贸易角度考虑，即会展地点是不是生产或流通中心，在生产或流通中心城市举办的会展有着得天独厚的优势，展出效果要好一些；二是从与会者的角度考虑，即展览地点的吃、住、行是否便利。

需要注意的是，即使是一个全国性的会展活动，参观者大部分会来自会展举办地，企业如何选择，也应从自身的实际情况出发。

4. 展出方式的选择

展出方式可以分为集体展出和单独展出两类。集体展出是指由政府部门、贸促机构、行业协会甚至公司组织的、有两个以上参展企业的展出形式；单独展出是指参展企业独立完成的展出形式。

集体办展的形式多为综合单独展览会，如东京中国经济贸易展览会、大阪中国五金矿产展览会等。参展企业应对集体展出项目作较全面的调查，以便有的放矢。

单独展出包括企业直接参加一个会展和企业独立组织会展。单独参展自主权比较大，企业可以设计出自己的特色，显示实力，但需要花费相当大的财力、物力。这种形式比较适合于大中型企业。

5. 目标观众的选择

会展上人头攒动，熙熙攘攘，但对某一参展商来说不一定都是目标观众。会展需要专业观众，他们是参展商的潜在客户。参展商希望见到有效观众，即目标观众。

专业展已成为会展发展的趋势，市场细分的结果是：参展商要进一步明确产品市场、客户定位，没有必要每个会展活动都去参加；主办者要非常明确会展的主题，要知道邀请哪些参展商及目标观众。

3.3.2 参展选择应避免的问题

在会展的选择上，既要考虑企业自身的实际情况，又要考虑市场情况，做好选择。要留心展览会的“历史”，核实展览承办方的实力，摸清展览会的规模，关注展览会的内容，查看展览会的宣传，查看展览举办的场馆，重视展览的展期，注重展览承办方的诚信等。

应避免下列问题：

（1）因为被邀请就匆忙选择该展览会。

（2）因为费用低而选择该展览会。

（3）因为评价好就不加分析地选择该展览会。

（4）因为竞争对手参加而选择该展览会。

3.3.3 参展商的工作进程及展台工作

参展商在决定参展后有一系列工作要做，具体参见展出工作日程表（见表 3－1）。

表 3-1 ××企业展出工作日程表

会展名称：____________________

时　　间：____________________

序号	工作项目	距开幕期月数	完成情况
1	向组织者索取资料、申请表	18	
2	决定参展	12～15	
3	确定预算	12～15	
4	预订场地、展位	12～15	
5	指定项目协调人	12	
6	筹备会议	12	
7	要求设计施工单位报价	12	
8	制订展出工作详细计划	11	
9	选择展品	11	
10	制定详细预算	11	
11	委托设计工作	10	
12	预租展位、展具、用具	6～8	
13	选定运输公司，安排运输日期	8	
14	内部审查设计	8	
15	设计送会展审查	8	
16	会展目录登载内容寄会展组织者	7	
17	计划编印展出资料	7	
18	选定广告代理	7	
19	准备编辑展出资料	6	
20	预订旅馆	6	
21	选定展台人员	6	
22	预订航班	6	
23	办理保险	6	
24	调整预算	6	
25	选定施工单位	5	
26	准备直接发函名单	5	
27	预订临时雇用人员	5	
28	开始刊登广告	4	
29	展品、道具交运输公司发送	3～4	
30	选定展出地运输代理	4	
31	索取入场证	4	
32	向潜在客户直接发函邀请参观展台	1	
33	展台工作	0	
34	安排展品、道具回运及处理	0	

企业展出工作日程表中的每一项工作都要进行精心策划、管理，才能达到预期的效果。而委托设计工作，预租展位、展具、用具，选定运输公司，安排运输日期，特别是展台工作则是参展商在实施会展过程中非常重要的环节。

参展商的展台工作主要有：接待客户、与客户洽谈、记录、联络和公关、展场调研、操作示范、资料管理、相关活动、现场销售。

1. 接待客户

接待工作的主要内容是发现新客户并与之建立联系，以及保持、巩固与老客户的联系。接待安排可以是随意的，也可以是预约的。最好将预约接待安排在观众少的时间，以减少会谈时的打扰，同时也避免失去接待其他客户的机会。

接待对象可以分为重要客户、现有客户、潜在客户、普通观众等。重要客户，无论是现有的还是潜在的，可以列出名单，事先告知展台人员。如果发现重要客户前来参观，要予以特别接待。要接待好现有的客户，维护好关系。但是，如果不是洽谈业务，就不要因为他们而耽误接触新客户，可以约他们在闭馆后一起活动。接待潜在客户是展览会的最大优势、最大价值所在，也是展台最重要的工作之一。普通观众一般没有贸易价值，与展出目标没有直接关系，因此，不要耗费时间和精力接待普通观众。但是注意不能没有礼貌，可以巧妙一点，客气地打招呼，简略地解答问题，尽快结束交谈。

2. 与客户洽谈

洽谈工作与接待工作紧密相连，它的重要内容之一是推销，推销公司产品和服务，推销公司形象。有效的推销会使潜在客户对展出公司产生信任，对展出的产品、服务产生兴趣，会使现有客户对新产品产生兴趣和购买意向。达到这一步，就开始进入洽谈阶段。要积极地争取与现有客户签订新的贸易合同。但是对新客户的大宗买卖及投资项目要慎重，不宜当场签约。任何决定必须在彻底调查之后作出。报价、条件再好，也要保持慎重的态度，尤其是对会展临结束前提出的大宗买卖和投资项目要警惕。“趁热打铁”的观念不可使用在会展上。会展的关键功能是建立新的关系，会展之后还需要做调查工作，知根知底后再签大笔买卖和大项目投资合同。推销工作的成果体现在签订贸易合同上。

3. 记录

记录对会展评估和会展后续工作都很重要。展台记录的范围可以很广，但是主要记录的是接待和洽谈工作。记录方式有多种，常见的有收名片，使用登记簿、记录表格、电子记录设备以及添加微信等。记录内容、格式应在展览会前准备好。记录内容根据工作需要选定，不要忽略任何重要信息，也不要记录没有价值的内容。记录格式设计主要考虑使用方便和效率。会展开幕前，必须让展台人员熟悉记录表格。记录表格最好是复写式，一式多份：一份留给当地机构或代理；一份尽快发回总部；一份留在展台，用于存档和后续工作。复写式表格的每份都要注明去向和用途。如果是单页式表格，可在一天结束时或在指定时间将表格内有关情况摘出发回总部以便及时处理。

4. 联络和公关

联络和公关工作主要有客户邀请工作、接待室工作、送礼工作等。

客户邀请工作在展前已大规模做过。在会展期间，仍应视需要继续做客户邀请工作。会展期间的客户邀请工作主要限于重要的现有客户和潜在客户。

接待室工作是展台工作的一部分。如果配备接待室，要充分利用。接待室应用于有价值的客户和贵宾，事先要向展台人员明确说明谁可以使用、什么时候使用。接待室是接待、谈判、签约的地方，气氛要轻松一些。但是要避免形成娱乐、休闲的气氛，避免使接待室成为观众和展台人员休息的场所，要保持接待室做生意的气氛。接待室的招待品可以分等级提供，比如软饮料、酒精饮料、快餐、正餐等。招待标准要按预算确定，要注重效果。接待室要保持干净。接待工作做得好，也是展出成功的条件之一。

展出工作一般都会配备礼品，要做好礼品管理工作。要明确赠送档次，一般分贵宾和工作用礼品。在正常情况下，第一天重要人物最多，最后一天最少。每天使用多少要有数，不要早早用完。礼品可以事先包装好，免得临时送礼来不及包装。在送礼后要进行登记，一方面是为了管理，另一方面是为了以后再送礼时好相应安排。

5. 展场调研

贸易会展不仅是买卖场所，而且是理想的调研场所。会展本身就是一个市场，是一个人员众多、气氛宽松的市场。在会展上做调研节省费用、节省时间，进行信息采访，询问市场、产品甚至竞争者的情况比在其他环境中容易。在会展上，展出者和参观者都不介意回答一些问题，有些甚至很乐意提供意见和建议，而在其他场合，就不是那么容易获得答复。据称，有关市场的任何问题都可以通过会展的调研获得结果。在会展上的调研范围和内容可根据展出需要和条件安排。

调研工作可以委托专业公司做，也可以由展台人员自己做。专业调研公司的工作质量高，但是他们的产品专业知识可能不是太全面。另外，由于经费、人员等方面原因，展出者大部分自己做调研工作。

展场调研的途径和方式可以是多种多样的。可以以展台为阵地，主要针对参观者做调研，了解参观者对产品或服务的意见及建议，询问参观者对产品或服务的需求和要求，以及参观者对市场和发展趋势的看法等。可以抽空参观其他展台，尤其是竞争对手的展台，主要针对竞争对手做调研，收集资料、询问情况，了解竞争对手的展示手段、销售方式、宣传方式、新产品、新技术、产品质量、价格、包装、性能等方面的情况。可以参加会展期间召开的研讨会，这主要是针对市场做调研。会展的研讨会是一个了解市场和行业发展趋势的好机会。一方面，发言人会作出推论、预测；另一方面，参加者所表现出的兴趣（比如出席人的多少、出席人的问题等）也可以作为预测的标准之一。此外，在研讨会上可以发现重要的潜在客户，还可以阅读新闻报道、贸易刊物、官方报告等，了解综合性质和宏观性质的情况。调研工作不仅仅是收集信息，还包括统计、分析和总结。

6. 操作示范

操作示范的展品更能吸引观众的注意力，能使客户更加了解产品，使客户更快地作出购买决定。因此，在有能力和条件的情况下，应考虑安排操作示范。

如果安排了操作示范，就要事先再三检查产品，确保能正常操作表演。任何事故不仅会带来难堪、损坏公司形象，而且会直接导致生意流失。操作表演要视情况安排保卫人员以防意外。此外，也要警惕竞争对手做手脚。若有规定，还需要事先征得展览会组织者的同意。另外，要视情况办理保险。操作安排次数要适当，可以定时操作表演展品，多了效果并不一定好。如果有音响设备，使用时要控制音量、调整屏幕角度，不要影响周围展台，避免造成麻烦。

7. 资料管理

展台资料包括公司介绍、产品目录、产品说明、服务说明、展出介绍、价格单、展台人员名片等。展台资料需要管理，管理使用得当，资料可以有效发挥宣传、推销作用；管理使用不当，资料便会被丢弃、被浪费。资料的管理工作包括控制散发数量、控制散发对象、撤下残损的资料、添加新的资料、补充库存等。

资料要有针对性地散发，可以分层次地向目标观众寄发、散发。资料可以分为两类：一类是散发给每一个参观者的简单的、成本低的资料，包括单页和折页资料；另一类是提供给专业参观者的成套的、成本高的资料，一般不宜当场提供，最好是在展览会后邮寄给客户。

供散发的展台资料要放在参观者方便拿取的地方，不要对称地放置、摆放太整齐或摆放成几何图案，以免被误认为是展示品而不拿取。可以使用资料架（台），但是要注意摆放位置，不要影响正常的展台工作，也不要影响观众行走。展会资料不宜大量堆放，而要均匀散发，可以由展台人员直接散发或少量地放置在展台上，不断地添加，以免滥发造成浪费。散发的资料要有数量控制，以便于整个会展期间都有正常的供应。不要在展览结束时，还剩余很多专门印刷、无法用于其他场合的资料，或者在展览还没有结束时已无资料可以散发。

向客户提供贸易资料编印成本一般很高，控制可以严格一些。资料可以放在接待室内或资料柜内，不要让参观者自由拿取，而由展台人员有选择地提供给有价值、真正需要资料的客户。据调查，许多真正的客户往往不愿意携带很多资料，而且基本不翻阅在会展上收集到的资料。因此，在展台上可以不直接提供贸易资料，只配备少量资料用于谈判参考。这样可以使展台人员和参观者集中精力交谈。在进行贸易细节洽谈时，可以使用有直接关系、辅助洽谈的资料。若客户真正需要资料，可填写索取表，展出者当天或展后安排邮寄。

统计显示，50%的人没有目的或者目的不明却到处收集资料，最终将所收集的资料留在餐馆的饭桌上、汽车座椅上、废纸篓或投到垃圾箱里。即使拿到办公室也是放到资料堆里，“有时间再看”，实际上是不会有时间再看的。英国人称这类人为“资料收集者”，他们没有明确目的但是到处索取资料，最终可能一扔了之。因此要管理好资料，不能将贵重资料提供给这类人。

8. 相关活动

展览会可能会安排一些活动，包括开幕式、新闻发布会、招待会、研讨会、贵宾访问等。这些活动与展出都有一定的关系，展出者应予以足够的重视，并视需要积极参与或充分利用。

会展开幕式是展览会最重要的活动之一，既有新闻价值，又有商业价值。对于一般展出者，重要的是利用其商业价值。开幕式邀请的人员都是一些政府官员、工商界名流和新闻记者，在开幕式当天参观会展的人很多是有价值的商人。

首先，展出者一定要在开幕前完成全部施工、布置工作。开幕后的几小时是关键时刻，对展出者最为重要。重要人物已到场，重要客户通常在会展开始时就参观。他们巡视展览，如果展台一切安排妥当就绪，准备接待客人进行业务洽谈，那么这些重要的客户在巡视之后，就会把这样的展台列为接触对象。而仍在施工、布置的展台则是在做反面宣传，会失去这些最重要的客户。其次，了解开幕程序和活动，包括开幕式后贵宾参观路线。如果可以，做会展组织者的工作，争取将自己的展台包括在贵宾的参观路线内，这将有利于新闻宣传。最后，确保展台人员全部到位，确保展台人员着装整洁、精神饱满。如果需要，应做好摄影和摄像准备。

9. 现场销售

有些展出者将展览会作为直接销售的场所，租用小面积的标准展台，在里面堆满产品，在展台前的过道上放柜台，直接向参观者销售。这样做会扰乱展览会现场秩序，展出者本身也很难通过零售获得足够利润。如果展出者认为有充分理由零售，可以事先与会展组织者商量，也许可以获得同意，并被安排在一个合适的位置。如果展出者违反规定强行零售，会展组织者可能会采取措施，甚至关闭展台。

在贸易会展上直接零售是违反效率和效益原则的，因此贸易会展通常禁止现场零售。贸易会展是做贸易的场所，展出者应集中精力捕捉潜在客户和贸易机会。向大量普通参观者开放的消费品展览会可能允许零售，但是也需要办理相应的手续并遵守相应的管理规定。

案例参考

企业参展程序

企业一旦作出参展决定，接下来应注意什么？澳大利亚国际贸易发展中心对此提出了忠告：

（1）展出前确定业务目标。为什么要办展览？是否需要寻找适销市场和新客户？是否想要介绍新产品或提供新的服务项目？是否需要选择代理商或批发商？对办合资企业是否感兴趣？是否通过展览来研究或开发市场？

（2）展前要仔细地选择和研究销售市场。

（3）充分做好展前的各项准备工作。

（4）选择理想的代理人。

（5）确定参展产品。客户尤其是国外客户关心的是最新或质量最好的产品，切勿展出过时的产品。

（6）了解会展的全部具体要求。要清楚地知道会展的全部规则、展出时间、服务项目及参展所需办理的手续。

（7）应选派熟悉情况、可以做主的人赴会。参展人员应该了解公司的销售意图。必要时，还应选派懂技术的工程师以便解释有关技术问题。

（8）时间安排要充裕。应提前到会以确保展位秩序井然，展品状态良好。会展结束后，要有充足的时间来听取意见。

（9）应把业务和礼节很好地兼顾起来。要为展位配备足够的人员。

（10）要重视会展宣传。展前及展期应该出版有吸引力的商业期刊和报纸。

（11）了解当地习俗。参展前要熟悉当地节日、假期、市场的季节性及消费者习惯等。

（12）寄送产品样本。

（13）要为国外用户提供服务。

（14）要用公制标出产品的规格。国际上通用的是公制，所以，在出展前要准备好产品规格和公制数据。

（15）消除语言障碍。参展人员最好会一种外语。

（16）关于资信和付款方式。应了解外国代理人的资信，可以通过银行进行，也可以从咨询公司得到；还应该了解有关保险、付款方式等方面的情况。

（17）要保护专利权和商标权。如果你已取得专利或中国国内商标权，就应该与专利代理人研究如何使这种商标或专利在海外继续得到保护。世界上大多数国家都对专利或商标权给予保护。

需要指出的是，决定是否参加一个商展，最重要的工作是研究要送展的产品在会展即将举办的国家或地区有无潜在市场，有没有可能找到销路。参展商的主要目的是推销产品。

案例解析

企业决定参展后，就会展的主办方来说，要为参展商做好代理宣传，提供便利的食宿、物流、设计搭建、商务等服务；就参展商本身来说，也有一个服务的问题，那就是对目标客户群的系列服务及围绕参展本身所必需的服务工作。现代会展在运作过程中，有不少的参展商可能会将参展工作的一些服务环节委托代理商来做，对于会展的代理商来说，为参展商做好服务工作则必须要熟知参展的流程。

本章小结

会展形式多样、种类繁多，对于参展商来说，选择展会是第一步。这一方面要求会展的主办方能够充分地做好会展宣传推广服务工作；另一方面，需要参展商提前做好参展工作。一般说来，参加大的会展，准备工作需要提前一年开始做。现在的参展企业一般都比较注重企业形象的展示，所以无论是展品的准备，还是目标客户的预先约定乃至展位的设计搭建等工作，都必须要周密细致地策划，以确保会展的成功举办，达到预期的目的。

作业

1. 企业参展的人际交流主要有发函、打电话、拜访等，从展前客户沟通的角度来看，还有哪些方法？

2. 参展商应当从技术、能力和性格等方面选择参展工作人员，试述参展商的展台工作主要有哪些。

3. 阅读下列材料，谈谈你对“第九届北京国际印刷技术展览会”（CHINA PRINT 2017）主办方的参展商服务特点的看法。

第九届北京国际印刷技术展览会的特点

第九届北京国际印刷技术展览会的五大特点如下所述。

展出规模宏大　打造亚洲第一展

作为国内综合性的国际印刷大展，CHINA PRINT 一直以来得到了业内企业的鼎力支持。CHINA PRINT 2013 启用了中国国际展览中心（新馆）的 8 个室内展馆，同时搭建了 11 个室外临时展馆，展出面积 16 万平方米，即便如此，仍未能满足部分厂商的参展需求。为了充分满足展商的参展需求，CHINA PRINT 2017 展出总面积超过 16 万平方米，展出规模继续稳居“亚洲第一、世界第二”的国际印刷大展地位。

特设五大专馆　助力商贸配对

随着展会规模的扩大，展商及观众数目日益增加，CHINA PRINT 2017 特设五大市场热点主题专馆，设计针对性的专区宣传推广方案，高效助力展商与买家的商贸配对。五大主题专馆包括：（1）综合印刷馆；（2）数码印刷馆；（3）标签印刷馆；（4）印后包装馆；（5）前沿技术馆。

新技术展专区　促进行业发展

创新与技术革新是行业发展的主要推动力，作为以技术为先导的展会，CHINA PRINT 2017 在各馆设置相关领域的新技术展示专区，展示行业的最新技术和产品，同时邀请知名厂商、专家、学者对新技术的发展趋势和应用方向进行解读，通过与会人士的技术交流与共享，促进行业和市场发展。

高端论坛荟萃　同期活动精彩

CHINA PRINT 2017 举办了第四届北京国际印刷工业发展论坛（Forum-PI）、中国印刷高峰论坛、中国标签印刷工业论坛等高端论坛，同时还举办了第六届中华印制大奖颁奖典礼、亚洲印刷展览联盟会议、国家主题日等多场专业、先进、丰富的同期活动，全面把握产业趋势与动态，共同探讨印刷业现状和未来。

整合全球资源　展会强势推广

（1）充分发挥中国印刷及设备器材工业协会的行业优势，利用其 10 个专业分会、7 个工作委员会、47 个团体会员，以及全国各省市自治区兄弟协会广泛进行宣传，扩大展会影响。

（2）出席海外和国内知名印刷展会及相关活动，寻求合作，积极推广。

（3）遍布全球 30 多个国家和地区的近百家行业媒体深度宣传。

（4）向海内外专业观众直接发送邀请函、门票、电子邮件及传真，并对国内专业观众进行电话、短信邀请。

（5）官方网站、官方微信、官方 App 三位一体，创新宣传，展会资讯随时掌握。

（6）组织各省、市、自治区的印刷协会会员和包装协会、出版协会等相关社会团体组团参观。

（7）充分利用亚洲印刷展览联盟和环球印刷联盟的网络，组织世界各地的用户和买家，以及成员方的印刷协会等社会团体组团参观。

资料来源：http：//www. chinaprint. com. cn/.

第4章

会展现场服务与管理

案例导入

打造中国最佳服务质量场馆

——访上海新国际博览中心总经理迈克尔

随着新的大型展馆建成使用，上海展馆经营进入全新的竞争阶段。时任国际展览行业协会（UFI）泛亚太区分部副主席、上海新国际博览中心有限公司（SNIEC）总经理迈克尔是如何带领SNIEC迈向新里程的？他对未来有怎样的愿望和期许？为此，记者对迈克尔进行了专访。

忠实于服务　只做单纯的场馆服务方

记者：上海新国际博览中心的销售面积与使用率一直在全国的场馆中名列前茅，SNIEC保持如此高的使用率的关键是什么？核心的服务和理念是什么？

迈克尔：非常简单，我们忠实于我们的服务！与产品制造商不同，我们没有自己的产品，不需要攻克技术难题，也没有复杂的产品生产、销售环节。我们是服务行业，我们重视客户的需求。我一直告诉我的团队，一定要倾听客户的想法，而不是凭自己的猜想，以为客户需要什么。一定要主动去问客户有什么要求，然后按照客户的要求提出解决方案。为此，我们启动和实施了SNIEC2.0计划，旨在将我们的服务水平提升到一个新的高度，目的是打造中国最佳服务质量场馆，保持市场竞争力。

记者：PIP小组作为SNIEC2.0计划的一个重要组成部分，您能详细介绍一下吗？

迈克尔：PIP小组的全称是Performance Improvement Project，即提高服务效率项目小组。它是从公司的各个部门抽调一些熟知我们公司业务的员工组成的一个小组，会根据主办方对我们反映的一些问题，或者自己发现的一些问题，进行实时讨论，然后想出一些对策进行改善。它会帮助我们在全公司内各个环节中去寻找一些不足，然后进行弥补与改进。

PIP小组不定期与客户面对面交流，就是主动邀请15～20个客户在一起谈一谈，倾听他们各自都有什么要求？哪些服务还需要改进？这样及时地了解客户真正需要些什么，以便于我们提高服务质量。这种方式非常开放，效果也非常明显。另外，PIP小组成员来自公司所有的部门，像市场部、客服部、设施部，当然也包括财务部、总经办，可以说集中了公司所有的资源。这样一旦客户反映了什么问题，我们就会根据相应的属于哪个部门或哪几个部门快速地进行协调解决。例如，客户如果反映的是财务方面的问题，就会联系规划控制部和财务部一起商量怎么去解决；如果是现场服务问题，就由客服部和市场部一起处理。这样会大大提高工作效率，节约时间成本。

记者：许多场馆在承接展会项目的同时，也将业务链向上游拓展，自行培育展览会。对此，您如何看待？

迈克尔：我们只做独立的展馆服务方。主办方的展会进入我们的展馆后，我们不会去和他们竞争，因为我们要保证主办方的利益不受损害。这也是我们打造优质服务场馆的一个重要方面。这对我们的招商工作很重要，国外的客户，尤其是欧美国家的客户，他们非常担心来到中国以后，他们的展会能否受到保护，不会遭遇不正当竞争。因为他们听说了一些奇怪的事情，比如有些展馆在主办方进来后，就自己去办一个很相似的展会，这对主办方是不公平的。

我们去年引进的 CES ASIA（亚洲消费电子展），母展在拉斯维加斯，现在主办方把中国的第一站放在了上海，放在了 SNIEC。主办方之所以会选择 SNIEC 来开拓中国市场，最重要的一点就因为 SNIEC 是单纯的场馆出租方，从来没有自己的展会。这样可以让主办方打消顾虑，放心办展。

扎根于上海　共建“国际会展之都”

记者：在全球经济复苏乏力、中国经济增速放缓的背景下，您如何看待中国会展业，尤其是上海会展业的发展前景？

迈克尔：整体经济下行的压力比较大，但是危机与机遇并存。在这种情况下，一些公司，特别是一些大的公司，会更加注重宣传，会花更多的精力、更多的金钱去宣传其产品，会更重视通过面对面交流的展会形式来提高自身的影响力，这对会展业来说都是机遇。

记者：上海“十三五规划”中，明确要打造“国际会展之都”。您认为上海要实现这一目标，除了硬件设施外，还需要在哪些方面作出努力？

迈克尔：作为中国甚至亚洲的一个经济中心，上海的竞争优势凸显，不管是经济层面，还是管理层面，都领先于二三线城市。任何一家公司，都需要上海这样的平台。目前，上海可供展览面积超过 100 万平方米，位居全球城市第一。在未来的五年中，上海会展业会变得更强，会展环境会越来越好，会有更多的国家、更多的公司关注上海的展览业。

资料来源：http：//doc. qkzz. net/article/c60c6210-5ed9-48a8-a2f5-7ad8b23de0f9. htm.

案例分析

在现代会展服务体系中，不同的会展场馆为了体现自己的优势与特色，会为参展商和观众提供个性化的服务，这些个性化服务有可能成为场馆经营管理的闪光点，吸引更多的参展商前来参展，也会给公众留下深刻的印象。上海新国际博览中心紧紧抓住中国会展发展的契机，服务理念同国际接轨。SNIEC 在上海建设“国际会展之都”的大背景下，忠实于服务，启动和实施了 SNIEC2.0 计划，大大地提高了工作效率，让客户满意。SNIEC 的成功服务经验对会展活动其他环节的服务有一定的借鉴意义。

教学目标

- 熟知会展开幕仪式的现场布置。
- 明确会展开幕仪式的组织管理。
- 掌握会展观众的分类。
- 了解会展观众统计的公式。
- 熟知会展期间的现场工作的内容。

基本概念

现场组织管理（on-site organizing management）　会展观众（exhibition audiences）　服务管理（service management）　现场工作（on-site work）

4.1 会展开幕的服务与管理

会展开幕式是办展机构用一种隆重的仪式向社会各界宣布会展正式开幕。一般来说，商业性会展的主办机构都会以开幕式的形式宣告会展的开幕。开幕式是一种较为大型的活动，往往会有重要的领导参加，有时，开幕式还会举办一些表演活动，涉及的工作千头万绪，因此，做好开幕式的服务与管理十分重要。

4.1.1 会展开幕仪式的现场布置

1. 布置要求

会展开幕式的布置总的要求是庄严隆重，气氛营造要符合会展定位需要。具体要注意以下几点：

（1）确保安全。

开幕式往往会有政府要员、商业巨头、业界精英或演艺明星等出席，谨防恐怖袭击或突发事件是必须要注意的。例如，2020 年，新冠肺炎疫情突发，在这种情况下，会展的开幕式必须把疫情防控放在第一位。

（2）舞台搭建稳固、美观。

开幕式的舞台一般是临时性的，但它的影响面较大，所以在布置舞台时要以稳固、美观为宗旨，特别是安排文艺表演时对舞台的稳固性要求更高。

（3）音响视频配置到位。

出席开幕式的人员可能会很多，专业服务人员要对现场的音响视频配置进行合理安置、调试，以保证开幕式的视听效果。

（4）人流的控制适当。

在布置开幕式现场的时候，要安排好人流进出的通道，舞台与观看人群之间要留有足够的空间，有时还要安排安保人员站立于观礼人群前面，以防不测。

2. 布置内容

在场馆之外举行的开幕式，现场布置需要有会展背板或会展横幅，背板上的主要内容有会展名称、时间，会展的主办、承办、支持、合作单位等办展机构名称等。还要有主持、发言布置及鲜花、绿色植物等效果布置，如有赞助单位的，视情况还可以在现场周边合适的位置布置空飘气球或其他广告牌等宣传用具。

在场馆之内举行的开幕式一般要布置好以下内容：会展背板或会展横幅、舞台发言布置及鲜花、绿色植物等效果布置等，配合会展宣传的布置还有会展简介牌、展区和展位分布平面图、各参展企业及其展位号一览表、展区参观路线指示牌、会展宣传推广报道牌、会展相关活动告示牌等。

3. 布置形式

会展的开幕式形式多样，隆重的开幕场合还会安排鸣放礼炮、嘉宾剪彩、重要领导讲话等环节。不同的开幕形式，其现场布置形式也有所不同，图 4-1 和图 4-2 是开幕式布置的两种基本形式。

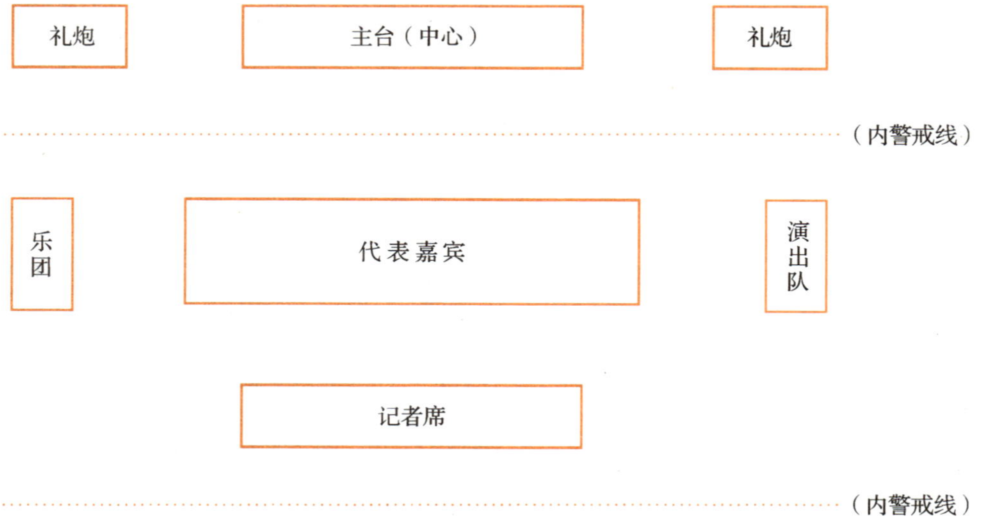

图 4-1　会展开幕式现场布置范例一

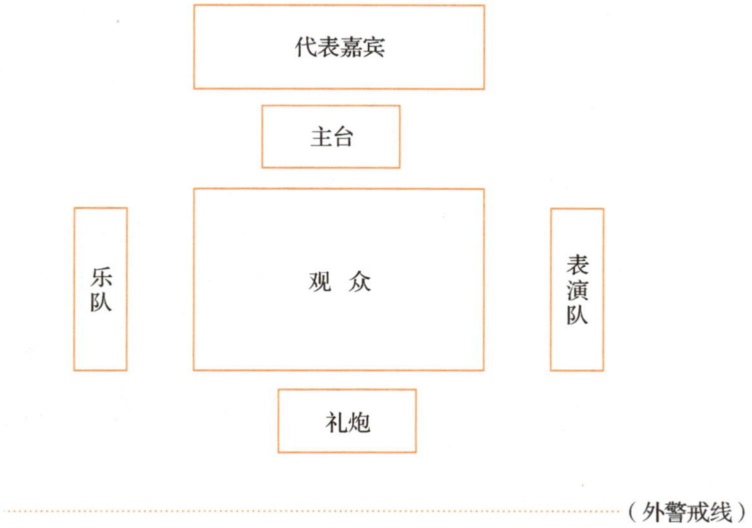

图 4－2　会展开幕式现场布置范例二

在以上两种开幕式的基本形式中，范例一的方式一般比较适合规格较高，但参加人数不多的情况；范例二的方式一般适合参加人数较多的大型开幕式。

4.1.2　会展开幕仪式的组织管理

1. 开幕的时间和地点

会展开幕的时间和地点要提前决定并尽早通知有关各方。在开幕时间的选择上，要考虑当地的交通、气候及工作习惯等因素。一般说来，开幕式的时间不宜太早，开幕式的总体时间也不宜太长，通常在半小时左右，一般不超过一个小时。开幕式的地点一般安排在场馆前的广场上，这样可以方便开幕式之后观众的参观活动。

为追求高效务实的会展目标，近年来，有些会展将开幕式放在会展开始前一天的晚上进行，这样可以与文艺活动、欢迎酒会或烟花活动等相结合，增加了开幕的气氛。

2. 开幕的程序

会展的开幕方式多种多样，如鸣放礼炮、嘉宾剪彩、领导讲话等，开幕方式不同，其议程安排也有所区别。会展的开幕程序一般是：由会展工作人员引领嘉宾到主席台就座；开幕式主持人主持会展开幕并介绍到会嘉宾；主持人请有关领导讲话；相关开幕表演开始；由某位重要嘉宾宣布会展正式开幕；主持人宣布开幕式结束并请各位嘉宾和会展观众参观。

会展开幕式的总体议程确定之后，还需要落实以下细节：

（1）明确现场总指挥（协调人）人选。

（2）确定礼仪人员、接待人员及分工。

（3）落实特色型议程及物品准备和人员分工。

（4）落实安全保卫人员的布局与分工。

（5）确定领导和贵宾的排序并核准姓名、性别、职务。

（6）确定致词人、剪彩人的次序、站位。

（7）检查音响、乐队、礼花等的配合与协调。

（8）检查嘉宾签到簿、胸花和剪彩用品、公关礼品。

开幕程序及相关细节确定后，务必形成两种打印稿：一种是按时间顺序的议程表，在开幕前呈送有关领导与嘉宾；另一种是主持词（主持人脚本），应提前送达。

3. 现场组织管理

开幕仪式的现场组织管理工作主要有以下细节：

（1）观众的组织。

（2）领导和贵宾的接待与引导。

（3）主持人的临场发挥。

（4）总协调人的临场调度与协调。

（5）现场工作人员的临场配合与协调。

（6）安全保卫人员的临场配合与协调。

（7）环境装修和设备检测。

（8）突发情况的及时处置。

值得指出的是，总协调人事实上就是现场的总指挥，负责总体调度协调，及时发现问题，及时处理，确保大局。

4. VIP 接待

VIP（Very Important Person），即贵宾。对于会展活动而言，VIP 主要包括行业主管部门官员、名人演讲者、公司总经理、著名艺人、外国驻华机构代表、重要的赞助商等，有时还会有重要的贵宾到来，如国家领导人、各国政要、王室贵族等。

对于 VIP，会展主办方要事先落实他们的名单并与之多方面沟通，告诉他们会展开幕的准确时间、地点，一旦他们决定出席，组办方要派专人接待。从到达酒店到出席开幕式直到离开会展地点都要进行周到的安排，对于特别重要的贵宾，有时还需要事先制订接待计划，上报有关负责部门和相关人员审定后执行。

在开幕活动之前，要考虑贵宾的座席和排位，在有座席的情况下，贵宾必须要有席卡。需要贵宾开幕致辞、剪彩的，一定要安排好顺序，根据需要配备翻译，陪同参观展览。

由于 VIP 的特殊身份，在安全管理方面有很高的要求，有时需要在当地公安部门的指导下成立安全工作领导小组，防止各类突发事件的发生，维护良好的会展秩序，保证贵宾的人身安全。

5. 媒体的接待与管理

会展活动开幕前，办展机构要与相关的媒体取得联系，要求媒体记者前来采访报道。媒体接待要注意的细节问题主要有：

（1）预先确定媒体接待工作小组。

（2）预先确定对媒体的发言人。

（3）预先确定提供给媒体的有关资料。

（4）为媒体采访提供必要的服务，如水、电、灯光、道具等。

有些会展机构会在会展现场开辟一定的区域作为会展的新闻中心，供各媒体和记者使用。新闻中心一般都配有相应的设备和用品，发放一些会展资料及小礼品等。

会展活动可以根据不同的媒体（包括专业媒体和大众媒体）的不同需求来提供会展资料。在保证报道基调统一的前提下，引导媒体从不同的角度全方位地报道会展。

在会展的开幕工作中，主办方往往还要提供开幕式的讲话稿和新闻通稿，会展开幕式的讲话稿和新闻通稿在内容上有些相似之处，不过开幕式的讲话稿比新闻通稿更简化些。会展新闻通稿是各新闻媒体报道会展的基调，是会展活动给新闻媒体的第一印象，需要认真准备。

4.2 会展观众类型与统计

观众是构成会展活动的基本要素，会展社会价值与经济价值的实现最终都要表现在观众参观、参与会展活动的程度与水平上，对于会展的主办方、承办方、参展商乃至会展产业来说，掌握会展观众情况十分重要。

4.2.1 会展观众的分类

按照参观会展的不同目的，会展观众可分为下述11类。

1. 目标客户

目标客户是参展商的顾客和潜在顾客。如果招商工作有效，那么目标客户将参观你的展台。

2. 观展迷

有些观众被展位中的演示或其他活动吸引而来，他们往往只是为了打发时间，你可以通过简单地问些问题，就可以将他们区分开来。

3. 好奇心强的人

有的观众可能对任何事情都感兴趣，会问许多不着边际的问题。注意不要把有限的时间浪费在那些对你的产品或服务不感兴趣的人身上。

4. 求职者

会展是个很好的社交场合，所以有些人会来看看有没有公司要招聘人员，他们一般不会成为你的顾客，如果观众不多，可以和他们交谈，观众多的情况下要委婉地谢绝。

5. 赠品收集者

这种类型的观众对任何赠品都表现出强烈的兴趣，甚至会索要赠品。巧妙地问他们一些问题，很快就能知道他们能否成为你的顾客。

6. 纸张收集者

有些人喜欢收集展位上发放的资料。了解清楚这些人收集纸张的目的很重要，要注意他们是否出于市场调查的目的为公司收集资料。

7. 兜售者

这类观众参加会展是为了兜售自己的产品或服务，如出版商或服务代表等，他们一般不会成为你的客户，需要谨慎对待。

8. 闲逛者

这类观众经常在展厅内走来走去，如果他一直在你的展位前停留，你可以简单地询问几个问题，判断他们是否值得进一步了解。

9. 不感兴趣者

有些观众对你所展示的产品或服务丝毫不感兴趣，如果你上前主动与之打招呼可能会招致其反感。

10. 无关紧要的人

这种类型的观众可能是会展观众或参展工作人员的配偶、秘书或者公司派来做某项具体研究的工作人员。不要低估他们，他们可能有很大的影响力，可能知道公司重要的联系人的信息。应该与他们进行必要的交谈，有可能获得意外的收获。

11. 窥探者

这种类型的观众经常乔装打扮，因为会展是一个窥探对手的好地方。要保持警惕，注意观察。和他们打交道时，要多询问少讲解，以免泄露重要信息。

4.2.2 会展观众统计数据及公式

研究表明，人们参加会展的主要原因有：获取竞争信息、开阔思路、计划未来开发项目、获取产品的实践经验、见识新产品、与专家交谈、研究产业发展趋势、直接检验产品并进行比较、获得个人发展和培训的机会、扩大人际交流。

有关参展观众行为方面的统计数据显示：

（1）普通展销会的观众平均花在会展上的时间是3.6小时，并且只在3到5个展位上逗留较长时间。

（2）行业交易会的观众平均花在会展上的时间是9.6小时（两天以上），参观20到25个展位。

（3）差不多有70%的参展观众在参加会展时会作出购买决定。

在所有的观众里，对参展商来说，属于自己的顾客最重要。参展商可以利用下面的公式推算出参展观众中有多少人是真正的潜在顾客：

A——参展观众总人数。

B——非常感兴趣的潜在顾客人数（根据业内统计，参展观众中平均有16%的人会对某种产品产生兴趣）。

AIF——观众兴趣指数（Audience Interest Factor），指有多少潜在顾客会在你的展位前停留。有数据显示，一般会展或展销会的平均指数是25%～30%，行业交易会的平均指数可达50%或更多，所有会展的平均指数为48%。

C——潜在顾客的总人数（这个数字应该成为你的目标）。

观众总人数×对你的产品感兴趣的观众百分比	$A\times16\%$
=非常感兴趣的人数×会在你的展位前停留的百分比	$=B\times48\%$
=潜在顾客的总人数	$=C$

为了更加直观和简易，你可以用潜在顾客的总人数除以会展开放的总时间（小时），这便是真正的潜在顾客。

4.2.3 会展观众的人数统计

统计会展观众人数主要有下述几种途径。

1. 依据门票进行统计

这种方法适用于对公众开放及专业观众和普通观众都可进场参观的消费类会展。对于凭票进场的会展，可根据门票的售出或发出情况来进行观众的统计，而且门票大多数是向普通观众出售的，这样可以计算出普通观众的人数。

2. 依据观众办理登记手续的内容进行统计

这种方法适用于主要针对专业人士开放的专业会展，会展通常在展馆的序幕大厅或专门的观众进馆大厅设立观众登记处，进行专业观众的登记工作。在会展结束后就可根据观众登记资料进行专业观众的人数及其他信息的统计。

3. 参展商的客户统计

对参展商而言，也可以通过相关的统计工作来确定到自己展台的观众数量、专业观众和普通观众的比例等。通常的做法是“请赐名片”或现场登记等，这也是参展商建立自己的客户数据库常用的方法。

4.3 会展期间的现场工作

4.3.1 会议现场服务管理

一般说来，会议现场服务管理包括以下基本内容：会议场所的租赁、会议场所的对接与布置、报到与接待、会议组织与管理、会务服务、资讯服务和餐饮服务。

1. 会议场所

如果是展览中的会议，则尽可能利用展览场馆内的会议场所。现代会展中心一般都配有专门的会议场所，它不仅服务于展览，而且服务于不断兴旺的会议市场。会议的举办者可以通过租赁的方式确定会议场所。

2. 会场布局

常见的会场布局形式有剧场形、中空形、实心形、U 字形、课堂形和宴会形等，具体如下：

（1）剧场形又称礼堂形，适合举行较大规模的主题会议或专题会议中的全体会议。与会人员多在 300 人以上。

（2）中空形和实心形适合举行主题会议或专题会议中的研讨会、专题会议中的恳谈会。“圆桌会议”往往采取此类布局。

（3）U 字形适合举行专题会议中的研讨会、工作会、招商会和推介会。会议的主持人一般坐在 U 字的顶端。

（4）课堂形（如图 4－3 所示）适合举行与会人数不多（100 人左右）的主题会议、专题会议中的工作会议、讲座、招商会及推介会。

图 4－3　课堂形会议布局

(5) 宴会形（如图 4-4 所示）适合举行研讨会、恳谈会、招商会和推介会。

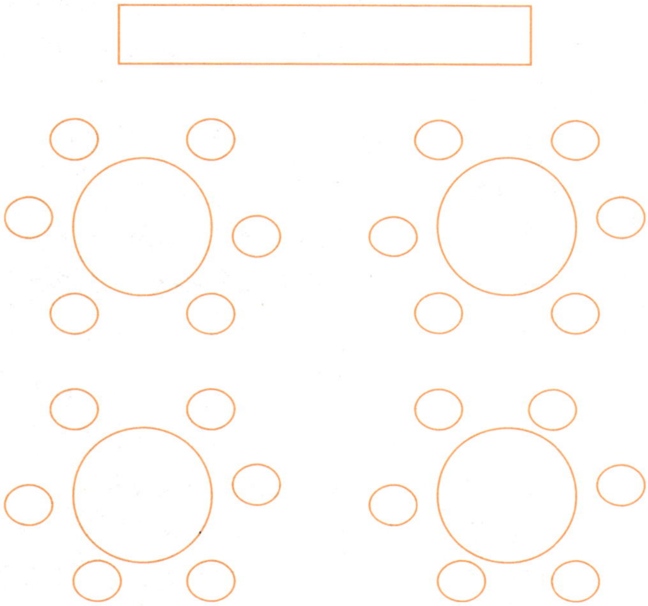

图 4-4　宴会形会议布局

3. 报到与接待

会议的现场报到与接待工作是一个非常重要的环节。如果会议的规模较大，可以设计不同颜色的报到表，用以区别不同的与会者。如果报到费是现场支付，则一定要保证 POS 机、微信或者支付宝等可以正常运行。

在报到处旁边还应设立一个咨询台，最好安排专人负责解答与会者的问题。报到处一般可以摆放与会者所关心的信息资料，如用餐地点、购物地点、交通信息等。当报到过程全部完成、所有款项都已支付后，通常会发给与会者一个会议专用袋，里面装有会议日程表及常见的物品，如笔、便笺等文具，有时还有一些零食或小礼品。

与会者的徽章通常放在会议袋里或由工作人员单独发放。徽章一般应带有固定设计，最经济实惠的是塑料徽章，带有一个夹子或穿一根彩带。

4. 议程和主持人

议程是会议组织管理的核心环节。要掌握“科学合理”与“灵活机动”的原则，每一次会议的要求不同，议程也有所不同。

在设计会议议程的时候，还有一些值得注意的事项。例如，在会议议程设计好之后，应对其各个部分仔细检查一下，看看是否有与主题无关的内容、会议议程安排的逻辑顺序如何等。

为了确保会议的顺利进行，可以将会议议程提前通知与会者，以方便与会者及早进行相关的安排。

在对会议议程进行周密设计之后，还应对可能发生的情况有所准备。有时，会议中间可能会因为某一突发事件而导致会议的终止。例如，在商业性的会议召开过程中，可能会出现两个平时关系很好的经理突然反目成仇，互相激烈地指责对方，或者出现本来一直忠诚的客户突然取消了大额订单等。

好的会议设计不只是遵循“固定模式”就了事的，有句话叫作“细节决定成败”，它对于会议的组织管理者很有启示和借鉴作用。

在整个会议过程中，会议主持或会议主席起着十分重要的作用。例如，如何给大会设计一个好的开场白，如何化解与会者之间的意见冲突，如何处理迟迟不能达成协议的会议等，都是对会议主席的考验。

5. 会务服务

会务服务也称会务接待服务，是会务工作的一部分。会务服务是为保障会议顺利召开而进行的各种具体事务工作的总称，它包括资讯和餐饮服务。

随着现代经济的发展，会务工作要适应高等级的会议或大型会议，特别是国际会议的要求，光靠迎来送往和倒茶水、买票之类的低层次服务是远远不够的。会务服务是会议的设计与策划，从与会者的组织、现场布置、管理到与政府、媒体的公关等都要求高水平的服务。现代会务服务已把对服务人员的政治、文化、礼仪、气质等要求融入服务的整个过程，这是全新意义上的会务服务。

4.3.2 展览期间的现场工作

会展开幕后，就进入展览期间的现场工作阶段，这些工作具体如下。

1. 观众登记注册和服务

观众通过登记注册或凭门票进入会展会场后，会展组办方要对观众参观、观众信息咨询、中场休息场地和设施的提供、观众与参展贸易商谈判等提供便利和服务。

在分配现场工作人员时，可参考以下建议：

（1）分派注册工作的人员要充足，如有必要，可指定后备人员。

（2）对现场工作人员进行必要的培训。

（3）选派一名调停人员专职处理有争议性的问题。

（4）要设置工作人员休息室。

（5）如果选择志愿者，一定要有备用人选。

（6）注册地点一定要备有充足的会展资料介绍、地图和相关资料。

（7）每名工作人员人手一份急用电话号码表，其中包括主要出租车公司和会展有关联系方的电话号码。

（8）办公室里安排一名传达联络人员，负责会场外与会场内人员的联络工作。

2. 参展商现场联络和服务

在会展期间，参展商悉数到场，这正是办展机构与参展商沟通、联络的极好机会，办展机构应亲自到各参展商的展位逐一拜访，或者邀请参展商座谈，加大感情投入，了解他们的需求，征求他们对会展各方面工作的意见和建议，及时为他们提供所需要的服务。

3. 媒体接待与采访

接待媒体与安排媒体采访对扩大会展的宣传推广有重要的作用，办展机构应十分重视这一工作。会展的新闻中心还可以有意识地对外发布一些有关会展方面的新闻，以进一步扩大会展的影响。

4. 公关和重要接待活动

会展是一个公共交流的平台，同时也是办展机构进行公关活动的最佳场所。对于会展的主办方来说，邀请重要领导参观和视察会展、接待外国参展和参观代表团、接待行业协会和商会的考察、接待外国驻华机构代表的访问等，这些公关活动对扩大会展影响、提升会展形象将会起到很大的作用。

5. 现场安全保卫工作

会展现场的安保工作一般有防止展品丢失和被盗、防止可疑人员进入会展现场、负责会展消防安全、协助警方处理一些安全保卫方面的工作等。特殊时期会增加特殊的安保措施，如疫情防控的系列安全措施等。会展本身的安保人员只能负责会展上一般性的安保工作，大型会展一般都会与地方公安部门联合进行安保工作。

6. 会展相关活动的协调管理

会展期间，主办方及参展商往往都会同期举办一些如论坛、峰会、新闻发布会、颁奖、竞赛、表演等活动，这就要求主办机构能够及时进行协调管理工作，避免混乱。

7. 现场清洁

会展的组办方一般要负责展场公共区域内的清洁卫生工作，会展期间，主办机构要安排清洁人员每天对公共区域进行清洁消毒。参展商展位内的清洁卫生工作一般由参展商自行负责。

8. 知识产权保护工作

会展是个包括参展商、承办者、主办者、布展者、观展者在内的多方利益的聚合体，其中，各种利益互相牵制、互相影响。在知识产权的保护上，对于会展的主办机构来说，要严格审查展品。展品出运前，组委会应要求各参展单位提前自查，有疑问或不能肯定的产品不能出运，敏感的产品种类需在参展之前提供产品专利或相关认证，层层把关，责任到人。办展机构还要与各参展单位签署参展知识产权保证书。

品牌会展一般都会在会展的现场设立会展知识产权保护的专门机构，负责接收、处理会展知识产权方面的投诉，并有监督管理会展知识产权问题的职能。

9. 有关信息的收集与整理

会展期间，各种信息汇集，会展的主办机构应抓住时机对各类有用的信息进行收集整理。如对参展商及观众的问卷调查，了解他们对会展各方面问题的看法。由于在会展现场所收集到的资料多属第一手的资料，对今后会展的举办很有借鉴意义，因而，办展机构都十分重视这一工作。

10. 与场地部门结算

办展机构要派出专门人员与展馆场地部门核对会展租用面积、参展类别和各种服务收费，准备相关资料和数据，为会展闭幕后与场地部门结算做准备。

11. 商谈下一届会展的合作、代理事宜

会展期间，会展的各合作单位和招展、招商代理一般都会亲临会展，办展机构需要与他们商谈下一届会展的合作与代理招商招展事宜，为下一届会展的顺利举办做准备。

12. 为下一届会展招展

会展期间，行业内企业和人员云集，会展可以在现场设立“招展办公室”，负责为参展商预订下一届会展的展位。

另外，会展现场工作还有最后一环，那就是撤展管理工作。撤展管理包括展位的拆除、参展商租用展具的退还、参展商展品的处理和回运、场馆的清洁消毒和撤展安全保卫等工作。

4.3.3 会展现场的突发事件

会展现场可能会有一些突发事件，会展的主办方应事先有足够的准备，遇到紧急事件及时处理，以防措手不及。

1. 紧急医疗

由于会展现场是一个人流集聚的场所，紧急的伤病事件随时都有可能发生。比较可能发生的疾病是心脏疾病、中风和其他危害生命的疾病。有的与会者因为改变饮食、喝酒、睡眠不足、疲劳、处于不熟悉的环境、孤独等而产生种种不适，需要得到更多的照顾。

在会展现场，一般应建立一个紧急医疗救护站，安排医护人员值班，并与当地医院取得联系，一旦有紧急病人应立即送医院实施救护。

另外，会展组办方应加强对现场餐饮的卫生管理，要谨慎选择餐饮合作对象。如果因食物不洁而造成人员腹泻或食物中毒，将会带来无法挽回的损失，对主办城市、主办单位的形象都会产生负面影响。

2. 消防工作

消防工作对于任何一个会展都是十分重要的，主办机构决不可以抱有侥幸心理。花费时间甚至财力去预防那些未必发生的事情是必要的，以防患于未然。

案例参考

ISPO的服务与管理

慕尼黑体育用品及运动时装国际博览会（ISPO）是当今世界最大的体育用品类国际博览会。博览会于每年冬、夏两季在慕尼黑举办，至今已举办了60多届，展出面积均在10万平方米以上。展览分设“爱好运动世界”“冬季/夏季运动世界”“健身运动世界”“运动时装世界”“儿童与妇女运动世界”“运动鞋和团体运动世界”“自然与户外运动世界”“球拍与室内运动世界”等专题。每届ISPO都有来自世界上近百个国家的数千家生产及销售商参展，有四万多专业客商观展洽谈。世界上许多著名品牌，如阿迪达斯、贝纳通、茵宝等都如约而至并大面积展出。展品代表着世界运动类产品的最新潮流。

近年来，在ISPO的贸易观众中，有60%以上来自德国以外的国家和地区。

ISPO的主办方在每个展馆里都专门辟出一个休闲场地，叫作“ISPO BAR”，为参展商和观众服务，提供各种饮料与食品；展馆之间的通道设置了不少整齐的柜台，专门摆放各展商的资料，供感兴趣的人自由选择。这样就避免了无效派发及会后资料满地、难于清理的局面。

面积较大的展位，基本上都设有专门的洽谈区。

ISPO所有展馆内的背景音乐都是轻缓型的，以便于交流与洽谈。

在上海体博会上，慕尼黑展览公司宣布将在上海举办ISPO CHINA。根据其市场分析，将ISPO CHINA定位为体育品牌的高端的专业展。为此，ISPO CHINA将严格限制参展企业的数量，保证至少80%的参展商属于国外品牌企业。一方面，相比几个已经抢占了中国市场的国际顶尖品牌，国外众多中高档次的运动品牌显然也十分看好亚洲市场，尤其是中国这个极具潜力的市场，然而它们一直没有找到一个合适的途径了解和进入这个市场；另一方面，庞大的中国市场对于这些品牌也有很强的市场需求。因而，举办这样的会展将为供求双方提供一个良好的平台。

至于参展商的选择标准，主办者将成立一个由体育用品行业的专业人士组成的委员会，由这个委员会来决定哪些品牌具备参展的条件，而不是由主办方来决定，更不是只要交了钱就能参展。

与 ISPO 主要面向欧洲市场相比，ISPO CHINA 主要面向亚洲。主办方除了会将慕尼黑的专业观众组织计划等办展经验带到中国外，还将通过举办专业的论坛来为经销商们提供学习的机会，同时帮助他们改善自己的商业活动。

ISPO CHINA 还将对参展面积有所限制，每家都不能超过 150m^2。ISPO CHINA 如此限制参展商数量，抬高参展门槛，显然会对其招展产生影响。但主办方表示：保证参展效果才是最重要的。由于 ISPO CHINA 的前期宣传推广力度很大，尤其是对国内专业观众的宣传和招揽工作在展览开幕前就已经全面展开，并且是多种方式和渠道并举，因此，国际参展商得到订单的机会将大大增多。

考虑到中国企业的实情，主办者还出台了一些鼓励和支持新兴企业的政策，希望通过 ISPO CHINA 对这些企业的发展起到推动的作用。

案例解析

会展服务贯穿于整个会展的展前、展中和展后，现代会展服务与管理的趋势是专业化、标准化、规范化和人性化等，在这些方面，ISPO 的做法有很多可供学习的地方。从细节上来看，ISPO 辟出休闲场地及设置专门摆放各参展商资料的柜台等，都是值得学习的。形式上的学习并不难，关键是要做到实处。

本章小结

一个成功的会展活动，除了拥有一定数量和质量的参展商和观众外，还必须要具有优质的会展服务和良好的现场管理。会展服务、会展现场管理、会展招展与招商一起构成会展工作最为核心的三个环节。会展服务贯穿于会展的始终，且在会展的现场表现得最为明显。会展现场管理是对会展期间的各项工作的计划与管理，是会展成功举办的重要保证。

作业

1. 结合国内会展实况，讨论 ISPO 的服务细节。

2. 参与某大型会展，具体考察其现场服务的环节，列出所有现场服务的项目，试分析该会展现场服务工作的优点和不足。

3. 议程是会议组织管理的核心环节，要掌握“科学合理”与“灵活机动”的原则。阅读“第十五届中国国际会展文化节主要议程”，看看是否有与主题无关的内容，以及会议议程安排的逻辑顺序是否合理。

第十五届中国国际会展文化节主要议程

一、举办时间

2019年8月30日。

二、举办地点

杭州国际博览中心。

三、活动主题

跨界融合·科技创新与会展文化。

四、组织机构

（一）主办单位

杭州市商务局、杭州市萧山区人民政府、《中国会展》杂志社。

（二）承办单位

杭州市萧山区投资促进局、杭州国际博览中心、北京界上文化发展有限公司。

（三）媒体支持

中央电视台、东方卫视、凤凰卫视、《新加坡联合早报》《香港大公报》、新华社、美联社、《人民日报》《经济日报》《解放日报》《中国日报》、第一财经、新浪网、搜狐网、《文汇报》《新民晚报》《新闻晨报》《中国贸易报》、中国经济网、《中国会展》杂志社等。

五、主要议程

主要议程如表4-1所示。

表4-1　主要议程

9:10—9:25	《中国会展》杂志社社长倪玮致开幕词
	杭州市领导致欢迎辞
	杭州市萧山区领导致辞
9：25—11：45	主旨演讲部分： 拟邀嘉宾：王瑞祥，中国机械工业联合会会长；崇泉，商务部原副部长、中国世界贸易组织研究会会长；张慎峰，中国贸促会副会长等
11：45—12：00	发布《2018中国会展指数》 发布人：兰宇鑫，《中国会展》杂志社总编辑
12：00—14：00	自助午餐
14：00—14：45	高端对话1：会展集团管理策略与升级
	主要内容：随着会展产业体系建设的日趋完善及行业分工进一步细化，企业管理手段已在行业内进行着不断的创新和探索。但伴随着业务不断扩张，行业企业经营压力逐步增大，很多企业现有的管理策略已无法跟上业务发展需求，管理架构调整、人才体系更新等方面需要进一步改造升级。 拟邀对话嘉宾：四川国际博览集团领导、杭州商旅集团领导、钱投集团领导、运河集团领导

14：45—15：30	高端对话 2：如何借用国家级展会新公共外交推广城市形象 主要内容：国家级展会对促进区域合作、投资贸易、对外开放起到积极的推动作用。特别是近年来，不仅带动了国民经济和社会发展与进步，而且在服务国家外交方面发挥着越来越重要的作用。可见新公共外交是推广城市名片，提高城市形象和国际影响力重要手段之一。 拟邀对话嘉宾：中国国际服务贸易交易会领导、中国—东北亚博览会领导、中国—俄罗斯博览会领导、中国—东盟博览会领导
15：30—16：15	高端对话 3：会展管理“体改”后的发展与变革 主要内容：在新一轮行政机构改革中，多地国资委接手商务厅局、会展办并入商务局、博览局剥离了所属企业。政府展承办机构的企业化、市场化改革再次提上日程。“体改”是什么？改什么？“体改”后如何发展？ 拟邀对话嘉宾：杭州市商务局领导、成都市博览事务局、长春市会展办领导、南京市会展办领导
16：15—17：00	高端对话 4：5G 已来！会展企业如何快速入局？ 主要内容：5G 时代正式登上历史的舞台，规模化商用指日可待。产业、企业、个人都将迎来新的突破与重生。而相较晚于互联网，5G 的产业渗透性更强，应用领域更广，可开发价值更大，会展业作为产业发展的重要载体之一，不可错过这个疯狂的时代。 拟邀对话嘉宾：杭州国际博览中心负责人、白马湖国际会展中心负责人 和平会展中心负责人、云栖小镇国际会展中心负责人

第5章

会展物流服务与管理

案例导入

展品直通车服务问世

广州本土物流企业——东亚天地快运有限公司（以下简称东亚天地）大力发展会展物流，力推“展品直通车”服务。所谓“展品直通车”，是一种为参展客户提供的全方位“门到门”“门到展位”的物流服务。布展时，物流公司从参展商始发地上门收取展品，安排运输、提货，送至展位，并将展品包装物寄存；撤展时，所有在展位签收的展品由物流公司统一送到自己的分拨中心，再通过相应的网络配送回参展商手中，参展商无须再为物流过程伤脑筋。这种“一站式”服务可有效减少参展商的时间和成本，降低参展风险，可以替参展商节省30%左右的费用。

东亚天地作为国内首批会展物流服务供应商，多年来不断完善服务体系，以丰富的展会现场管理经验及专业的服务队伍，多年来连续为广交会流花展馆、锦汉展览中心、东宝展览中心、广交会琶洲展馆、保利展览中心、温州国际会展中心、上海世博会等知名展馆及展会提供全方位高品质的会展物流服务。

东亚天地为提升展会物流服务形象，完善服务体系，同时结合展会高负荷、高密度、短期性的特性，首个提出了“展品直通车”服务理念，并成功注册了“展品直通车”商标，为广大参展商提供一站式的物流服务，为参展商提供门到展位及展位到门的一条龙服务，通过减少展品的流通环节，降低了展品流通成本，加强了展品的安全性，保障了展品的及时性，此服务推出以来，受到广大参展商的好评。同时由于展品直通车服务由物流公司统筹安排，能有效解决展馆高峰期的交通压力及场馆管理压力，也提高了场馆安全有序的作业效率。

为提升展会现场管理水平，提升服务品质，东亚天地推出移动管理平台，在展会现场将相关物流数据输入电脑，以便展商及时查询包装物及展品提送货时间等，同时为广大客户提供网上预约及短信预约服务。

东亚天地会展物流服务涵盖以下范围：

- 展品运输：展品直通车服务（展品门到门一站式的服务）
- 展品装卸搬运服务：装卸车，搬运，铲车、叉车、吊车等物流设备服务
- 包装物（箱）保管服务：包装物收、寄存、回送服务
- 展品回程运输服务：在撤展时设立收货点，为方便展商展品回运服务
- 驻场经营服务：作为展馆的配套服务部门及时响应客户物流服务需求
- 展品进出口报关：报检，申报
- 展样品保险业务
- 展样品进出口ATA单证代办

- 展馆交通规划与安排
- 展会物流信息收集与统计分析

为更好地给会展提供优质的物流服务，完善并优化展品直通车的服务体系，东亚天地联合众多会展主办方、会展协会、物流协会、会展学术界、展馆方、搭建方、参展商及物流商举办了第一届展品直通车研讨会。此次研讨会针对会展物流的特性，对展品来回程运输、展场人力搬运、包装物寄存等服务提出了服务标准。通过研讨会，东亚天地更科学合理地梳理了这一服务体系，使之能够更适合、更贴近参展商的需求，让这列直通车越开越快。

案例分析

会展有序、顺利的召开需要有顺畅、高效的物流运行组织的支持，会展活动涉及的物流环节主要有展品运输与展品处理。展品运输是否准时、经济、安全，展品处理是否合理、符合规定等，都直接关系会展的效用与成败。东亚天地大力发展会展物流，力推展品直通车服务，为参展客户提供的全方位“门到门”“门到展位”的物流服务，使得广交会现场物流得以及时、有序地完成，这在现代会展物流的服务与管理中是很值得借鉴的。

教学目标

- 熟知会展物流的定义与特征。
- 明确会展物流服务与管理的内涵。
- 掌握会展物流服务的要求。
- 了解会展物流管理的主要环节。

基本概念

物流（logistics）　会展物流（exhibition logistics）　运输代理（transportation agency）　绿色物流（green logistics）

5.1 会展物流服务与管理概述

5.1.1 物流的定义

美国物流管理协会（CLM）对物流作了精要的概括：物流是为了满足消费者需求

而进行的对原材料、中间库存、最终产品及相关信息从起始地到消费地的有效流动与存储的计划、实施与控制过程。

由国家质量技术监督局发布的《中华人民共和国国家标准物流术语》中，对物流的定义是：物品从供应地向接受地的实体流动过程中，根据实际需要，将运输、储存、装卸、搬运、包装、流通、加工、配送、信息处理等基本功能实施有机结合。

在全球化、网络化的今天，国际物流发展的新趋势表明，每个企业自己构建物流体系是没有必要的，而由物资供应方、需求方之外的第三方提供的物流服务，即第三方物流（TPL），成为现代物流发展的主要方向。

5.1.2　会展物流的定义

从广义上说，会展物流包括展览前后展品的物流、会展活动期间向参展商和参展观众分发食物的物流，以及与此相配套的会展设施的物流等。

从狭义上讲，会展物流是以展品为主体所产生的物流过程，这是我们要学习的重点。

具体来说，所谓会展物流，是指以会展为中心，所涉及的会展辅助设施、产品的物理运动过程。它包括对会展辅助设施和产品的运输、保管、配送、包装、拆卸、搬运、回收及相关信息处理等。

5.1.3　会展物流的特征

会展物流除具有一般物流的科学性、标准化、智能化、综合化和全球化等特征之外，还有自身的一些特征，具体如下所述。

1. 专业化

会展各项组织管理工作必须具有较高的专业化水平，这样才能突出个性、保证质量。在会展物流方面，对物流企业专业化的要求更高，物流企业必须拥有具备物资管理专业技能的人才、通畅的物流渠道、有效的物质配送手段和功能齐全的物质转运与仓储中心作为支持。这样，才能确保安全、高效地完成物流任务。

2. 信息化

在会展活动物流的组织与管理过程中，物流信息管理是一项非常重要的内容。会展组织管理者会同各参展企业的有关人员，必须不断地对各种交流信息进行实时监控，并根据反馈信息，及时调整物流过程中的具体行动措施。

会展物流管理的信息化不仅是对参展企业、会展组办方的要求，也是现代会展国际化的一个重要衡量标准。

3. 及时性

一般的展览都是很早就安排好日程的。展览能否如期举行，物流管理起到很重要的作用。如果展品提前到达，参展商就需要考虑高额的仓储成本；如果忽略了突发事件，如进出口清关中可能出现的问题、运输途中的突发事件等，就可能给参展商造成损失。因此，参展商必须综合考虑各方面的因素，尤其是会展物流及时性的特点，以达到最佳的效果。

4. 稳定性

会展物流必须确保运送的物品及时、安全到达目的地，然后再返回。这其中可能会涉及诸如精密仪器、工艺品等一些特殊的展品。因而，能否稳定、顺利到达目的地，是会展物流必须周密考虑的问题。

5.1.4 会展物流服务

会展物流服务主要是针对会展物流服务商而言的。在提供物流服务过程中，会展物流服务商要准确把握参展商和会展组织者的需求动态，根据客户的要求和企业的经营战略，确定服务水准，提供优质的物流服务。

通常情况下，会展物流服务包含下述几个方面。

1. 运输服务

运输服务包括展品、展示道具运输代理，即展品或展示道具到达会展城市后的提货、装卸、运输手续办理及撤展搬运等服务工作。

2. 贵重物品运输搬运服务

此项服务专指一些需要特别运输和管理的展品搬运服务，如钟表、珠宝、汽车、瓷器、精密仪器等，这些物品的运输和搬运需要更为专业的物流服务公司来承担。

3. 现场搬运及安装服务

此项服务是指从货车卸货点到展位的运输服务。

4. 仓储保管服务

展品或展示道具提前到达会展场馆后应存放于场馆指定的仓库中，在布展开始后，再由仓库运转到展台。一些需要重复使用的包装材料可存放在场馆内的小仓库中。

5. 报关代理服务

对于国际性的会展而言，展品报关与展品运输是相辅相成的必要组成部分。展品承运商可通过委托代理简化报关、清关手续，为展品运输开辟“绿色通道”。

6. 保险代理服务

会展物流服务商一般都会要求参展单位自行投保展览品的往返运输险及在展览仓储期间的保险，如展品发生意外情况，参展单位可以自行向保险部门索赔。但一些大型承运商可以承担展品的全程运输仓储服务，其中就包括保险代理服务。

会展期间的物流组织与管理工作是一项极其复杂的系统工程，会展物流管理就是对会展物流的全过程进行计划、组织、实施、协调和控制，确保会展物品以较低的成本，高效、及时地实现时空转移。这一方面要求会展物流服务商要有专业化的服务水平，另一方面要求会展物流的管理包括每一个环节的衔接都要按照合理的程序来开展。

5.2 会展物流服务的要求

5.2.1 总体要求

会展物流是一个专业性很强的行业，会展物流商要在市场中形成自己的核心竞争力，必须把握会展物流行业的特性，针对客户需求提供高品质、个性化的服务。要从“迅速、准确、安全、方便”这四个方面入手，保证在向参展企业或会展组织者承诺的时间内，将展品准时、完好无缺地送达展出地点，本着方便顾客的原则，延伸会展物流服务链条，提供“门到门”的服务。

根据展品的性质和展品所在地的条件，会展物流服务所要考虑的主要因素如下所述。

1. 运输路线

无论是陆运、水运还是空运，运输路线选择的原则是以最少搬运次数为佳，尽量一次发运。

2. 运输日程

在确定展品运输日程时，在大的方面，不仅要考虑运输所需的时间，还要考虑展品、道具、资料等展览用品准备所需的时间，以及办理有关单证和手续所需的时间，并且要协调好这些工作和时间；在细的方面，要考虑运输公司的能力和信誉、装卸货的速度、运输过程中可能的延误（包括发生故障、港口严重压港等情况）。

3. 运输费用

不同的展品类型、不同的物流作业，其收费标准也不相同，会展物流要做到收费规范、合理。

5.2.2 注意事项

会展物流的服务工作需要小心谨慎、精心安排，“细节决定成败”。以下是需要注意的细节。

1. 使用新的纸板箱

不要使用历经多次使用的纸板箱。新的纸板箱不但可以很好地保护展品，而且能避免在申请运输破损赔偿时因粗劣的包装而被拒绝赔偿。

2. 遵守“后入先出”原则

装运货物时要考虑方便卸货和装配，地毯、衬垫、电缆和卷轴要在最后装运，这样在搭建展位时它们就可以最先取出来。

3. 确保货物安全

摇晃纸箱时不应该听到有东西晃动的声音，为防止出现晃动现象，可以在纸箱里添加一些衬垫材料。

4. 确保地址标签正确

要注意写清地址标签，如果纸板箱上只有会展中心的地址，其他信息缺少，那么箱子很可能会丢失或被退货。

5. 要留多种联系方式

给承运商留下你的语音信箱、电子邮件地址、手机号、住宅电话，以及其他联系人的联系方式。同时，还要注意保存承运商的紧急联系号码。

6. 避免纠纷和争吵

在展厅现场，对待那些送还或收留空箱子的工人要态度友善，根据有关的规章制度，决定是否付费或收费，避免争吵。

7. 妥善交接提货单

要在会展举办地点和综合服务承包商交接提货单。提货单是一张收据，它证明你已经把货物交由服务承包商负责，对方对你的指令和意图已经明了。你要对所有交运的箱子的数量和实际重量保留精确记录。在货物到达承运商的运输工具之前所发生的任何损失，服务承包商都不承担任何责任。在运输货物时最好指定承运商，由于某些物品需要由接收人付款，所以在接收货物之前你必须付清全部费用。

8. 评估和实时监控

会展活动的物流系统可以分为产品和设备的获得及供应。现场物流系统关注的是现场周围的流动、通信及事件的需要，在事件结束时，物流则关注拆除结构，清扫、清理现场和会场。对小事件而言，物流可能是事件经理的职责，然而对大型的事件，就需要任命一名物流经理，他们与其他经理的关系非常重要。对待会展活动的物流管理要像对待管理其他领域一样，应有内在的评估和实时监控。

5.3 会展物流管理的内容

5.3.1 会展物流管理的要求

会展物流管理要求结合会展物流的鲜明特点与任务，将物流体系管理的理论精髓和前沿技术要领作用于会展物流全过程的运作、协调与控制。在策划会展物流管理时，要把握高效供应链、成本优先、质量第一及绿色物流等战略要点，安全、快捷、准确、低耗地进行会展物流管理。

1. 高效供应链

所谓供应链（Supply Chain），是指产品生产和流通中所涉及的原材料供应商、生产商、批发商、零售商及最终消费者所形成的供需链状结构体系。供应链管理（Supply Chain Management，SCM），即将供应链上所有节点企业都联系起来进行优化，形成高效的生产销售流程，从而达到快速反映市场需求、高韧性、低风险和低成本的效果。

会展物流系统的供应链管理要从会展活动的需求出发，在时间和空间上对供应链进行科学的整体规划，提高整个供应链的运行速度、效益和附加值，实现对会展现场动态信息的迅速反应，保证会展供应链的高质量运作。

2. 成本优先

会展物流成本是指在实现会展物品的空间位移过程中所消耗的各种劳动和物化劳动的货币表现。它是会展物品在实体的运动过程中，运输、装卸、仓储、配送、加工等各个环节所支出的人力、物力和财力的总和。在会展物流的管理中要体现成本优先的思想，从而提高会展物流的经济效益。

在实际操作过程中，需要对会展物流的成本进行标准化管理，主要包括会展物流成本的预算、计算、控制、分析、信息反馈及决策等。

3. 质量第一

会展物流的质量包括会展物流对象的质量、物流手段和方法的质量、作业和服务质量及系统工程质量等方面。由于会展活动对物流的要求十分严格，所以，对会展物流整个过程的质量控制与管理必须着眼于细处，对每个细节进行指标性控制，从而保证整个物流环节的高质量完成。

4. 绿色物流

20 世纪 90 年代以来，以可持续发展为目标的绿色革命蓬勃兴起，给企业带来了新的挑战，同时也带来了无限商机，绿色物流应运而生。

绿色物流是指在物流过程中，抑制物流对环境和资源造成的危害和浪费，通过对运输、仓储、包装、加工等物流环节的绿色化改造，实现对环境的最小影响和对资源的最充分利用。

在会展物流中贯彻绿色物流的理念，能保证会展业的可持续发展。在会展物流的运输、包装、流通、加工、仓储等环节中输入绿色管理理念意义重大。

5.3.2 会展物流管理的主要环节

1. 展品包装与装箱

在会展物流管理体系中，展品的包装与装箱是琐碎而重要的工作，是保证整个展品顺利运输的第一步。

展品的包装与装箱有许多环节，具体包括：

（1）给展品包装分类。

在这个环节中，要针对不同的工作要求对展品进行分类包装。用于销售的包装又称小包装，要注意两点：一是保护功能，主要指运输过程中对产品的保护；二是艺术功能，是指放在柜台上吸引顾客。用于运输的包装又称大包装，多是木箱或纸箱。运输包装应以结实、耐用为原则，还要注意包装的尺寸，要能够出入展场的门和电梯。此外，在展品的包装与装箱方面，对集装箱或木套箱、包装衬垫物等也有一定的要求。

（2）包装箱标识。

运输包装箱要按规定标识，标识的内容主要有运输标志、箱号、尺寸或体积、重量，以及参展企业的名称、展馆号、展台号等。对于易碎物品，要打上国际通用的易碎的标志（玻璃杯）作特别标记。

（3）制作装箱单和展品清册。

展品运输的特点之一就是“杂”，任何一个环节疏忽，都可能造成麻烦和混乱，要防止漏装、错装、装箱不符的情况。装箱后，须制作装箱单和展品清册，以确保准确无误。

2. 运输代理与保险

国际展览运输协会对现场运输代理的业务标准有明确的规定。

（1）联络。

联络的第一要求是语言。国际展览运输协会现场运输代理成员必须会说流利的英语、德语、法语及展览会举办国或地区的主要语言。该协会要求现场运输代理能够与客户的大部分人员进行交谈。现场运输代理必须在展览会场设立全套的办公设施，提供详细、有效的邮寄地址，参展企业要在展览会前后把运输单证文件（提单、海关文件等）直接寄给现场代理。

（2）海关手续。

现场工作最重要的是办理海关手续。根据海关规定，现场代理可能还需要提供担保或交保证金。海关对进出口手续都有一定的要求，办理人员必须在规定的期限内提供参展企业的全套准确文件，事先通知并准确地表述和申报。

（3）搬运操作。

现场代理必须熟悉现场，并在展览施工和拆除期间能随时调用合适设备和有经验的搬运工。现场代理有责任事先预计到非常规、大尺寸的物品的运输装卸问题，并应当准备好特殊设备。

现场搬运操作的成功完全在于现场代理，现场代理必须事先协调好所有参展企业的搬运要求，并提前将相应的安排通知组织者和所有参展企业。这样就能避免参展企业提出计划工作之外的搬运要求，或提出临时遇到的问题。

（4）保险。

为确保展品安全准时到达，除了要与运输代理公司签署责任合同外，还应与保险公司签署保险合同。

展览涉及的险别很多，包括展览会取消险、会展推迟险、雇工责任险、运输险、战争险、火险、盗窃险、破损险、人身伤害险、公众责任险、人身事故险、个人财产丢失险、医疗保险等。参展企业可根据规定和需要选择险别投保。

3. 展品运输

展品运输大致可分为三个阶段：运输筹划、去程运输和回程运输。每一个阶段在实际操作上都有一些特殊的要求。

（1）运输筹划。

运输筹划的主要内容有物流调研、线路与方式、日程、费用，以及集体运输和单独运输等问题。

物流调研的主要内容包括：运输公司，报关代理，交通航运条件，可能的运输线路和方式，发运地和目的地，车船运输设施，港口设备及其效率、安全状况，运输周期和班轮、班车、航班时间及费用标准，发运地和展出地对展品和道具的单证和手续要求。调研是运输筹划的基础和依据。

运输路线与运输方式有着密切的关系。运输路线最简单的是门到门运输，即卡车直接开到参展企业所在地装货，然后直接开到展场卸货的运输方式。

国际运输最常使用的路线可以分三段：第一段，从参展企业所在地将展品陆运到港口；第二段，从港口将展品海运到展览会所在国的港口；第三段，从港口陆运到展览会所在地。

运输方式主要有水运（包括海运和内陆水运）、空运、陆运（包括火车运输、汽车运输等）、邮寄、快递、自带等。

在运输日程的安排上要及早筹划，做到及时、准确、到位。

通常将费用分为展品费用和运输费用，具体详见表 5－1。

表 5－1　展品运输费用表

类别	项目	去程	回程	合计	总计
展品费	制作、购买费				
	包装费				
	维护费（保卫、清洁）				
	保险费				
	关税				
	增值税				
	附加税				
	销售税				
	所得税				
运输费	参展企业所在地陆运费及杂费				
	发运地仓储费				
	装货港口、机场、车站费				
	保险费				
	运输及杂费				
	启运地港口、机场所产生的费用				
	装卸费				
	目的地仓储费、堆存费				
	至展馆运费				
	装卸费、掏箱费				
	空箱回运费				
	空箱存放费				
	运输代理费				
	海关代理费				
其他					

为了避免运输公司乱收费，可以要求几家公司报价，从数家报价公司中选择一家。降低运输费用还有诸如尽量使用正常的运输方式、用定期班轮、避免使用加急运输方式等，这都是在运输筹划时要考虑到的。

集体出展通常由组织者统一运输，不安排集体运输时则需要各参展企业自行安排、单独运输。

（2）去程运输。

去程运输是指展品自参展企业所在地至展台之间的运输。一个比较完整的去程运输过程可以大致分为展品集中、装车、长途运输、交接、接运、掏箱和开箱。

（3）回程运输。

回程运输是指将展品自展台运回至参展企业所在地的运输，简称“回运”。但对统一安排运输的集体展出组织而言，将展品自展台运至原展品集中地的运输称作“回运”，然后将展品自展品集中地分别运回至参展者所在地的运输称作“分运”，还有一种情况是将展品运至下一个展览地，传统上称作“调运”。

不论是去程运输还是回程运输，都可能出现展品未运到、途中损坏、丢失等情况，因而，展品运输是一项需要重视并认真做好的工作。

5.3.3 会展物流信息管理

会展物流包括展品流、费用流和信息流。如果没有信息，物流就是一个单项的活动，就不能很好地运转。

物流信息系统与物流作业系统一样，都是物流系统的子系统，是指由人员、设备和程序组成的，为后勤管理者执行计划、实施、控制等职能提供相关信息的交互系统。

在物流信息系统的管理中，需要掌握下述技术。

1. 条形码技术

条形码技术的应用很好地解决了数据录入和数据采集的瓶颈问题，实现了快速、准确而可靠的数据采集，从而为展品物流提供了强大的技术支持。

条形码技术首先根据展品的品名、型号、规格、产地、牌名，划分出货物品种，然后分配唯一的编码号，打印出条形码标签，根据条形码可以轻松地获取货物的相关信息，参展商可以通过互联网或者全球定位系统随时获取展品的位置、当前状态等信息。

2. EDI 技术

EDI（Electronic Data Interchange，电子数据交换）技术的优点在于供应链组成各方基于标准化的信息格式和处理方法分享展品实时信息，提高效率，应对物流管理中的突发情况等（如图 5－1 所示）。

3. GPS 技术

全球定位系统（Global Positioning System）泛指利用卫星技术，提供全球地理坐标的系统，其工作原理是：天空的卫星内部装有高精度的原子钟，并且有随时可以更新的数据库，它记录着自己和其他 GPS 卫星的位置。地面 GPS 装置接收到这些信息后，根据无线电波的速度推算出卫星的相对位置。只要有三颗卫星的相对位置，利用数学原理就可以计算出地面物体的位置；有四颗卫星的相对位置资料，就可以迅速计算出运动着的地面物体的位置。

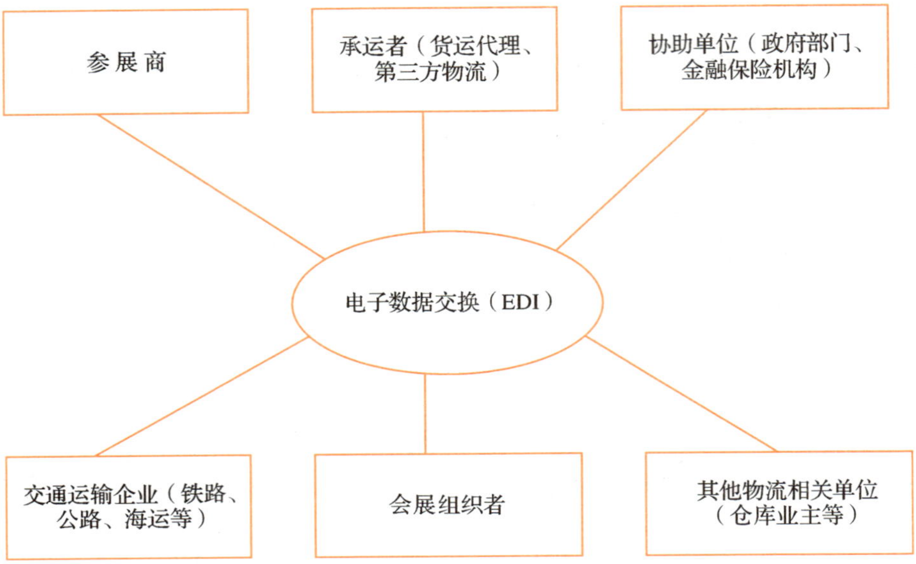

图 5-1　会展物流 EDI 的框架结构

GPS 在会展物流领域十分重要，它可以应用于汽车、铁路和轮船定位、跟踪调度及运输管理等。

案例参考

“神舟”五号返回舱首展中远物流担纲

举世瞩目的我国“神舟”五号首次载人太空飞船绕地球飞行 14 圈获得圆满成功并顺利返回后，举国上下为之欢欣鼓舞。当人们还沉浸在胜利的喜悦中时，中远物流接到了“神舟”五号返回舱在北京中华世纪坛展出的物流服务任务。

“中国首次载人航天飞行展”由中国载人航天办公室和北京市委宣传部等单位共同主办。中远物流公司在第一时间就接到了承担物流服务的通知，在整个活动的具体方案尚未最终敲定之前，中远物流公司一方面与有关单位积极联系，明确任务；另一方面主动收集相关资料，着手开始技术准备工作，并由中远物流北京分公司在最短的时间内调集最优秀的现场操作业务骨干，准备应战。接到任务的第三天上午 8 时 30 分，中远物流公司代表参加了由组委会在中华世纪坛召开的现场协调会，会上正式通报了整个运输及布展方案将在当天夜间实施，明确了中远物流北京分公司具体承担的任务——舱体从中华世纪坛二楼平台到展览大厅的搬运工作。协调会于 11 时 30 分结束，这时距离预定的“神舟”五号返回舱运抵中华世纪坛开始布展时间不到 12 个小时。

现场协调会结束后，中远物流公司有关人员立即会同解放军原总装备部、歌华展览集团进行了三方现场实地勘察。

在展品中，被称为航天员“太空家园”的“神舟”五号返回舱直径 2 米，高 2.5

米，重达2.5吨，受场地空间及吊具臂长的限制，返回舱必须从一楼汽车平台吊装到二楼地面平台，然后从二楼平台运转到展览大厅。从二楼地面到展览大厅中间有一个8厘米高的台阶，既不能吊运，又不能抬起，这是整个运输过程中最复杂的一个阶段。为了解决这一难题，中远物流公司工作人员及时提出了用4层2厘米厚度的高密度板，铺垫从二楼着地点到大厅台阶处的地面，使得返回舱在二楼一着地就和展厅内部在一个平面上的方案，并决定采用传统的滚杠移动方式完成搬运过程。在向有关方面详细地汇报后，这种方案得到了主办单位的认可。

当天22时55分，身着“迷彩服”的“神舟”五号返回舱在警方和中国航天科学技术人员的护送下，从航天城经北五环、中关村，顺利抵达中华世纪坛，一切按原计划进行。

从二楼平台到中华世纪坛大厅的搬运工作，路程只有20多米远，但返回舱是价值极高的“国宝”，不能有一丝一毫的碰撞和损伤，操作起来必须认真细致，小心谨慎。首先面临的问题就是场地狭窄，同时还要考虑大厅地面承重不能超过300千克/平方米的限制。面对2.5吨的庞然大物，现场工作人员立即测出了底架尺寸，很快打造出一个2.6米×2.6米的双层方木底座，作为搬运过程中的托架，连同铺在地面的高密度板一起，用以增加舱体与地面的实际承重面积。

23时40分左右，返回舱被重型吊车安全稳妥地吊至二楼平台，在中远物流公司现场工作人员的牵引下，返回舱被稳稳地放置在方木底座上。在工人们的呵护下，返回舱沿着早已铺好的高密度板，被小心翼翼地移至指定的展览大厅。主办单位对返回舱摆放的角度有要求，工作人员严格按照要求调整好了方位。调整方位也是一项关键的工作，由于在移动过程中要连续转过两个90°转角，从返回舱在二楼着地就事先计算好一个角度，移至厅内指定位置后再转动下面的滚杠进行微调。

由于事先准备充分，操作方案计划周全，尽管在移动过程中空间狭小，中间还有几次转弯，但整个过程仅用时20多分钟，就平稳、高效地完成了操作工作，远低于事先预计的时间，为接下来的其他工作的开展赢得了时间。次日凌晨0点5分，组委会现场指挥人员说：“一切OK，谢谢中远物流的支持和高效的工作，整个操作方案顺利完成。”

“中国首次载人航天飞行展”展出结束后，中远物流还按照预定方案完成了撤展任务，为“神舟”五号返回舱在香港、上海等地进行展出奠定了基础。

案例解析

会展物流作为一种专业的物流模式，对物流服务要求很高，它强调在恰当的时间将展品完好地运送到会展场地，如果展品不能准时、安全地到达会展场地，不仅会给参展商带来无法弥补的损失，而且会影响会展的正常进行。在“中国首次载人航天飞行展”的案例中，担纲“神舟”五号返回舱物流服务任务的中远物流，以其高效的工作，按照预定方案完成了任务，让我们更进一步地了解到会展物流好比会展的“生命线”，其运作的好坏直接关系到会展的成功与否。

本章小结

会展物流是一项复杂而艰巨的工作，整个会展物流过程不仅涉及会展物流服务商的选择、运输前的包装、搬运及运输调研工作，而且涉及运输过程中的保管和报关，以及运达会展举办地区或城市后展品的接收和存储等活动。会展物流商不仅要保证参展商的展品在物流过程中安全、及时地到达展位，而且要承担会展结束后回运等工作。在服务管理过程中，只有采取科学的现代化手段和方法，周密地进行计划安排，进行展品的运输组织和管理，才能保证展品顺利、及时、安全地从参展商手中运送到会展的举办地点。

作业

1. 解释绿色物流的含义。

2. 根据本章介绍的内容，绘制出展品运输的流程图。

3. 唛头是物流业务中的习惯称呼，包装箱上有正唛（Main Mark）和侧唛（Side Mark）之分，但单据上一般只需要显示正唛。标准唛头由四行组成，每行不得超过 17 个英文字母。

正唛：

SMCO	收货人
NEW YORK	目的港（地）
2007/C NO. 566799	合同号
№1—20	件号

包装箱的两个侧面必须显示一些常规标志，如件号、目的地、体积、重量、原产地等（如图 5-2 所示）。侧唛除了要标出运输标志外，还常常要标出哪些指示性标志和警示性标志？

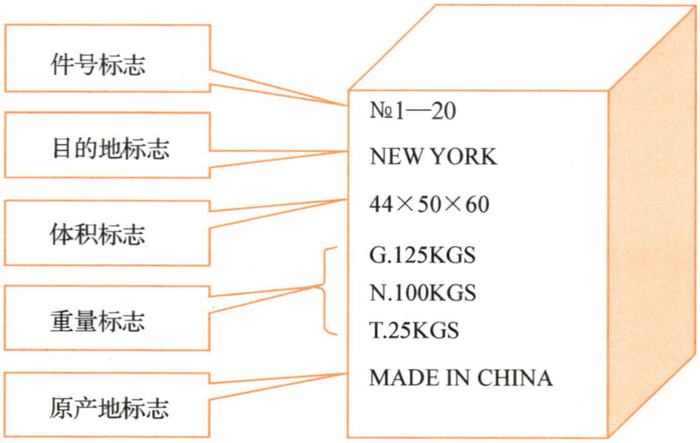

图 5-2　侧唛示例

第6章

会展设计与搭建服务

案例导入

德马吉的展台设计

一个成功的展台设计案例是什么样子的？做好会展展台设计有什么意义？当我们搭建一个展台时，要考虑哪些要素？一个优秀的会展展台设计必须是醒目而且与众不同的，不仅能吸引观众的眼球，还能让来过展台的观众留下深刻印象，而德马吉就是一个能够做到这样效果、能让客户满意的公司。

会展展台设计首先要明确展览的性质以及主题，要知道是什么企业的展览或者是什么产品的展览，展览的目的是什么，通过展览想要得到什么样的效果。这些问题在进行展台的设计之前都要仔细地了解。德马吉会展展台设计致力于将展览的性质、企业的要求、产品的特点牢牢结合在一起，更好地保证展台发挥自身的作用。

会展展台设计其实就是利用建筑空间进行再次设计以达到视觉效果，展台能够直接呈现出产品的状态，能够体现出企业的形象、产品的理念、功能以及价值，还可以对空间进行合理的安排，给参观者营造出一种更加舒适的展览空间，从而间接地起到为企业做宣传的目的。所以展台的设计在整个展览过程中具有重要的意义。

虽然会展展台设计成果是短暂的，但其体现出来的企业形象是会长久地保留在客户的头脑中，在专业人士和观众面前，树立良好的企业形象，对公司以后的发展都有一定的帮助。评价一个会展展台设计是否成功，主要看这个展台的设计是否突出企业的亮点、是否结合企业文化、是否吸引到观众的眼球并给观众留下深刻的印象。为了实现这一成功效果，德马吉从展台的艺术性、展品的突出、公司文化的结合、展览主题的体现这几大方面着手，打造成功的会展展台，图 6－1 所示是三菱展台的效果图。

资料来源：http：//www. demage. com/news/20190506150447. html.

图 6－1　三菱展台设计效果图

案例分析

对于参展企业来说，展台一定要在视觉效果上与众不同，要能立刻吸引参展观众的注意力，让观众一眼就能识别出你是哪个公司、你提供的是什么产品或服务。展位设计是一项极具挑战性的工作，在展台搭建时需要考虑的因素很多。只有精心地策划、设计，你的展位才会呈现出漂亮的视觉效果。德马吉设计提出了“艺术性、展品的突出、公司文化的结合、展览主题的体现”等展台设计的要素，值得借鉴。

教学目标

- 熟知会展设计的概念。
- 明确展位设计的类型与展台搭建。
- 理解会展设计与搭建人员的素质要求。
- 了解会展设计的流程。
- 了解展台搭建的操作与要求。

基本概念

会展设计（exhibition design） 展台搭建（stand fitting） 标准展位（standard booth） 特装展位（special decorated booth）

6.1 会展设计与搭建概述

6.1.1 会展设计的概念

会展设计是指在会议、展览及节事活动中，利用空间环境，采用建造、工程、视觉传达等手段，借助展具设施、高科技产品，将所要传播的信息和内容呈现在公众面前。

会展设计有很多类别，从设计所表达的内容可分为文博类、科技类、企业类、专题类等会展设计。我们从展示设计的专业内涵来看，一般分为展台设计、空间布局设计、平面设计、照明道具设计及相应的展馆设计等。

会展设计是科技与艺术的结合。科技表现在会展设计中，有科学知识与技术手段的更新，同时也包含以市场为依据、以创意为中心、以促销为目的的方法和过程。艺术则表现在必须以美的形式作为设计原则，以恰当的、合适的展示形式来表达主题内容。艺术性不是随心所欲、简单的堆砌，而是根据参展商的意图与对展品特性的认识、了解，借助当今科技手段，通过一定形式的研究探讨并进行艺术的升华，创造出一种和谐统一、震撼人心的气氛。汉诺威电脑及通讯展览会上 Interflex 公司的展台（局部）如图 6－2 所示。

图 6－2　汉诺威电脑及通讯展览会上 Interflex 公司的展台（局部）

会展设计是一种对观众的心理、思想和行为产生重要影响的创造性设计活动。会展设计在会议、展览、大型节事活动中的地位和意义越来越突出。

会展设计具有互动性的特点。人们采用“流动—停留—流动”动静相间的方式来观赏展品或接收信息。会展设计利用直观的表达手段吸引观众参与，在其突出的感染力下，使观众受到思想、文化、科技、审美等多方面启迪。

在充满竞争的、五光十色的环境中，观众对展台的第一印象最为关键，第一印象决定展台是吸引了这个观众还是失去了这个潜在的客户。

有设计师称：会展设计的第一作用是吸引观众注意，并使其产生兴趣；第二作用是吸引参观者走进展台，仔细观看展品。在会展上，参观者对展台人员在走道上主动邀请参观的行为大多会本能地拒绝，因此，要靠展台的设计和布置吸引观众，就需要用具体的手段表达抽象的思想，设计要有创意。

可以说，会展设计工作是筹办会展的主要业务之一。展台设计的外观效果在很大程度上影响展出工作的效果。参观者对参展企业的第一印象是从展台外观设计得来的，这种印象会影响参观者对参展企业的态度和行为。同时，优美的展台设计能给展览营造一种令人赏心悦目的氛围，有利于参观者走进展台参观、洽谈，也有利于展台工作人员高效率地开展接待、讲解、洽谈、记录等展出工作。

6.1.2　展位设计的类型与展台搭建

1. 展位设计的类型

会展中的展位设计主要有以下几种基本类型：岛形展位、排式展位、半岛形展位和环形展位。

（1）岛形展位。

岛形展位的四面都与过道相连接，没有毗邻的展位，也没有其他类型展位所必须遵守的种种视线限制（如图 6－3 所示）。岛形展位通常由四个或四个以上的标准空间组成。岛形展位的高度原则上可以高达展厅天花板，不过，在实际展览中，会展主办机构对高度一般都有一定的限制。

图 6－3 岛形展位

（2）排式展位。

排式展位也称标准展位或直线展位，这是一种经济、成本效益较好的展位方式，一般面积为 3m×3m、3m×4m、3m×5m 等，它是由朝向相反的两列展位背靠背排列而成的。展位的一面或两面面向通道，参展商可以同时租赁毗邻的多个展位。排式展位的后墙一般都有高度限制，以保持所有展位的统一，不至于相邻的小型展位被大型展位所遏制。为了给每个参展商都提供一个合理的、没有任何障碍的视角，标准展位对高度等都有所限制。

（3）半岛形展位。

半岛形展位三面与过道相接，通常有四个或四个以上的标准展位（3m×3m 展位）空间。半岛形展位实际上是由一个岛形展位和一排标准的排式展位组成，通常位于一排展位的尽头。对于普通标准展位的限制条件同样适用于半岛形展位中与其他参展商展位相邻的排式展位，其余展位则参照岛形展位的规定。

（4）环形展位。

环形展位基本上和标准展位相似，只是后墙和侧翼的高度略有不同。许多参展商会对环形展位额外允许的高度加以充分利用，以达到吸引观众注意力的目的。由于环形展位是沿墙搭建的，所以虽然它的高度略高于其他类型的展位，但一般不会影响附近展位的视线。同样，环形展位前半部分的设备或装置也有高度的限制。为达到展馆整体的视觉效果，对边杆的高度也有限制。

除了以上提及的几种展位类型外，在实际的展位设计搭建中，也非常强调创新，只要不违反会展搭建的有关规定，有创意的展位设计与搭建通常是参展商所极力追求的。如图6-4所示，露天展示中缠绕着的水龙带形成了一个高达7m的、可以进行多层展示的展台。在大厅中高约4m的水龙带波浪被一层特殊的材料覆盖着，这种材料与用于室外的沥青路面形成对比，展台设计夺人眼球，很有创意。

图6-4　雕塑般的巨大造型展位示意图

2. 展台的搭建与管理

展台搭建是会展设计的施工阶段。一般会展对展台搭建的进场与现场作业都会有严格的管理，如进场登记与报到、音量管理、演出申请管理、展位配置标准等。

进场搭建前，会展主办机构会以参展商为单位配发印有单位名称、姓名和职务等的胸卡。胸卡可以在布展搭建、展览、撤展期间通用，无胸卡者不能随意进入展馆。会展办公室将给预先登记的人员寄发胸卡，并且有一定的数量限制（见表6-1）。

表6-1　会展胸卡的规定

展位类别	胸卡数量	备注
3m×3m标准展位	3个/展位	各参展单位按限定数量申请登记，超过规定数量，每个须交纳一定的工本费
3m×4m展位	4个/展位	
光地特装展位	2个/$9m^2$	

参展单位持会展办公室寄发的报到通知书原件和会展胸卡报到，报到时须核对以下材料：布展通知、撤展通知、会刊、参展人员卡套等。

会展搭建与布展在配置上都有一定的标准，具体如下：

(1) 3m×3m标准展位配置。

- 楣板：中英文参展单位名称楣板。
- 地面：$9m^2$地毯。
- 家具：1个锁柜、2把折椅、1个纸篓。
- 灯具：位于展架上方的2盏射灯。

● 电源：1个插座（13A/220V、5A保险丝）。

（2）3m×4m展位配置。

● 楣板：中英文参展单位名称楣板。

● 地面：$12m^2$地毯。

● 家具：1个锁柜、2把折椅、1个纸篓。

● 灯具：位于展架上方的3盏射灯。

● 电源：1个插座（13A/220V、5A保险丝）。

随着我国企业越来越多地走出国门参加国际展览，展位搭建问题越来越受到重视。国外有些企业可以在一年时间里，在全球都使用统一的搭建，但我国的企业目前还很难达到这一标准。不过，在展位搭建方面，我国企业保持自身展位内部布置的持续性、统一性还是可以做到的，比如使用统一的企业宣传画及相近的布局等。

6.1.3 展示空间的分类及设计准则

1. 展示空间的分类

（1）大众空间。

大众空间也称“共享空间”，是供大众使用和活动的区域。应该有足够的空间让人们谈话和交流看法而不影响其他参观者，还应当有提供信息、餐饮的空间，以及要注意边界效应的视觉处理、公共空间的空间尺度等。例如，应当为人们的安坐小憩作出适当的安排，否则，这个展示活动就会缺少人性化。

（2）信息空间。

这是事实上的展示空间，是陈列展品、模型、图片、音像、展示柜、展架、展板、展台等物品的地方。展厅里是实现展示功能的场所，处理好展品与人、人与人、人与空间的关系是十分重要的，所以必须注意这类空间的大小尺寸。信息空间是为参观者设计的，对参观者来说，途径和目标是最重要的。

（3）辅助功能空间。

这种空间是指参观者看不见、摸不着的地方。其具体分为：

● 储藏空间：许多临时性的展示活动都发放一些简介性质的小册子、样本和样品让参观者带走，考虑它们的储藏地方是很重要的。

● 工作人员空间：很多展示会都设有为管理人员准备的小房间，他们可以在这里放松一下，整理衣服，喝杯咖啡。这个空间可以不太大，但是绝对不可缺少。总的要求是区位合理，出入口隐蔽。

● 接待空间：这个特别的空间是为接待一些很重要的参观者而设的，在这里可以提供一些饮料或者放映一些录像片等，为商业客户服务。在正规的博物馆里，这一部分往往作为展示建筑功能的一部分而固定。但是在大多数临时性展示会上，特别是在经贸展示会上，需要临时搭建，被用作接待贵宾和贸易洽谈之处。接待空间常被安排在信息空间的结尾处，使用与展示活动相统一的道具搭建，要求与展厅风格和谐统一。

2. 展示设计的准则

（1）空间配置与场地分配。

空间配置与场地分配是具体设计实践首先会遇到的问题，同一个展示会中的不同展品或不同的参展单位在整个空间中所占的空间位置、大小是按照什么原则进行配置的呢？

通常会展按照展品的内容进行场地划分。在空间配置上，同一场馆也会根据特性和标准展的空间安排和划分。例如，第 21 届中国工博会，在国家会展中心（上海）3H、4.1H、5.1H、5.2H、6.1H、6.2H、7.1H、7.2H、8.1H、8.2H、NH（含室外）馆展出。总展览面积达到 280 011 平方米。参展商数量为 2 610 家，来自 32 个国家和地区。境内外观众总计 193 788 人次，其中专业观众和买家 183 229 人次，来自 87 个国家和地区。分为九大展览内容，每个内容对应不同的主题。在每个馆中又根据内容分割成不同的大小空间、交叉空间、共通空间、相邻空间、分离空间。

（2）时序与动线。

所谓动线，就是观众在展示空间中的运动轨迹。而时序则是总的动线，即决定经过各大展示空间时间顺序的线路。观众空间移动的前后次序的经验可当作时序空间关系的基础，体验展示空间的前后次序，是从展示建筑物入口之前开始的。无论是博物馆还是展览馆，一般是按照动线去组织展示空间的。依据有三点：一是根据展品内容相关性；二是尊重展示建筑的空间关系并尽量与之保持和谐；三是空间配置、动线计划、平面规划、空间构成在操作实践上是分不开的，是同时考虑、一并处理的。动线计划的要求有三项：明确顺序性、短而便捷、灵活性。

由点产生动线，在动线的构成中，有端点和节点之分。所谓端点，即出口、入口之处；所谓节点，即观众移动中需作选择、判断之分歧路径的连接处。围绕端点或者节点去安排动线会有很多变化，会产生许多动线造型，如放射状、多核型等。

6.1.4 会展设计与搭建人员的素质要求

会展设计与搭建作为一种实用的、以视觉艺术为主的空间设计，需要设计搭建人员投入大量的精力，深入细致地了解参展公司和展品及相关信息，精心策划、安排场地布局、与众不同地设计搭建展台，以富于创造性的艺术表现手法来满足参展商和展品布置的要求及观众的观赏欲望。

展示活动的实施是一个由诸多环节组成的系统工程。会展设计与搭建人员，尤其是负责总体设计的设计师是展示设计搭建实施的主导者，在决定展示活动的组织、整体的艺术效果、空间布局、表现形式、艺术趣味等方面担负着关键职责。

会展设计与搭建人员的素质要求如下所述。

1. 良好的艺术素养

会展设计搭建人员要有良好的创新意识和开阔的艺术思维能力及鉴赏力，关注国内外展示艺术和其他相关艺术的发展动态，了解视觉艺术的历史发展和艺术风格、流派的演变，善于捕捉新的艺术思潮和动向。还应具备相当的文化修养，对艺术有较好的欣赏能力和鉴赏水平，以便于从各类艺术中汲取营养，启发展示创作灵感。

2. 专业艺术设计知识和艺术创造能力

设计师对空间环境的组织和处理是首要的，特别是大型、超大型的展示空间设计。因此，相关人员要具备空间环境的基本认识和设计想象能力，掌握与展示设计有关的建筑、室内设计知识，了解与此相关的法律和规范，如有关的消防和安全规范。

就会展搭建来说，设计搭建人员必须明确其场地面积与形状、地面负荷、屋顶高度、电线与电灯的高度、屋顶结构和承重量、有无用于悬吊的设施等。要注意日光照射情况，是否影响灯光效果，有无射进的阳光，能否遮拦。了解有无电、气、水、压缩气、排气、空调、电器设备接头，以及电压、周波、电流量。还必须了解会展对展览内容、规模、展品、展台、道具等有无限制，展览道具是否必须经防火处理、有无高度限制等。了解展品的尺寸、数量等细节，以及是否易燃、易碎等。了解展品的可看、可听、可触、可嗅、可尝性。必须事先让设计师了解展品，若有挑选工作，最好让设计师参与。如果设计师不能见到展品，也要提供尺寸、照片。

3. 对新技术的了解和认识

展示设计艺术在新的技术、新的发明之中吸取能量，在不断采用新技术、新工艺、新材料之中获得发展。要在设计中达到创新的要求，没有对新技术、新发明的敏感，是难以应对时代发展对展示设计提出的挑战和要求的。

例如，多媒体设计艺术以及 VR、AR、5G、AI 等新技术在现代会展上被越来越多地运用。多媒体设计其实也就是把技术与艺术相结合，将文字、图像、动画、音乐、音效、视频、计算机编程等技术融于一体的设计。掌握这一技术对会展设计与会展虚拟搭建来说将是一场革命。

4. 公关协调能力和合作意识

展示设计与搭建是一项涉及多种专业技术和社会层面的工作，必然要与各种相关的人员打交道。在市场化日益发展的今天，现代会展设计搭建人员应该具有经营和服务意识。设计人员使用自己的设计作为服务产品，因此要善于与外界沟通，推销自己和自己的设计意图，赢得他人的信任。一项设计工作往往需要诸多专业人员的通力合作，尤其是大型展示项目的设计搭建负责人应该具有良好的组织能力和公共关系协调能力，善于统筹规划，协调各部门、各环节的工作进展，有较强的人际交往能力和合作意识。

6.2 会展设计的流程

6.2.1 会展设计工作的几个阶段

1. 接洽阶段

在这个阶段，设计人员应了解客户需求，提供相关专业咨询，帮助客户进行现场参展方案的综合分析。必要时，可以上门拜访客户，了解客户需求，提供相关专业咨询。此外，还应取得客户参展相关资料，明确设计图交付的日期。

2. 设计阶段

在达成初步意向后，结合客户文化理念、环境因素、团队架构、社会职责及参展预算等相关信息，设计出布展优选方案，提供实际空间模拟现场效果图、材质标准及工艺说明等供客户选择。

3. 签约阶段

这一阶段主要是同客户确定工程价格，明确客户的相互配合要求，最终签订合同。

4. 制作阶段

制作阶段所要完成的主要工作有：根据部门工作单完成制作及准备工作；安排客户到设计场所实地察看制作及准备工作；完成主办、主场、展馆等相关工作的各项手续。

5. 现场施工阶段

这一阶段的主要工作有：现场展位搭建；处理现场追加、变更项目等工作；配合客户展品进场；客户验收。

6. 会展期间及撤展阶段

这一阶段的主要工作有：配备专业服务人员；安排会展期间现场应急服务和增值服务；配合客户展品离场。

6.2.2 会展设计的基本流程

会展设计不只是简单地设计一个展台，它是一个系统工程。设计本身位于系统的中下游，设计人员在进行设计策划时需要重点关注除自身设计以外的链的关系和互动。

1. 接受项目订单，明确设计内容

项目是展示设计公司生存和发展的源泉。接单的同时，项目负责人和设计总监必须明确设计的内容、实现的目标，同客户进行良好的沟通、交流、互动是重要的第一步。

2. 制订设计计划

制订正确而合适的设计计划往往会提升设计的效率和服务的品质。以下几点需要注意：

（1）明确设计内容，客户是否有特殊的要求，要求是否有限定的条件。例如，展馆的限高和设计方案是否冲突。

（2）确认项目过程的节点。需同预算和施工要求同步计算。

（3）充分估计每个节点所需的时间，包括不可抗力所花的时间，须在合同中注明。

（4）充分认知每个节点设计的重点、是否有不可操作性。

（5）在完成设计计划后，应将设计的全过程的内容、时间、各段目标制成计划表，在客户确认后，按计划执行，遇未尽事宜，应及时与客户协商解决。

3. 提出目标问题，发现设计问题

设计是一个系统工程，涉及客户需求、行业特征、企业文化、审美、技术、材料等一系列的问题，且这些因素因客户而异。因此，设计师的判断力尤为重要，设计师的阅历和知识结构同样会影响设计服务的品质。

4. 提出目标提案，分析目标问题

提案是客户审核设计公司的设计意图最初的评价载体，也是设计师对客户意图的初步定位和设想。针对提案本身，双方应对方案进行深入的分析和评估，为下一步提交形态的草案做好准备。

5. 展开设计研究，完善设计方案

作为展示设计师研究的对象，展示的构成不单是由某个单一因素决定的，而是一个系统。在充分分析目标问题的基础上，对目标项目展开设计研究决定了项目服务的品质。

通常情况下，应遵照以下要求：

（1）目的明确。不同行业、不同客户的市场研究的内容是不同的，设计工作开展之前，针对性强的研究内容可以大大地提高工作效率。

（2）内容完整。设计调研是设计的依据，有效的内容可以帮助设计师正确地判断设计的方向。

（3）适时性。研究的内容要适时、可行。

6. 提交设计草图，集中方案评估

（1）提交设计草图。

设计草图是设计师将自己的想法和对目标项目认识展开的一种过程，是创造性思维

由抽象到具象的体现。它是设计师对目标项目认知、推敲、思考的过程，也是发现问题、分析问题、解决问题的有效手段。在设计公司内部，其是设计师交流和概念提出的快速方法。

在设计草图的画面上常常会出现文字的注释、尺寸的标定、材料的选择、颜色的推敲、结构的展示等，这种理解和推敲的过程是设计草图的主要功能。

（2）集中方案评估。

方案评估的基本手段在最初时往往是大量的草图。尤其是思考类的草图凝聚着设计师对方案的理解和认识，从草图中可以发现设计师思考的过程和创意。同时，委托方可以通过草图和设计师充分地沟通和互动，提出对方案的建议和改进的方向，使方案在评估的过程中得以明确。

在评估过程中，应注意安全性、创造性、经济性及人机要素等原则。

7. 明确设计方案，深入优化设计

明确方案后，设计师可以在较小的范围内将一些概念进一步深化、发展。可以通过草图细分，对某些细部单独作多项设计，也可根据某项要求，做多种设计方案，或在原方案的基础上优化改良。

8. 提交效果展示，制作三维草模

在设计范围基本确认以后，用较为正式的设计效果图予以表达，目的是直观地表现设计结果。效果图是快速表达方案近乎真实、实际的一种方法。展示设计效果图分为方案效果图、展示效果图及三视效果图三种。

三维草模是在方案的基础上进行立体表现的一种方法，通常按比例、尺度制作，制作的材料可根据具体设计挑选。

9. 集中方案评估，人机、色彩分析

在这一阶段，效果图和草模具备了初步评估的条件，这一阶段的评估重点在于设计的形态、材料的合理性、空间尺度的科学性。在这一基础上，需要对人机、色彩设计在实施中的情况予以考虑。

10. 确定设计材料，评估方案可行性

二次评估后，材料的选择是体现设计和施工开始前预算必不可少的重要步骤。材料的选择需要考虑以下因素：

（1）材料对设计方案的形态和结构产生多大程度的影响。

（2）设计提出的功能和结构的技术性材料能否满足。

（3）有无制造上的问题。

（4）制造成本。

（5）安全上有无隐患。

考虑设计方案时，功能和材料的问题不容忽视，通常展示的功能和材料直接影响设计方案。这就要求设计师重视材料的性能、加工工艺、成本的性价比等因素，在施工方面反复考虑，寻求最佳的材料实施。

11. 修改设计细节，确认设计方案

细节体现设计的品质。细节体现在两方面：设计细节和施工细节。设计上又分为功能和形态：对人—展示—展示环境三者在功能上设计的人性化、细节化提升设计的品质，对方案的施工在设计执行阶段的严格把关同样也能大大提升设计的品质。

12. 设计制图，提交设计方案

设计方案最终确定后，就可进入设计制图阶段。设计制图包括三视图、施工图等。图的制作需要严格按照国家标准执行。以上步骤都完成之后，即可提交设计方案进行实施了。

6.3 展台搭建的操作与要求

6.3.1 布展工作的内容

会展的布展工作主要包含以下几个方面的内容：

（1）根据会展总体设计对各参展商空间安排的要求和整体布局，首先组合安装会展空间主体构件，如搭建摊位、构架、吊挂展板等。有时，展具是同主体构架同时进行安装施工的。

（2）安装布置各类展具，并进行清洁和适当的装饰。

（3）敷设照明线路，安装照明设备，粘贴装饰材料，并安排标牌、标志、文字、图形等。

（4）会展展品的布置应按照先上后下、由后向前、先高后低、由里及外的顺序。

（5）展品布置完成后及时进行检查和调整。

6.3.2 展台搭建的一般程序

展台搭建可以说是整个会展设计中最为重要的一部分，现场搭建施工的好坏决定了项目设计是否能得到最终的实现。按展台搭建工作先后的顺序，其主要流程如下。

1. 图纸审核

通常情况下，每个订购光地的参展商都必须在规定的时间内随同指定搭建商申请表提交一份最终的展位设计图，以供当地消防部门及展馆进行审核。双层展台的搭建须经审核批准，所有双层展台设计图必须经有资质的设计师签章。

2. 办理搭建手续

为了场馆方便管理各搭建商和参展商，有效控制展馆人数，搭建商必须在规定时间内办理搭建手续，并在规定时间内完成展台搭建工作，同时通过场馆工作小组的安全检查。如需整改，必须立刻按照场馆要求进行。

3. 熟悉时间安排

为了展馆的统一管理，通常在展出前三天安排搭建商统一搭建。值得注意的是，展馆通常每天提供10小时供搭建商搭建，搭建商如需加班搭建，必须在当天向展览现场管理办公室提出申请，并按照展馆的规定支付加班费。

展台搭建商必须从方方面面掌握相关的展览资料，并根据客户的要求设计独特、醒目、令人印象深刻的展台。在搭建前，必须掌握展览时间的安排，充分利用时间，将图纸转变为实体，从而给参展商提供对外宣传的舞台。

4. 现场施工

一般在搭建过程中，客户也会在现场布置展品，此时具体负责该项目的业务服务人员最好能到现场陪同。有必要的话，设计师也可以到现场监督施工，并同客户即时交流。尽管实际的效果不能马上体现，但是很多客户希望能得到这样的服务。如果业务人员确实无法在现场，应该把负责搭建布置的联系人介绍给客户。

展场布展有施工规定，这些要在施工图上或作施工交代时说明。现场要有清洁工，随时清扫。由于现场很乱，容易出工伤事故，因此要尽量保持现场整齐。

展台材料很多是租用的，道具、花草也可以租用，要盯住道具公司按时将道具送到展场，拆包、放置时应予以监督。若有贵重物品和易损物品，应小心拆箱、放置。对于贵重物品要考虑安排保卫人员。

现场施工程序是：铺设电线管道；铺设地毯，并用厚塑料布覆盖，等到开幕前割开；若是双层展台，由金工施工；木工搭展架，电工拉线，水暖工接水，漆工油漆。

现场经常会有一些设计中没有预料到的情况出现，而且客户会临时提出一些要求。如果是由公司本身的原因造成的，应即时进行更改；如果是客户额外提出的，应保证首先满足其合理的要求，同时，追加的条款应由客户签字确认，并且根据实际情况将新发生的款项列入总项目款项中。

施工完毕，垃圾清扫完，地毯上的塑料布被割除，这时才是展台人员到场的时间，资料开始放上问询台或资料架。

实践中往往是先把展台结构布置好以后再安排展品入场的，现场的工作人员一定要注意为客户服务，配合其展品进场。

所有的搭建工作完成后，要进行展位的卫生清洁，直到客户验收完，确保次日的开幕（应注意有些时候自己展台搭建完成得较早，所有工作都结束后，大家都以为没事了，但隔壁展位的施工会使展台卫生和展品摆放等受到影响）。

5. 会展期间现场应急服务和增值服务

会展期间客户的接待工作是重头，但很多时候会需要对展台进行维护和临时配置东西，此时应有业务负责人员在现场进行应急服务。从客户方来讲，其希望在展览期间能够有搭建公司的人员在场，以便在需要的时候随时帮忙解决问题。客户在现场的工作人员应该有搭建服务人员的最直接的联系方式。

增值服务方面可以很广泛，有些搭建业务人员在现场帮助客户做接待工作，外语水平好的可以充当翻译，甚至可以帮助客户发送资料、安排客户间见面等。

6. 配合展品离场和现场拆除

会展结束后，搭建商应首先配合客户把展品撤离现场，再进行展位的拆除。如果客户对有些材料需要再次使用，应帮助其打包运输；如果需要保存，应注意拆装。

7. 费用结算

完成工程后，应及时进行成本结算，向展馆或主办方申请退回事先预付的电箱申请费、通信押金等费用。

6.3.3 特装展位的搭建与布展

光地特装展位不提供标准展位内的配置，参展单位可选择自行搭建或委托搭建单位对展位进行装修。在进行特装展位的搭建与布展的时候，参展单位或搭建单位需要在展前将展位平面图、效果图、电路图及防火建筑材料说明寄送至会展办公室，由会展办公室汇总后交展馆和安全消防部门审查。如需修改图纸，则由会展办公室将上述图纸中的一套交还给参展单位或搭建单位，并指明需修改处。参展单位或搭建单位在收到图纸的10个工作日内完成修改，并重新提交会展办公室。未经审查同意的展位将不授给施工证，不允许施工。

光地展位的布展以不阻挡周边展位视线为原则。通道对面有展位的，不能在距离展位边缘3m以内树立高度超过1.8m、宽度超过3m的展板。

两家以上参展单位共用一块光地的，搭建高度不得超过4.5m，并须与相邻展位进行协商，统一搭建高度。与标摊毗邻的光地展位，搭建高度不应超过2.5m。

展馆限高通常在8m以下，在光地上搭建二层展台的参展单位，须经有省级设计资质的设计部门设计，并由有省级施工资质的施工单位施工。二层展台需交纳实际占地面积两倍的展位费，未申报的二层展台一律不准施工。双层建筑的设计、搭建及拆除方案必须在进场前向会展办公室申报。

6.3.4 布展施工的相关规定

一般来说，在进行展位的施工搭建时，设计、施工人员必须对各展馆的具体管理规定和限制等予以了解，并遵照执行，以免工作被动、失误。常见的相关规定有：

（1）展场及展馆的公共场所均由主办方、组委会负责统一规划、总体设计、布置，欲在展位外或室外做宣传广告的单位须提前与会展中心联系。

（2）展位特装的参展企业应保持柱子、地面、顶棚、墙面等完好无损。

（3）各展团的布展必须在本展团的展位面积内进行，不得占用公共通道张贴广告，拉横幅，摆放桌椅、展品，散发宣传资料等。

（4）在展馆内布展，最高一层不超过 8m，二层不超过 6m。

（5）严禁在展板、展架、原建筑物及原有设施上钉钉子、凿洞、粘贴、油漆和使用不干胶，如有损坏照价赔偿。

（6）展厅内所有立柱灯箱广告位不能随意遮挡，否则按广告发布价格收取费用。

（7）特装展位须向主办方、组委会交纳展台特殊装修施工管理费。

（8）主办方、组委会搭建的标准展位及内部设施不得擅自变动、拆除、挪作他用，不得随意搬拉外展位桌椅设施为己用，如有变更，须报展览部批准。

（9）参展团的布展方案（包括平面图、立面图、电位图和效果图）按主办方、组委会规定时限报送展览部审核后方可实施。需改动标准展位者，须提前通知展览部，不可自行改动，过期改动收取相应的费用。

（10）租用道具，须在展前向展览部申请。展位需另外增加电器设施的，费用另计。

（11）提前进场施工、布展期间加班，须提前到会展中心展览部办理加班手续。

（12）在展馆的进出口、安全通道及消防设备电源开关等安防设施前，严禁停放车辆，放置广告物品、参展物品等。

（13）一般来说，展馆一楼展厅地面负荷不得超过 1.5 吨/平方米。

（14）展品由参展商在起卸区内的货梯保证垂直运输，严禁用客梯和自动扶梯载运展品。

（15）展馆内严禁吸烟，严禁明火作业，不可携带易燃、易爆、腐烂变质、放射性和有毒物品进入展馆。

（16）回运展品包装物，可向展览部申请办理临时寄存手续。

除此之外，在展览设计、施工前，设计、施工人员还必须明确有关人流、消防、展品、色彩、音量等方面的规定与限制。很多国家（尤其是发达国家）规定，展场员工必须是工会注册工人，不允许参展企业自己动手。还有的展览会要求参展企业将设计送审，并要求参展企业在施工前办理有关手续等。

案例参考

搭建：从“仰视”到“平视”

在展览的链条上，搭建公司一直处于产业的下游。如何能够让自己设计、搭建出的展台让参展商满意，并形成长期的合作关系，是很多搭建公司迫切要解决的问题。

在广州中国进出口商品交易会的现场，由广州广展展览设计有限公司（以下简称广展）搭建的六个展台吸引了众多买家的目光。据了解，这六家企业都是广展的长期客户，合作时间在五年左右。另悉，会展刚刚结束，广展下届建博会的搭建订单已经到手。透过广展这个搭建行业的切片，或许我们能够品出一些独特的“味道”。

一、设计：创新不断

由广展负责设计、搭建的“摩登五金”展台，多次重复几个简单的色彩元素，给人一种强烈的视觉冲击；多个长方体平面排列、空中重叠，将参展商的展品恰到好处地融入展台中，融入二层平台中。这个展台不仅得到了参展商的高度赞誉，而且吸引了很多买家的目光。

广展总经理曾国森说：“这个展台我们最初设计了五个方案，但都被否决了，客户总觉得缺点什么。其实，这是我们的一个老客户，我们之间的合作快五年了。设计被老客户‘枪毙’了，这让我们很郁闷。后来我们又多次与客户沟通，深入了解客户需求，站在客户的角度去思考问题，打破了传统的设计理念，运用夸张的几何造型，组成极具冲击力的视觉焦点。既分又合的流动空间，创造了丰富的视觉层次。展位内精致的产品展示体现着‘摩登五金’追求简约、艺术、高质量的产品品位，最终令客户满意。另外，五金产品和其他展品的不同之处在于它本身很枯燥，这就需要增添一些新东西打破这种枯燥。在细节处理上，该客户的定位是‘生活·艺术·品位’，按照这个思路，工作人员在展品周围布置了一些精致小苹果，在细微之处给人以艺术性和生活气息。在展台搭建完毕后，该客户主动要求将广展的标识附加在展台上，这是一种高度的认可，也是相互提升。”

尽管他们的设计方案被否决了五次，但曾国森认为，这是个好事情，这表明参展商在成长、在进步，参展商提高了甄别能力，对于展装市场将起到促进作用；对于搭建公司来说，只有迎接挑战才能进步，才能发展。据悉，广展已经拿到了这个客户下一届建博会的展台设计与搭建的订单。

二、定位：朋友式服务

曾国森说：“一个公司的定位很重要，我们最初的定位就是‘朋友式服务’，站在客户的角度去思考问题，努力解决客户的难题。也许最初客户在与你接触时并不认可你的设计，这需要工作人员与其进行多次、深入的沟通，那时基本都是‘仰视’对方的；当客户认可了你的设计，认可了你的搭建后，同时你也深入了解了客户所需要的，这时双方就建立了朋友式的关系，这对于展台的设计与搭建是很关键的。”

展台的设计与搭建并不是来了订单后才进行的，此前有大量的工作要做。但很多展装公司都忽略了这个环节。只有深入地了解了客户的方向、最新的动态、最新产品、最新需求，才能将展台设计、搭建好。这将花费很多时间，但多年的经验表明，这么做是必要的。

此外，宁缺毋滥很重要。不能不考虑自己的综合实力而去硬接单，结果尽管接了很多单，但每个展台都做得不好。有的时候，宁可丢单，也不要粗制滥造；粗制滥造的结果是信誉被打了折扣，最终将失去未来的客户。

案例解析

企业参展，往往不吝斥巨资请展览公司做特装展台，以期展示自己的实力，取得特殊的效果。欧美国家的参展企业，特别是德国的参展企业则往往比较重视使用新的循环展台材料来打造展台。参展企业的要求越来越高，对于搭建公司来说，挑战也越来越大。广州广展展览设计有限公司的经验告诉我们：只有迎接挑战才能进步，才能发展；只有深入地了解了客户的方向、最新的动态、最新产品、最新需求，才能将展台设计、搭建好。

本章小结

展位的设计与搭建是参展成功的重要因素，这其中，展台可以说是一个企业的名片，展台做得漂亮，符合竞争标准，才能使企业在会展中立于不败之地。未来评价一个展台是否成功的标准不是看它是不是华丽、奢侈，而是看它所显示的沟通能力，看它所表达的概念，看展台所确定的功能性和展品本身的内涵。

优秀的展台设计与搭建必须完成两个任务：一是所设计的展台模式和展示内容必须尽快被观众识别出来；二是必须赋予展台和参展企业一种精神形象。这一方面要求展台设计与搭建必须有创造性；另一方面，要求展台设计与搭建人员必须有较高的专业素质与职业素养。

作业

1. 大多数人认为，展示设计搭建人员应当是外向型的“表现者”，他们不仅要有交流兴趣，还要有交流活动，展示设计搭建不大适宜腼腆、内向、不合群的人。你是如何看待这一问题的？

2. ISO 9000 这一质量管理认证体系在会展中被越来越多地应用。阅读下列材料，谈谈你的看法。

ISO 9000 质量管理认证体系与会展业

随着中国会展业的发展，越来越多的国外知名会展公司将目标投向上海，纷纷在中国上海设立分公司；许多国际品牌展也向国内发展，纷纷举办子展览，因此展台设计搭建也要进一步与国际接轨。会展业作为一个新兴的产业，展示工程行业的发展欠缺必要的市场规则和准入标准。因此，世博集团上海现代国际展览有限公司、上海创信展示设计制作有限公司、上海东毅展览有限公司、上海励展展览设计工程有限公司等企业倡议筹建展示工程企业专业委员会，通过这个组织来规范自己，并利用这个平台，做好同参展商、组织单位、展馆之间的沟通协调工作，共同来推动整个展览行业的发展。

为此，上海市会展行业协会和上海质量体系审核中心主办了“会展企业 ISO 9000 认证工作会议”。上海展览业的发展对上海经济贸易的发展起着非常重要的推动作用。但是，作为现代服务业的重要分支，目前上海的会展规模水准与国际先进水平相比，仍然存在一定的差距。因此，必须制定一个体系来衡量展览的质量，规范行业服务，而 ISO 9000 质量管理认证体系将成为一个重要的参照依据。今后的中小型展览服务企业可以通过 ISO 9000 这一质量管理认证体系提高企业的管理水平和效率，使自身的服务质量上一个台阶。

3. 在中国家电及消费电子博览会（AWE）上，业界瞩目的焦点——有着“全球智慧生活领域奥斯卡”之称的艾普兰奖正式揭晓。华为 AI 音箱凭借其强大交互、智能通话、家居控制、海量曲库以及丹拿品质的良好音质，一举赢得 AWE 年度的“艾普兰智能创新奖”。华为新一代子母路由 Q2 Pro 则凭其千兆电力线组网、PLC Turbo 黑科技、高速全覆盖、极速连接等产品力，征服了专家评审团，夺得 AWE 年度的“艾普兰产品奖”。

图 6-5 是在中国家电及消费电子博览会上华为展台的现场照片，试结合华为的市场战略对该展示设计与搭建的概念表达进行分析。

图 6-5　华为展台现场照片

第7章

会展服务礼仪

案例导入

会展服务礼仪中的“是的效应”

会展服务人员在试图说服顾客的时候，尽量不要让对方把“不”字说出口，要尽可能启发对方说“是”，这将有利于对方接受你的观点。

美国一家电器公司的会展服务人员阿里森和一位不久前新发展的客户会面，这个新客户的总工程师见面就问：“阿里森，你还指望我们买你的发动机吗?”阿里森回答：“是的。”工程师说：“但是我们觉得刚刚从你们手中买到的发动机温度超过了正常标准，把我的手都烫伤了，谁还愿意再买你们的发动机呢?”阿里森说：“按标准规定，发动机可以比室内温度高出 72°F，对不对?”工程师说：“是的。但是你们的产品比这高出许多，难道不是事实吗?”阿里森反问道：“你车间的温度是多少?”工程师回答：“大约 75°F。”阿里森笑道：“车间 75°F，加上应有的 72°F，一共是 147°F，要是你将手放进 147°F 的热水里，是否会烫伤呢?”工程师说：“会的。”阿里森进一步说：“那么，你以后就不要再用手去摸发动机了。你放心，那完全是正常的。”工程师终于接受了阿里森的观点。

这一说服技巧被称为“是的效应”：避开双方矛盾分歧，先求同存异，从双方同意的问题入手，使劝说在活跃、愉快的气氛中开始。

案例分析

在会展服务礼仪中，说服技巧是会展服务人员在与客户打交道时经常使用的一种技巧。人与人之间存在观点上的分歧是正常的，会展服务人员应当利用各种心理说服技巧使客户愉快地接受建议。运用“是的效应”时，可以先指出一些双方都相信的事实，提出一些双方都希望得到圆满解决的问题，然后说明这些问题，介绍掌握的有关这些问题的确凿证据，使对方无意识地产生顺从，最终动心，接受你的建议。

教学目标

- 熟知会展服务礼仪的概念。
- 掌握会展礼仪服务的原则。
- 明确会展服务礼仪人员的素质要求。
- 掌握会展服务礼仪的基本规范。
- 熟知会展服务礼仪接待技巧。

基本概念

会展礼仪（exhibition protocol）　身体语言（body language）　肢体礼仪（body protocol）　司仪礼仪（protocol of the master of ceremonies）

7.1 会展服务礼仪概述

7.1.1 会展服务礼仪的概念

礼仪是指在社会生活中，由于风俗习惯而形成的人们共同遵守的品行、程序、方式、容貌、风度等行为规则和形式。礼仪可以沟通人们之间的感情，使人们感受到人格的尊严。健康、必要的礼仪可以赢得人们的尊重和爱戴，广交朋友，避免隔阂和怨恨。

会展服务礼仪是主办方、承办方或参展企业在会展前的策划和准备、会展期间的实施以及会展后续服务过程中展现出的一种行业规范。

会展服务礼仪是会展服务人员在会展服务活动中所表现出来的律己、敬人的良好品行，涉及穿着、交往、言谈、沟通、情商等内容。会展服务礼仪也是会展人员修养和素质的外在表现。

会展服务礼仪能展示企业的文明程度、管理风格和道德水准，可以塑造良好的企业形象。会展工作人员注重礼仪，既是个人和组织良好素质的体现，也是树立和巩固良好形象以保持竞争力的需要。从某种意义上来说，会展服务礼仪已经成为建立企业文化和现代企业制度的一个重要方面。

会展服务礼仪可分为日常交际服务礼仪和公共场合的交际服务礼仪。日常交际服务礼仪主要指在非正式的会展服务场合的仪式和礼节，主要包括称呼、迎候、介绍、致谢、致歉、告别、拥抱等。公共场合的交际服务礼仪主要指正式的会展公关交际活动中常用的礼仪，包括宴会礼仪、晚会礼仪，以及会展开幕、现场接待、各种配套服务等的礼仪。

7.1.2 会展礼仪服务的原则

会展服务礼仪与会展礼仪服务稍有区别，前者的中心是“礼仪”，后者是指“礼仪”在会展活动中的实际操作与运用问题。

会展礼仪服务有下述原则，其内在联系如图 7－1 所示。

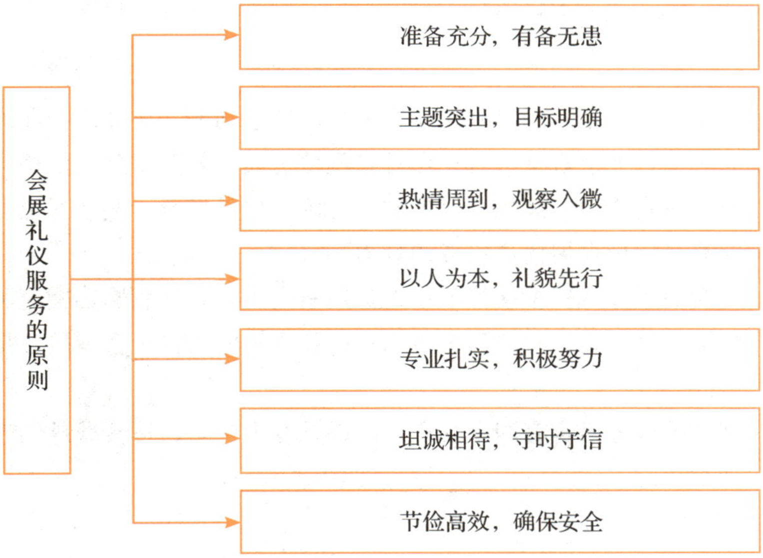

图 7－1　会展礼仪服务的原则

1. 准备充分，有备无患

古人云：凡事预则立，不预则废。会展礼仪服务也是如此。随着会展经济的发展，会展礼仪服务要适应高等级的会议或大型会展，特别是国际会展的要求。从会展的组织方面来说，会展主题策划、项目可行性研究、联系展出场地、招展、招商、进行展位分配、组织开幕式、处置突发事件、进行会展后续服务等，都需要及早做好礼仪服务方面的准备，以确保会展活动的顺利开展。

2. 主题突出，目标明确

对于参展商来说，会展是一个吸引客户的好场所。在对新老客户的礼仪服务上，会展工作人员要做到主题突出、目标明确。一般说来，企业参展都会制定相应的参展目标，企业参展目标要靠展台工作人员的服务来实现。由于会展时间上的限制，服务人员必须做到主题突出的有效服务。

3. 热情周到，观察入微

热情友好的情绪具有感染人的力量，会展礼仪服务离不开热情与周到，笑脸相迎、为顾客着想是礼仪服务人员必须要做到的。即便是一些细节问题，处理不好也会影响会展的效果。黛丝瑞·奥瓦内尔在《会展：一门特殊的艺术》一书中这样写道：

> 在展台上，我经常感觉是在蜡像馆。工作人员无精打采地靠在墙上，或者懒散地趴在柜台上，一动也不动。他们坐在原本为客人准备的椅子或高脚凳上，喝咖啡、抽烟，甚至还有人打电话。双臂交叉，给人一种没兴趣的样子，使客人敬而远之。

可见，作为会展的服务工作人员，一言一行、一举一动都很重要。

4. 以人为本，礼貌先行

会展服务要求以人为本，强调站在顾客的角度考虑问题。比如，会展展区的布局完全以展品大类来划分，方便观众参观；参观者刚踏进展馆就能得到一份用不同文字编成的会展服务手册或参观指南；展场内设就餐中心区、休息场所、便捷通道等。这些无微不至的服务，能充分展现会展优质服务的魅力。

礼貌用语是会展服务礼仪中接待工作人员用来向宾客表达意愿、交流思想感情和沟通信息的重要交际工具，是一种对宾客表示友好和尊敬的语言。会展服务接待工作必须讲究语言艺术。

以礼貌为基调的服务语言有四个要素，即以顾客为中心、热情诚恳的态度、精确通俗的语言、清晰柔和的表达。

5. 专业扎实，积极努力

会展服务礼仪中接待工作人员应当不断积累生活经验，积极努力地学习专业知识和技术。掌握一定的专业技能，了解会展行业特定的行为规范或行为标准，只有这样，在进行会展服务时，才能做到恰如其分、得体合宜。

6. 坦诚相待，守时守信

坦诚相待是会展服务礼仪中的基本原则。当你用得体的话语表达出真诚的时候，你就赢得了对方的信任，建立了信任的关系。值得注意的是，在服务过程中，如果你不知道客户所提问题的答案，就不要任意编造。不要试图去反驳或误导你的潜在客户，而应承诺尽快找出答案，并在约定的时间予以回答。与客户一旦有什么约定，就一定要守时守信。

7. 节俭高效，确保安全

会展活动其实也是一项消费活动。从场馆的选用、会展设施的使用到与会者的吃住行和延伸服务的参观考察都需要花费资金。因此，在整个服务过程中，要厉行节约。同时，每一项会展服务活动的开展都有一个安全的问题，必须确保。

7.1.3 会展服务礼仪人员的素质要求

有人曾给会展服务工作人员概括出十大特点，即知识渊博、团队精神、自信、有进取心、精力充沛、创造性、热情、解决问题能力强、刻苦工作的意愿、诚实守信。其实这也正是对会展服务礼仪人员的要求。

1. 知识面广

会展服务对礼仪工作人员尤其是企业参展人员知识结构的要求是多方面的。主要有：本企业的相关知识、产品知识及应用、竞争产品的知识、展览知识、客户知识、业务知识、关系建立技巧、团队参展技巧、时间管理技巧，以及知识产权与法律知识等。从会展优质服务的角度来说，会展服务礼仪人员广博的知识结构是基础。

2. 富有团队精神

现代企业要雇用的会展服务人员是那些具备很强适应性、愿意分担、将团体目标置于个人目标之上的人。会展服务礼仪人员必须服从组织和领导，要如实地向领导报告或请示有关工作，尊重和维护上级的威信，有问题要及时请示，同时能发挥主观能动性，尽自己最大的努力做好工作。

另外，部门各成员之间应保持互相信任、团结和谐、心理相容，在人际交往中，应尊重别人、欢迎别人，营造和谐友好的工作氛围。

3. 自信

自信是对会展服务礼仪人员最基本的要求，是取得会展工作成功的基石。自信就是高度自我肯定，自我肯定是一个从业者喜欢自己的程度。会展服务礼仪人员只有相信自己的能力和力量，才能敢于去竞争，敢于去拼搏，敢于去追求卓越，在会展人际交往中充分发挥自己的才能，抓住各种时机，塑造自己的形象。

会展服务礼仪人员必须相信自己，具有宽宏大度、容人容事的气量，善于同各种各样的人交朋友，能以豁达的态度，冷静地对待和处理服务工作中的挫折，不斤斤计较一时一刻的得失。

为了激发他人的自信，必须自己作出榜样。相信自己的能力和信念，相信自己的产品和服务，从而勇敢面对会展服务与管理中的问题和挑战。

4. 有进取心

有进取心的人勇于承担责任，他们欢迎变革，创造变革，愿意并乐于承担随之而来的风险。会展服务礼仪人员必须要有积极的进取心。

5. 精力充沛

精力充沛的人往往能做到勤奋工作、勇往直前。一个精力充沛的人也会被认为是充满活力的，这种行为还会影响他周围的人。身体健康、精力旺盛是产生愉快情绪的原因之一。相反，健康欠佳、过度疲劳等容易产生不良的情绪。会展服务礼仪人员必须保持旺盛的精力，保证会展服务工作的正常进行。

6. 热情

热情是从业者从内心表达出来的兴奋与自信，是一种强有力的、稳定而深厚的情绪体验。会展服务礼仪人员只有对工作有高度的热情，才能引起顾客的共鸣，让顾客对会展服务礼仪人员所说的话深信不疑。它能促使观众自觉地参与到会展产品和服务的宣传中。表现热情的主要方法是赞美，但赞美要恰到好处，掌握赞美的分寸，把握时机，真诚且发自内心，这样才会让顾客真切体验到会展的高品质。

7. 诚实守信

诚实守信是会展服务礼仪的原则，也是对会展服务礼仪人员的基本素质要求。在各种会展活动中，应按约定时间到达，万一因故不能准时参加或出席，应及早通知对方。

在正式的国际交往中，接到正式的邀请函后必须视情况给予答复。若邀请函上注有“R・S・V・P”（法文“请回答”的缩写）字样，则不论参加与否，都要及时回答。若邀请函上注有“Regret Only”（英文“不能参加请答复”），不能出席则需要立即答复。

8. 富于创造

会展服务礼仪虽然有一定的规范、程式，但对于会展服务礼仪人员来说每时每刻都存在着责任、压力与挑战，这就要求从事会展服务礼仪的人员在职业素养中有创造性的品质。创造性不仅能给会展服务工作带来新颖、有活力的方式，而且是自己能力的表现。

9. 刻苦工作的意愿

会展服务工作中会遇到很多艰苦的服务工作，如招展、招商、布展、宣传、推广等工作，不是所有问题都能事先预料到的，遇到难题就打退堂鼓，这会使客户的问题得不到解决，失去客户的信任。有的人会为自己找借口：我太年轻，所以我无法控制自己的情绪；我是女性，所以我无法承受客户对我的投诉；我学历高，服务工作对我来说伤害我的自尊……这些借口也许是事实，但会影响你的工作业绩，需要努力克服。

10. 解决问题能力强

会展服务礼仪人员应当具备敏锐的观察能力、灵活的反应能力、出色的表达能力和较强的控制能力等。具有较强的能力素质，在服务过程中就能避免许多不必要的麻烦和问题。在与顾客发生冲突的时候，会展服务礼仪人员需要控制自己冲动与消极的情绪，主动克服困难和解决问题。

7.2 会展服务的基本礼仪与规范

7.2.1 会展服务中的基本礼仪

在会展服务过程中应注重礼仪。礼仪往往是接待服务人员内在素质和主办国、主办单位文明水准的体现。在涉外会展交往中，遵守国际惯例和一定的礼节有利于我国的对外开放，有利于展现中国礼仪之邦的风貌。

1. 交际礼仪

在会展活动中，常常能遇到结识新朋友的场合。结识朋友可以自我介绍，也可以由第三者介绍。为他人介绍时，要首先了解双方是否有结识的愿望，不要贸然行事。无论自我介绍还是他人介绍，都要做到自然。介绍他人时，要有礼貌地以手示意，而不要用手指指点别人。介绍也有先后之别，应先将身份低的、年纪轻的介绍给身份高的、年纪大的，把男子介绍给女士。

在介绍时，除女士和年长者外，一般应起立。但在宴会桌上、会谈桌上，可不必起立，被介绍者只要微笑点头，有所表示即可。交换名片也是互相介绍的一种形式，在送给别人名片时，应双手递出，面露微笑，眼睛看着对方；在接受对方名片时，也应双手接回，还应轻声将对方的姓名等读出，然后郑重地收存好。

2. 称呼的礼仪

国内的会展接待可称呼对方的职务、职称、学衔，也可称呼“先生”“女士”“小姐”。涉外会展活动对外国人的称呼应根据对方的习惯，一般对男子称“先生”，对已婚女子称“夫人”，对不了解婚姻状况的女子或未婚女子称“小姐”。对男女服务员，分别称“先生”“小姐”。

3. 握手礼仪

在会展活动中，一般是在互相介绍或会面时握手，握手表示欢迎，还有祝贺、感谢、互相鼓励等意义。在握手礼仪中要注意：

（1）年轻者对年长者、身份低的对身份高的，应稍稍欠身，也可用双手握住对方的右手以示尊敬。

（2）一般应由主人、年长者、身份高者、女士先伸手，客人、年轻者、身份低者、男士应先问候对方，待对方伸手后再与其握手。

（3）男士与女士握手时，轻轻握及手指部分即可。

（4）男士在握手前应脱下帽子和手套，女士则不必。

（5）当多人同时向你伸手时，不要用双手交叉与人握手。

（6）握手时应注视对方，微笑致意，或者致以欢迎和问候。

（7）军人应先行军礼，然后与对方握手。

4. 交谈礼仪

在会展交际场合，与人谈话时要表情自然，语言平易近人，表达得体，距离适中。说话时可适当做些手势，动作幅度不要太大，不能摇头晃脑，更不能用手指指点点、拉拉扯扯、拍拍打打。

参加别人谈话，要先打个招呼，别人在个别谈话时，不要凑前旁听；有人主动与自己说话时应乐于交谈；第三者参与谈话，应以握手、点头或微笑表示欢迎；若谈话中有急事需要离开，应向对方打个招呼，表示抱歉。

谈话时若超过三个人，应不时与在场的所有人攀谈几句，不要只同个别人谈双方知道的事情而冷落其他人。如果所谈的问题不便让其他人知道，可另约时间谈。

在会展交际场合，如有人谈到一些不便谈论的问题，不应对此轻易表态。谈话内容一般不要涉及疾病、死亡等不愉快的事情。与外国人谈话不要随便问对方的履历、收入、家庭财产、衣饰价格等私人生活方面的问题，也不应随便询问外国妇女的年龄、婚姻状况。对方不愿回答的问题不要追根问底。对方对问题流露出反感情绪时，应表示歉意或立即转移话题。不要随便同外国人谈论对方国内的政治、宗教、民族矛盾等问题。谈话时若要问候对方，应根据客人的习惯。对外国人一般不问“你吃饭了吗”“你到哪里去”，而应用“早安”“晚安”等问候语。告别时，可根据不同的对象选择不同的告别用语，如“很高兴与您相识，希望再有见面的机会”“多多联系”等。

5. 约会和拜访礼仪

在会展活动中，往往需要出面看望与会代表，会展服务人员也常常因联系安排会展活动约见或拜访与会方的代表和随行人员。一般说来，在主办方的办公地点安排会见，主人应提前在办公室或会见厅门口迎候。在第三地安排约会，主人应提前到达现场迎候。拜访和看望对方应事先约定，并按时抵达对方住所。过早抵达会使对方因准备未毕而难堪，迟迟不到则会让对方等候过久而失礼。因故迟到应向对方表示歉意。抵达时，如无人迎候，进门前应先按门铃或敲门，按铃时间不宜过长，敲门不宜过急过重。经主人允许后方可入内。

一般情况下，不要在休息时间打扰对方。如因事情紧急，不得不在休息时间约见对方时，应在见面时先致歉意说明理由。

谈话应在室内进行，若主人未邀请进入室内，可退到门外进行谈话。无论是礼节性的看望还是工作性的拜访，谈话时间不宜过长。告别时应有礼貌并感谢对方的接待。

6. 举止礼仪规范

举止应文雅、庄重、大方。举止常常通过动作、手势、表情、眼神等表现出来。一般认为，身体的每一动作都具有一定的象征意义，这需要会展接待人员深刻领会与把握。只有熟知身体语言的象征意义，才能在会展接待工作中取得良好的效果。身体语言的象征意义如表 7－1 所示。

表 7－1　身体语言的象征意义

身体部位	动作	象征意义
手部	展开手掌	坦率、真挚、诚恳
	掌心向下	诚实谦虚、不带威胁
	掌心向下	压抑、指示、带有强制性
	双手插口袋	高傲
	双臂交叉	防卫、敌对

续前表

身体部位	动作	象征意义
手部	拇指食指相擒	谈钱
	背手相握	自信、镇定、有胆量
	掌心向下握手	支配性态度
	掌心向上握手	顺从性态度
	直臂式握手	粗鲁、放肆
	“死鱼”式握手	消极、无情无义
	双手夹握	热情真挚、诚实可靠
	捏指尖式握手	冷淡、保持距离
头部	点头	赞成、肯定、承认
	摇头	拒绝、否定
	扬头	傲慢
	侧头	感兴趣
	拍头	自责
肩部	耸肩	随便、无可奈何、放弃、不理解
下肢	双腿挺直	挑衅
	双腿无力	厌烦、忧郁
	手舞足蹈	兴奋
	脚步轻快	心情舒畅
	脚步沉重	疲乏、心中有压力
	交叠双足	有防范性
	张开腿部（男）	自信、豁达
	膝盖并拢（女）	庄重、矜持
眼睛	公务注视（前额—双眼）	严肃认真、有诚意
	社交注视（双眼—鼻尖）	和谐
	亲密注视（双眼—胸部）	亲昵
	瞥视	兴趣或敌意
嘴巴	嘴巴一撇	鄙视
	紧咬下唇	忍耐
眉毛	皱起双眉	陷入沉思
	眉毛扬起	怀疑或兴奋
面部	微蹙额头	认真对待
	脸部肌肉放松	遇到高兴的事
	微笑	容易接近与交流

在身体语言里，服饰、仪态及某些细节动作都可以作为沟通手段发挥重要作用。这就需要会展接待服务人员掌握分寸，做到得体合宜。

此外，在会展相关活动中，服务人员不应大声喊叫，如有急事要告知有关人员，应轻轻走上前去耳语或递纸条告知。引导参会对象时，应走在左侧稍前的位置，并侧着身子走路，拐弯时应用手示意，进门时应为客人打开门并让客人先进。平时和参会对象同乘电梯、进门或入座时，应主动谦让。

7.2.2 会展服务礼仪的基本规范

展览涉及的面很广，从展览工作的时间先后来看，展览服务可以包含展前、展中和展后三个时间段的服务工作。我们以展览会中的服务工作为例，来看展览服务礼仪的基本规范。

1. 展台礼仪

（1）殷勤接待顾客。

会展现场分散人们注意力的因素有很多，比如音响、影像、表演……把来客吸引到展台并关注展品是一件难事，展台服务要做到殷勤接待顾客，争取最大效果。

（2）巧妙设计开场白。

设计开场白时应注意以下几个方面：

- 准备一些开放式、有利于话题深入的问题。
- 引导顾客谈自己的工作或爱好。
- 善于抓住顾客的注意力，引导他们关注展台。
- 恰当介绍行业与产品信息，强调本企业产品的特色。

如果已经锁定了目标客户，在进一步交谈时要注意合理地设计问题，通常有以下问题可灵活提出：

- 您有什么需要吗？
- 这次会展对您有意义吗？
- 您怎么会来参观这场展览的呢？
- 您对××产品熟悉吗？您用过××品牌的产品吗？
- 您在××方面的迫切需求是什么？

（3）学会倾听，谈话内容要深入。

一旦让某位顾客开口说话，那么接下来最重要的任务就是倾听。有人建议在展台上必须花80%的时间来倾听客户的意见，只用20%的时间进行讲解，提出解决方案。

通过深入谈话，可以了解顾客对产品感兴趣的程度、计划购买的日期，以及他是不是最后的决策者等。

（4）提供给客户有用的信息。

在与客户建立了一定的信任关系后，应及时根据客户的基本购买动机（价值、享受、声誉、生活需要、避免损失等），向客户提供有用的商品信息，以促成客户的最终决策。

2. 展台工作人员礼仪

展台工作人员的仪表非常重要，有调查显示，80%以上参观展览的观众的第一印象都来自展台工作人员。因此，展台工作人员要在穿着、仪容、举止、语言等方面特别注重礼仪规范。

（1）展台工作人员的十大戒律。

展台工作人员的十大戒律如下：

- 不可以坐着。
- 不可以阻碍交通。
- 不可以吃东西、喝水或饮料。
- 不可以主动和走廊上的人搭话。
- 不可以和同展位的同事闲聊。
- 不可以把展位工作人员安排太多。
- 不可以把手插到衣兜里。
- 不可以把所有资料都摆放出来。
- 不可以迟到或早退。
- 不可以面无表情。

（2）语言沟通要求。

展位工作人员对顾客常问的问题要准备好答案，要避免使用消极意义的词语。不应该说的词语有：

- 我不知道。
- 等一下。
- 我们做不到。

而应该说：

- 让我帮您查查看。
- 您可以等一下吗？
- 我们推荐您使用××。

（3）其他。

展位工作人员应该穿标准工作服，把名卡戴在右侧，方便人们看清名字；展厅一般比较嘈杂，所以应该口齿清晰，语速适中；应该在第一时间就能判断顾客类型，然后决定是否需要进一步交谈；应该在问了一些问题后，站在顾客的角度来定位自己所推销的产品或服务等。

3. 展览会模特礼仪

展览会的模特是一道亮丽的风景线，模特可以帮助参展商在最短的时间内吸引来访者的视线。但是，展览会的模特也要具备一定的会展礼仪知识，这样才能“秀外慧中”，帮助参展商更好地树立企业形象。

7.2.3 会议服务礼仪的基本规范

不同规格的会议，其会务服务标准也各不相同。

1. 场内服务

场内服务是指在会场内为与会者指路引座的服务工作。其工作规程有以下几点：

（1）整理抽屉，擦桌面，擦椅子、地板，搞好场内卫生，保证温度适宜，空气新鲜。

（2）按要求摆好指路牌和带有各种标志的牌号。

（3）入场前一小时统一着装，仪表整洁入岗、站位。站位时一般在各走道口的一侧，面向与会者。

（4）指路时右手抬起，四指并拢，拇指与其余四指自然分开，手心向着客人，示意所指方向时说“请这边走”或“请那边走”。

（5）熟悉场内区域座号，主动为与会者引座，做到准确无误。主动搀扶、照顾年老体弱者入座、站立、投票、上洗手间等。

（6）大会开始，站到工作岗位上，站姿端正、大方，精力集中，认真观察场内动静，如有行动不便的与会者站起，要迅速前往照顾。换班休息时，动作轻稳地迅速离开。无关人员一律劝其退场，保持场内秩序井然。

（7）会间休息或休会时，要及时打开门帘，按规范要求站立在自己的岗位上，照顾与会者出入或退场。

（8）与会者退场后，对自己的责任区域认真仔细地进行检查，擦拭桌面，清理抽屉，如发现遗失的东西，要记清座排号码，及时上交和汇报。

（9）认真做好当日收尾工作，妥善收存各种牌号，准备次日大会的工作。

2. 主席台服务

主席台服务的工作规程如下：

（1）搞好主席台上的卫生，整理抽屉，擦拭桌子、椅子、地板。

（2）明确主席台上的总人数，明确主要领导的座位、生活习惯、招待标准、工作要求。

（3）按人数配齐茶具、棉织品、名签座、排次牌、文具等。认真烫洗茶具，严格消毒，达到安全、卫生标准。

（4）穿好工作服，着装统一，仪表整洁，入场前一小时上岗，检查桌椅，摆放垫盘、茶杯（加好茶叶）、毛巾盘、名签座、便笺、铅笔、排次牌，要求距离一致，整齐划一。

（5）垫盘、茶杯的花色图案要正对主人，茶杯把手向里，略有斜度（一般不大于90°和不小于45°）。

（6）全部摆放毛巾。毛巾的叠法一致，排放整齐。

（7）会前30分钟，从最后一排的服务员开始，按顺序排队，统一进入场内。倒水时步态平稳，动作协调，左手小拇指与无名指夹住杯盖，中指与食指卡住杯把，大拇指从上捏紧杯把，将茶杯端至腹前，右手提暖瓶将水徐徐斟入杯中，以八分满为宜。然后将杯子放到垫盘上，盖上杯盖。

（8）会前 20 分钟，统一检查茶杯。检查时用右手指的背面轻轻靠一下杯子即可知道是否有水。发现空杯、裂杯和渗水的，要及时处理。

（9）会前 10 分钟，按分工各就各位，照顾与会者入场、就座。对行动不便的与会者提供必要的帮助。

（10）奏国歌时，听指挥统一上台，照顾自己所负责的搀扶对象起立、落座。

（11）第一次 30 分钟续一次水，以后每 40 分钟续一次水（也可根据各地习惯的不同适时续水）。对首长和报告人的用水，要根据情况及时续水。续水时按顺序排队统一上台。

（12）会议进行过程中，主席台两侧各设一人观察台上的情况，处理紧急事务。对中途退场或上洗手间的与会者，要进行引导服务，必要时跟随照顾。

（13）收尾工作按顺序进行，撤杯盖，倒剩茶水，收茶杯，擦、收垫盘，收回毛巾、名签座，并做好下次大会的准备工作。

3. 主席台座位安排

较为大型或重要的会议通常安排席卡，其颜色、规格、字体应统一。主席台的座位安排一般是尊者坐正中间，其左侧为次尊者，右侧再其次，以此类推（国际活动时以右为尊）。如果发言人席设在主席台上，一般位于台上最右侧，主持人在发言人席的左侧（见图 7－2）；如果在主席台外另设发言人席，则主持人席设在主席台的最右侧（见图 7－3）。

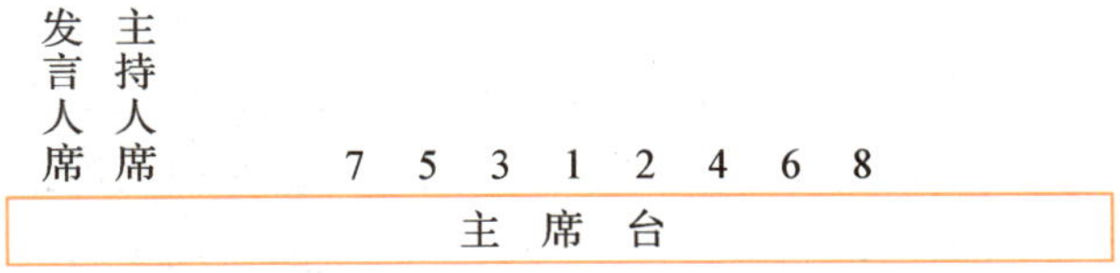

图 7－2　发言人席与主持人席位置图示一

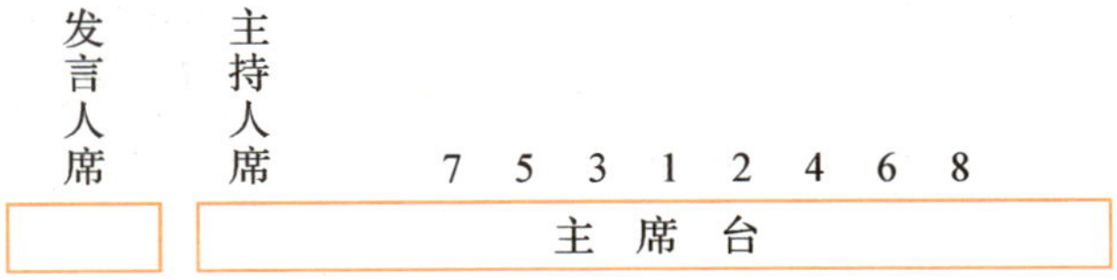

图 7－3　发言人席与主持人席位置图示二

7.3　会展服务礼仪技巧

7.3.1　会议中的礼仪技巧

中华民族是礼仪之邦，历来重视社交礼仪。从小的方面说，它代表着一个人的整体形象；从大的方面说，它代表着一个集体的品牌品质。会议中的礼仪技巧如下所述。

1. 肢体礼仪

在衣着上不要穿看上去夸张的服装和令人分心的服装，如围着一条长披肩，或经常用手梳弄总是垂到脸上的头发等，来分散听众们的注意力。在肢体语言上，需要注意以下几点：

（1）你必须在非正式的交际场合中运用与正式场合中完全不同的手势、举止和声音来鼓励别人。你的提议会引起人们的讨论，因此，你仍需注意自己的姿势。不要死板地站在那里，最好能环场漫步，伸出你的手来邀请某人做特别的演说，轻松恰当地拍拍别人的肩膀或手臂，以示友好。

（2）始终坐在某处听别人的讲话，那么你很快就会成为听众的一部分。当别人演说时，作为一个积极认真的听众，你必须始终注视着讲话者，好像他们的讲话内容是非常可取的，即便事实上并非如此。增强别人阐述意见的勇气，并加以记录。反复强调与会者所提出的要点，当你同意演说者的意见时你就点点头；如果你不同意他的观点，你应该把它放在心里而不应该将它表面化；要始终给别人驳斥相反意见的机会，而不是总是去反驳别人、提出自己的新看法。

（3）主持非正式会议的能力对建立你的声望和搞好你与同事、部下及上级之间的关系有着非常重要的作用。你应当寻求一种方法，让与会的每个人对你的这种参与感到愉快。

2. 就座礼仪

如果受到邀请参加一个排定座位的会议，最好等着服务人员将自己引导到座位上去。通常会议主席坐在离会议门口最远的桌子末端。主席两边是留给参加会议的客人和拜访者的座位，或是给高级管理人员、助理坐的，以便能帮助主席分发有关材料、接受指示或完成主席在会议中需要做的事情。

如果会议中有很特殊的情况，例如，有从其他国家的其他公司来的代表，那个公司的高级代表坐在长会议桌的中间，你的公司的高级管理人员坐在他们的对面，自己的身边都坐着自己公司的职员，而会议桌的两端则空着。

3. 会场礼仪

对于一般与会人员来说，最基本的是要按时到会，遵守会议纪律。开会时要尊重会议主持人和发言人。当别人讲话时，应认真倾听，可以准备纸笔记录下与自己工作相关的内容或要求。不要在别人发言时说话、随意走动、打哈欠、玩手机等，这是失礼的行为。会中尽量不离开会场，如果必须离开，要轻手轻脚，尽量不影响发言者和其他与会者。如果长时间离开或提前退场，应与会议组织者打招呼，说明理由，征得同意后再离开。

4. 发言礼仪

会议发言有正式发言和自由发言两种，前者一般是领导报告，后者一般是讨论发言。正式发言者，应衣冠整齐，走上主席台时应步态自然，刚劲有力，体现一种成竹在胸、自信自强的风度与气质。发言时应口齿清楚，讲究逻辑，简明扼要。如果是书面发言，要时常抬头扫视一下会场，不能一直低头读稿，旁若无人。发言完毕，应对听众的倾听表示谢意。

自由发言则较随意，但要注意，发言应讲究顺序和秩序，不能争抢发言；发言应简短，观点应明确；与他人有分歧时，应以理服人，态度平和，听从主持人的指挥，不能只顾自己。

如果有会议参加者对发言人提问，应礼貌作答，对不能回答的问题，应机智而礼貌地说明理由，对提问人的批评和意见应认真听取，即使提问者的批评是错误的，也不应失态。

在开会过程中，如果有讨论，最好不要保持沉默，这会让人感到你对工作或对会议论题漠不关心。想要发言时应先在心里有准备，用手或目光向主持人示意或直接提出要求。发言应简明、清楚、有条理、实事求是。反驳别人的观点时，不要打断对方，应等待对方讲完再阐述自己的见解，别人反驳自己时要虚心听取，不要急于争辩。发言时，有以下几点禁忌：

（1）发言时不可长篇大论，滔滔不绝（原则上以三分钟为限）。

（2）不可取用不正确的资料。

（3）不要尽谈些期待性的预测。

（4）不可做人身攻击。

5. 餐桌礼仪

餐桌礼仪主要有以下几点：

（1）请用筷。用餐时，主人为表示盛情，一般可说“请用筷”等话语。

（2）直筷。筵席中暂时停餐，可以把筷子直搁在碟子或者调羹上。

（3）横筷。将筷子横搁在碟子上，那是表示酒足饭饱不再进餐了。横筷礼仪一般用于平辈或比较熟悉的朋友之间。小辈为了表示对长者的尊敬，必须等长者先横筷后，才能跟着这么做。现在用餐时，即使先吃完饭的，也不立即收拾碗筷，要等全桌用餐者餐毕后再一起收拾。

7.3.2 展览服务中的礼仪技巧

1. 现场各环节迎接礼仪

现场各环节迎接礼仪如下：

（1）会展代表到达现场时，迎接人员应提前在门口迎接，体现出主办方的热情，并主动问候，这是现场迎接礼仪的第一步。

（2）迎接会展活动代表时，应全神贯注，注意与代表保持目光接触。为代表服务时，可遵循先主后次、先女后男的礼仪原则。

（3）平等对待所有参加会展的代表，无论是国内同胞还是国外客商，应一视同仁。

（4）现场介绍时，应依据礼仪规范，按照先主后次的顺序，表示对客人的尊重，并以职位的高低为先后进行介绍。

（5）现场服务接待人员在处理投诉时要做到：耐心倾听、注视对方、保持微笑、礼貌提问、记录信息、给予答复和感谢对方。

2. 司仪礼仪

司仪礼仪有：

（1）展览司仪着装应注意长短、松紧与体型相吻合，不能穿着过透或过露的服装。

（2）展览司仪着装应与身份相协调，既要端庄大方、贴近生活，又不能浓妆艳抹、珠光宝气，以免拉大与观众的距离。

（3）展览司仪着装应适合年龄，如果着装与年龄错位，势必造成观众反感，起到相反效果。

（4）根据会展的特定场合，展览司仪着装一般应当较好地配合会展气氛。

（5）展览司仪的眼神应准确配合所展示产品的内容。

（6）展览司仪的眼神应注重寻求与观众眼神的交流。

（7）展览司仪可以运用双手做各种动作来辅助语言表达，渲染气氛。

（8）在开场称呼中，可按国际惯例称“女士们、先生们”，或“贵宾们、女士们、先生们、朋友们”，不必再加“同志们”。

（9）司仪发言中的“欢迎”“感谢”之类的句子尽量归纳精简，以足够为度，从而节省鼓掌次数，以免引起反感。

（10）司仪需配翻译时，在断句、鼓掌时要注意控制好时间，以表示对外宾的尊重。

（11）一位称职的司仪，应明确自身的角色，不应喧宾夺主，要在最短的时间里，通过自己的语言，把演讲者推销给听众，营造出一种友好融洽的会展气氛。

3. 演讲礼仪

会展活动中的演讲有一定的礼仪规范可循。演讲时须注意以下礼仪规范：

（1）保持精力。

（2）正确着装。

（3）注重姿态。

（4）关注交流。

（5）声音洪亮。

（6）注重技巧。

（7）表情自然。

（8）服务周到。

（9）讲究礼节。

4. 国际会展礼仪

国际会展礼仪如下：

（1）要了解和尊重各国的特殊习俗。

（2）见面要有礼有节，国际交往场合有互换名片的习惯。

（3）参加商务活动时要守时，出席宴会应正点或提前两三分钟抵达。

（4）参加宴请时要有礼节，通常要等主宾退席后才可退席。

（5）选择适当的称呼方式，国际上一般称呼女士、先生，对地位高的官方人士也可称“阁下”或其职位。

（6）准备适当的礼品，国外大多数商业机构禁止送礼，要谨慎行事。

（7）穿着服饰要合适，参加商务活动或宴请时，正统的西服或领带是必要的。

（8）要注意交流方式，切忌在交流时斜靠椅子，或两三人窃语，或无精打采等。

案例参考

出展服务技术漫谈

慕尼黑体育用品及运动时装国际博览会（ISPO）每年分冬、夏两季举办，是世界上冬、夏和无季节运动及时尚领域中最重要、规模最大的综合性展览会，该会展只对专业观众开放。在负责中国参展商及专业观众的出展工作中，笔者总结了一些心得，在此与读者分享。

一、招展邀请书拟订法则

如何拟订吸引参展商及专业观众的招展邀请书是组展方应该首先考虑的问题。

切实可行的方法是通过收集博览会反馈信息、业内企业名录、相关会展会刊等取得业内企业详细、准确的联络办法，并由专人汇总至相应的数据库，用作下发招展资料的数据来源。下发招展资料后，利用电话、传真、电子邮件等形式联络相关客户，介绍项目具体情况，对来电来函咨询或有意向参展的企业进行跟踪，对曾经参展的企业进行会展的补充介绍及联络。组展方要注意经常与新、老参展商保持联系，保持会展招展的连贯性。

项目操作人员应对所组织的展览会有较深入的了解，招展邀请函是向业内人士全面推荐展览会的重要资料，信息应全面、准确，内容应具体、简明、易懂，以达到有效地推广会展及集中发布参展资讯的要求。

招展函中的会展介绍部分位于首页，顺序列出展览会日期、展出地点、展品类别、展出时间、预计展览面积、上届会展回顾、中国展团参展情况、会展特征介绍，以及组团单位介绍和联络办法。第二页为参展或参观费用预算，应详细列出报名费、展位费、人员费、运输费及其他杂费等各项可能发生的费用，以便参展商或观众核算参展成本。

为确保参展商及组团单位双方的权益，招展函中应有较为详细的参展须知，其中包括报名注意事项、会刊登录、费用计算、展位施工、参展证及退展约定等各项的详细叙述，使参展商在报名之前对展览会的筹备及官方退展规定有较为深入的了解，避免出现因退展或沟通不畅导致的纠纷。

二、服务沟通宝典

招展结束后，组团单位如何与参展商深入沟通、交流参展事宜关系到整个展团的参展效果，高效有序的参展沟通是展团顺利成行的关键。

首先，组展方在收到参展商的参展申请表后，应该立即传真回复“参展报名确认”及“展览会筹备日程”给报名参展商，使参展商在第一时间得到书面确认，并获悉各项参展事宜的筹备日程，以便其有序地准备参展。

其次，展览会开幕前两周内，组展方应以电子邮件群发形式发送会展筹备通知，主动告知会展筹备进展情况及注意事项（如展品运输、地面服务、会刊登录、展位施工等注意事项），以提高筹备效率。

最后，组展方要充分利用博览会中文官方网站的参展商平台进行参展商互动交流，参展商可在网上进行所有筹备文件的下载、上传。

三、服务应急预案

组展方组织参展商出展时，有很多细节值得注意：

（1）出入境注意事项。包括国内集中、办理登机及出境手续、境外入境要求及所需文件。

（2）境外人员安排。包括境外接送机、酒店安排、展团带队人在境外联系办法、详细的服务手册、境外人身安全等注意事项。

（3）会展现场注意事项。包括展位施工、展品运输、会展现场财物安全及博览会服务设施一览。

（4）请勿涉及展览品侵权的通知及相关条文。

四、后续服务

出展结束后，组展方对参展商及观众的后续服务工作的要点及注意事项如下：

（1）展览品回运服务。随团运输的展品可在出运前提供回运登记，并在展览会结束当日进行回运展品的现场服务，为参展商提供便利。

（2）第一时间告知展览会统计数据。项目人员在回国后马上与博览会方面联系取得官方统计报告（包括参展商、参观观众及其他总结信息），并在最短的时间内翻译，通过电子邮件群发至参展商，使参展商能够对所参加的会展有更深入的了解和认知。

（3）定期从博览会官方新闻中挑选有价值的信息群发给参展商，使参展商随时得到来自博览会的相关资讯。

（4）在重要节日前发送贺卡，在下届会展开始前有效维系与参展商的联络。

五、高效组展服务

如何高效地为参展商及专业观众做好服务工作，应该是所有组展者最关心的问题。在组展服务工作中，比较实用的工作技巧有以下几点：

（1）电子邮件群发筹备通知。随着参展商数量的增长及展览会资讯越来越详细，通过电子邮件群发的形式定期发送筹备通知非常重要。可能涉及的问题要先期发布，以便让参展商更有序地进行会展筹备并能有效地提高项目负责人的工作效率，更显示组展公司工作的专业性。

（2）在展览会官方网站或组展公司网站开通“参展商操作平台”，以便下载及上传筹备文档，减轻项目负责人的工作量并使参展商能够自助进行各项筹备工作。

（3）按照展品类别建立较为详细的参展商数据库，方便随时发送相关展览会信息及新组织的展览会招展资料，使组展工作系统化。

（4）为参展商提供多种展览会延续服务，如免费邮寄官方会刊、发送有用的会展新闻，以随时保持与参展商的联系。

案例解析

会展服务礼仪渗透于会展的各个环节——会展的议题选择、会场的选择、会展的筹备、会展策划、会展报名、日程安排、与会者的膳宿、会展布置、现场服务，以及会后的后续工作等。出国展出对服务的要求则更高，本案例作者以“慕尼黑体育用品及运动时装国际博览会（ISPO）”的服务为例，从招展服务、服务沟通、应急预案、后续服务等方面对会展服务技巧作了较全面的阐释，值得借鉴。

本章小结

会展服务礼仪是在会展实践中形成的人与人之间、组织与组织之间、国家与国家之间互相表示友好与敬意的外在行为规范和准则。从修养的角度来看，会展服务礼仪是从业人员内在修养和综合素质的外在表现；从交际角度来看，会展服务礼仪是会展相关活动中人际交往时适用的交际艺术；从企业传播的角度来看，会展服务礼仪是会展企业、参展企业及其他相关组织塑造品牌、提升价值的方法与技巧。会展服务礼仪是具体而外显的，它要求会展从业人员在穿着、交往、言谈等细节中表现出律己、敬人的良好品格。会展服务礼仪在具体的会展活动及会展行业的发展中都是非常重要的。

作业

1. 模拟会展某一场景（接待、见面、会谈等），虚拟身份，做介绍与自我介绍练习。

2. 阅读下面的案例，分组讨论，拟订迎接礼仪方案。

失败的迎接

在一次博览会即将举办之际，迎接宾客的小组迎接一个一行四人的越南商贸代表团。在接到宾客后，迎接人员引导宾客走下楼梯。当大家拉着行李走了很久，才发现原来有直达电梯到达停车场，并且没想到迎接车辆不在原来通知的位置，接待人员急忙打了若干个电话才联系上司机，终于引领代表团到达了停车处。这时，虽然迎接人员反复道歉，但代表团成员已是怨声载道。

3. 阅读下列材料，试分析“第四届中国国际数码互动娱乐产品及技术应用展览会”的服务礼仪手段与效果。

会展应该为谁服务

第四届中国国际数码互动娱乐产品及技术应用展览会（ChinaJoy）是继美国E3展、日本东京电玩展之后的又一同类型互动娱乐大展。第一届在北京举办，自第二届在上海举办后就一直落户上海。

ChinaJoy火吗？火！该会展第四届开幕首日参观者即达到26 451人，从外地专门来沪参观者1 676人，超过800名记者前来报道。根据主办方的统计数据，在展览会为期两天半的公众参观日中，参展的国内外观众超过12万人次。

如此高的观众量与人气，怎么能说不火！那么，为什么那么火？火在什么地方？稍做总结，不外乎如下几方面：

首先，会展上美女如云，几乎每家展台都摆出了美女阵营，每家人数不下20，成批量地推出，且个个面容姣好、身材火辣。大家都说“美女经济”，也难怪，美女的用途的确很多：穿着企业形象T恤派发企业宣传册；一字排开成“美女人墙”维持本展台现场秩序；台上劲歌热舞，挥洒青春以吸引眼球；扮演cosplay与观众互动等。这就引得相当数量的年轻人，不管是否对游戏产业感兴趣，都兴致勃勃地去一趟。

其次，与明星接触。游戏产业的公司在推出某游戏产品时，总免不了找明星代言，会展上自然会邀请明星到现场助阵。会展上，当网络红人天仙妹妹穿着淳朴的民族服饰手拿话筒唱出流行的悲伤情歌时，怎能不成为人们津津乐道的会展亮点；当李宇春神秘现身的时候，又怎能不引起会展现场的一阵阵骚动。

最后，礼品、游戏。几乎每家参展商都会为游戏玩家准备各种各样的丰富礼品和游戏体验。游戏贴纸、公仔、玩具气垫、游戏卡、钱包、手机等，可谓应有尽有，还有各种免费游戏体验区和新开发的游戏观摩区。也难怪会展现场一些项目纵使要等候一个多小时，还是处处可见耐心的观众排出的长长的队伍。

对于众多前往参观的观众们而言，会展给他们留下了哪些深刻的印象呢？各家媒体都报道了些什么？

上网一搜可以发现，很多观众和玩家最关注的莫过于这个会展上哪个美女最漂亮。ChinaJoy上的人气美女评选层出不穷，有找寻会展上一面之缘美女的，有比较各家美女质量的，更有探究某美女背后的故事的，网友们围绕美女讨论得不亦乐乎。

也有不少媒体拿明星做文章，“天仙妹妹七夕一个人过，没有人追她”“李宇春神秘现身，引起骚动”等，生生将有关ChinaJoy的报道写成了明星看点。

同样也有一些有关电子娱乐产业的报道，但深度、广度远不及美女、明星等，淹没在其中不足为奇。ChinaJoy后，大家记住了什么？美女？明星？还是游戏厂家？结果不言而喻。

从会展现场看来，好玩的、好看的、刺激的、神秘的，ChinaJoy更像是个游戏嘉年华或者大型表演秀，观众们玩得很兴奋。这本无可厚非，但ChinaJoy作为号称继美国E3、东京电玩展后国内最大的电子娱乐专业展，是否更应该多关注会展的目标服务对象，即来自电子娱乐产业的广大参展商们呢？

会展现场的参展商大多采用特装展位，豪华的展台布置将逼真的游戏场景搬到了会展现场。准备游戏，提供礼品，邀请明星，从决定参展、布展到会展结束，要花费大量的人力、物力和精力，可现场效果如何呢？

“家家主持人都在喊，根本听不见谁在说什么，反正不是跳舞就是游戏，展馆太吵了，也没法跟这些游戏公司交流，就只能是大概看看了。”从苏州赶来的观众赵先生说，会展给他最大的感觉就是很热闹，收获就是得到不少小礼品，对各家参展企业的印象没有太大的区别。

会展现场某知名游戏厂家一位不愿透露姓名的工作人员告诉记者，每次企业参展都是兴师动众，投入少则几十万元，多则几百万元，但付出和得到的并不成正比，对此他们不是很满意。其他有几家企业感觉也是如此，认为作为一个高投入的会展，应该在会展服务与营销方面多下工夫，在促进企业之间的交流方面多做工作，而不是仅仅图个热闹。不少现场企业工作人员认为，具体承办的公司对参展商的服务与安排不是很到位，根本就没有切实从企业需要的角度去考虑问题。之所以年年都来，是因为会展的主办方哪个企业也得罪不起。

会展上，参展商提供了各种各样的产品，让到会展上来参观的观众大多满载而归，但是会展的组织者又提供了哪些产品可以让参展商们满意呢？

世界著名的美国E3展，因为参展商为准备参展所花费的人力、物力和财力逐年增加，所受到的媒体瞩目程度却在逐年下降，投入和产出的反比例让他们开始对参加这样的大型会展有了厌倦感，但不参加又舍不得，有游戏厂商开始将其形容为食之无味、弃之可惜的鸡肋。这也是国内不少会展所面临的难以突破的瓶颈。

依托目前巨大的游戏市场潜力及新兴产业的发展冲劲，ChinaJoy扎根上海并日益火爆不足为奇，但会展的生命力能否长久取决于多方面的因素，不可否认的一点是，会展的服务对象是参展商，让参展商有所收获并对会展有持续的满意度，是会展保持长久生命力的一个不可忽略的因素。

在会展现场对各家展台活动给出必要的指引，避免同时同台推出同样的游戏环节，让观众产生审美疲劳；适当限制各家展台的噪声，对整个会展进行有效的调度，让观众有所听有所不听；适当引导各家媒体对会展的关注对象；增加企业与经销渠道商之间的对话环节等，这些都是可以通过前期努力并对会展起促进作用的，要避免步美国 E3 展的后尘。

第8章

会展商务服务

案例导入

汉诺威信息技术展的高质量组织与服务

为了使观众有更多的机会进入各个展厅，更好地满足参展商与客户洽谈和交易的需求，历史悠久的汉诺威信息技术展展期从 7 天增加到 8 天。同时，组织者规定不满 15 岁的参观者只能在周日和会展最后一天参观，其他时间则谢绝进入，为的是把更多的参观机会留给专业人士，残疾人可享受到半价的优惠待遇。

会展组织者还提供了极为便捷的交通服务。组织者为会展修建了一个可容纳 1 150 辆汽车的多层停车场和一座可以直通会展场馆及东侧停车场的 30 米宽的天桥。此外，有轨电车可直接从汉诺威火车站到达展览中心，两条郊区路线分别可达到展览中心的北边和东边。由于展馆面积太大，主办者还特意在 27 个展馆间开通了几条免费巴士路线，以方便参观者乘坐，不同的路线还用不同的颜色标在站牌和车窗上，以方便搭乘。

为方便参展商，这次会展还特别提供了在线预订服务，参展商可以通过互联网快速方便地预订会展的相关服务，从而为展前的准备工作节省了大量的时间。会展还特设参展服务中心（ASC），在会展举办前和举办期间为参展商提供综合服务，帮助其解决有关安全保卫、停车、会议室、办公区、技术和通信等方面的问题。

同时，会展的现场组织工作也有条不紊。各展馆间、每个展馆的各个展位间的设计布局合理，十分利于参观。会展餐饮的安排也合理、方便，参观者既可以在各个展馆内部专门开辟的正规餐厅享用精美的快餐，也可以去展馆外不远处的各种风味餐厅慢慢品味佳肴。

案例分析

会展活动是一种服务型的活动，服务的水准往往决定会展活动的成败。会展主办机构要想在激烈的市场竞争中立于不败之地，向与会者、参展者提供高质量的服务是不可缺少的。汉诺威信息技术展成为品牌展的关键在于它的高质量组织与服务，尤其是在商务服务方面，它不仅为参会者提供交通服务、餐饮服务及在线预订服务，而且会展特设参展服务中心，在会展举办前和举办期间为参展商提供综合服务，帮助其解决有关安全保卫、停车、会议室、办公区、技术和通信等方面的问题。商务服务的宗旨就是为参展商、参会者提供全方位的合理、便利、人性化的服务。

教学目标

- 熟知会展商务服务的概念。

- 了解会展电子商务服务的种类。
- 熟悉会展电子商务服务的具体内容。
- 明确会展旅游的概念。
- 熟知会展商务旅游服务的主要环节。
- 了解会展商务旅游服务的过程管理。

基本概念

会展商务（exhibition business）　电子商务（E-commerce）　会展旅游（exhibition travel）　过程管理（process management）

8.1 会展商务中心概述

8.1.1 会展商务服务的概念

广义上的会展商务服务，既包括发生在会展现场的租赁、广告、保安、清洁、展品运输、仓储、展位搭建等专业服务，又包括餐饮、旅游、住宿、交通、运输等相关行业的配套服务；可以指会展现场所涉及的商务服务，也可以指会展商务的延伸服务，如电子商务服务、会展旅游服务及其他会展商务活动服务。狭义的会展商务服务是指会展商务中心所提供的服务。

8.1.2 会展商务中心的作用

会展场馆内一般都设有商务中心（如图 8－1 所示）。商务中心就是对商务交往过程中的各种商业信息进行加工、制作、传输的地方。商务中心所提供的服务内容较为广泛，包括打字、电脑文字处理、传真、复印、国际国内长途直拨电话、电脑上网、预订酒店及机票、旅游咨询等；有的还提供印制名片、制作和印制宣传资料、设计和印刷小型海报、预订会议室或洽谈室等服务。在会展活动中，商务中心能为会展商务活动的顺利进行提供极大的方便。

1. 文印、名片服务

一般说来，会展活动中需要用的资料都是先期准备好的，但是在会展进行过程中，难免会有一些材料需要临时复印、打印。这种情况在展览中更为常见，参展商和客户之间会发生大量的商务活动，如达成合作意向书、签约等。许多文件都是要当场制作且备

图8-1 会展商务中心

有附件的。所以，文件复印、打印是会展商务服务必须包括的内容。

在会展活动中，以名片的方式互留个人信息和联系方式快捷、准确。不论是参展商还是观展者，不论是会议活动的主办者还是与会者，出于交流沟通的需要，必须大量印制名片，且常常会遇到名片不够而需要临时加印的情况。因此，制作名片也是会展商务中心所要服务的内容之一。随着微信等现代通信技术的发展，电子名片等的制作与使用十分普遍，这也是会展商务服务的一种新形式。

大型会展的商务中心一般配有专业设备，可自行设计制作名片。如商务中心无相应设备，则应事先约好广告制作公司等在展场边或进场服务。

2. 通信服务项目

会展过程中的通信服务主要包括电话服务、传真服务和网络服务等。

（1）电话服务。

这项服务包括本地电话服务和长途电话服务，一般按国家标准收取服务费用，如需加收手续费，需要有当地批准的明确标准。在手机越来越普及的今天，这项服务更偏重于提供服务部门电话信息以及国际长途等方面。

（2）传真服务。

传真的使用在现代商务活动中越来越普遍，会展中的参展商和观众往往需要和公司总部进行一些文件、合同、信函、稿件及图表等信息的传送，所以会展组织者应提供传真服务。国内传真收费按页计价。

（3）网络服务。

会展必须提供网络服务，方便客户查询信息及收发邮件等。具体费用应按当地批准的标准收取。在现代通信中，无线局域网络 WLAN 的使用已经非常普遍，利用宽带或者无线路由器架设的无线网络提供网络服务，是现代会展商务服务的重要内容。

3. 办公用品销售

办公用品包括纸、笔、本、文件夹、名片盒、计算器、胶带、剪刀、回形针、信封、电池、U 盘等，种类很多。由于会展现场往往与城市或商业区有一定距离，人们在各种会展活动中，经常有对办公用品的需求，从为顾客着想的角度来说，这项服务是必需的。

8.1.3 会展商务服务的项目分组

1. 注册组

注册组主要负责注册表、参观者接待记录表等的服务工作。

2. 文书组

文书组主要负责文书事务工作处理，以及公函、信件往返的处理等事务。

3. 翻译组

翻译组主要负责翻译人员的遴选、联络与协调，以及翻译设备器材的安排、联络等。

4. 总务组

总务组主要负责会展场地签约事宜、各会议室座位安排、资料袋制作统筹、会展资料运送至会场及运回的安排，以及会场办公室、商务中心、办公设备用品安排等。

5. 物流组

物流组主要负责厂商进展、撤展协调、展材运输安排，以及展品运输安排等。

6. 会场搭建布置组

会场搭建布置组主要负责搭建商安排及联络、视听设备租用联络及协调、工程人员的沟通协调、现场设备使用状况掌控、现场布置时间及相关事宜协调安排、布置物检视，以及展品和展位安全的投保等。

7. 会场便利设施组

会场便利设施组主要负责指示牌的设计布置、电话、传真、打印、复印，以及取款机和银行代理处的相关服务。

8. 推广组

推广组主要负责开幕式、闭幕式组织安排，平面广告、海报、招贴制作，新闻发布会的安排与协调，新闻媒体及刊物报道的接洽，电视、广播采访报道的安排，以及记者会安排等。

9. 住宿、旅游、餐饮组

（1）住宿小组。

住宿小组主要负责以下事项：

- 会展贵宾、演讲者、工作人员住宿房间安排。
- 会展旅馆洽谈、议价、签约。
- 旅馆住房事务协调。

(2) 旅游小组。

旅游小组主要负责以下事项:

- 参加会展旅游安排协调。
- 旅行社洽谈。
- 旅游人数统计。

(3) 餐饮小组。

餐饮小组主要负责以下事项:

- 晚宴酒会安排。
- 午餐安排。
- 茶点安排。
- 餐饮安排协调。

8.2 会展电子商务服务

8.2.1 会展电子商务服务的概念

电子商务是指人们利用电子手段进行商业、贸易等活动，是商务活动的电子化、网络化和数字化。一般概念的电子商务有三种基本模式：B2B (Business to Business)，指企业与企业之间通过互联网进行产品、服务及信息交换的电子商务；B2C (Business to Customer)，指商家对消费者的电子商务，也就是通常说的商业零售；C2C (Customer to Customer)，指消费者与消费者之间的电子商务。

所谓会展电子商务服务，是指会展企业、会展场馆、参展商通过以互联网为主的各种电子通信手段为会展产品消费者开展的一种新型会展商务服务。

在电子商务狂潮的推动下，办展机构已经意识到利用网络服务的重要性。如“第十八届上海国际汽车工业展览会”上就有车联网、太平洋汽车网、搜狐汽车、网易、ALIOS、TOM等电子商务服务商的身影。

8.2.2 会展电子商务服务的种类

会展电子商务主要涉及两个方面：一是面向会展市场，以市场活动为中心，包括网上信息发布、网上会展企业洽谈等；二是面向会展企业内部，实现会展企业内部的电子商务。

按照电子商务服务的内容，可以将会展电子商务服务分为会展电子商务的售后服务、会展电子商务的物流服务、会展电子商务的金融服务，以及会展电子商务的个性化服务等。按照电子商务对传统会展业介入程度的不同，可以将会展电子商务服务分为不完全的会展电子商务服务和完全的会展电子商务服务两类。

不完全的会展电子商务服务是指在会展运作过程中，部分地借助电子商务方式为会展服务，实现网上广告、订货、付款、货物递交、售前售后服务，以及市场调查分析、财务核算、生产安排等一项或多项内容的服务。

完全的会展电子商务服务是指网上会展，会展的组织、举办等各个环节都实现了电子化，组展商和观展者之间的交流主要通过互联网进行。2019 年底以来，新冠肺炎疫情带来的危机与挑战每天都在上演。这次的疫情也加速了产业数字化的升级，线上线下融合的趋势越发明显。“云展会”的概念进一步呈现在大众的视线之中。有人预计，它代表着会展产业未来的发展方向。

8.2.3 会展电子商务服务的具体内容

1. 利用网络技术为展馆服务

会展电子商务为展馆服务的主要内容有：

（1）会展前：运用网络进行会展门票的远程预订、会展观众胸卡制作等。

（2）会展中：运用网络进行观众现场登记、个人信息显示、智能卡身份识别、现场人像制作、现场观众信息统计传输。

（3）会展后：会展观众数据整理、会展观众详细统计分析、会展远程参观访问、会展现场摄像直播、大屏幕网屏等的应用。

利用网络技术建立展馆电子商务平台，可以提供展馆展示、服务介绍、展馆服务预订、会展发布、会展报道、会展统计分析、展览论坛、新闻中心、客户服务中心（如图 8－2 所示）等服务。

电子商务服务离不开网络平台的建设，可靠、先进的信息网络系统是现代会展中心不可缺少的组成部分。根据会展中心网络的功能和用途，可分为数据中心、高速接入网、管理者计算机网络、参展商计算机网络及公众计算机网络等。

2. 利用网络技术为会展组织者服务

会展电子商务为会展组织者服务的主要内容有：

（1）会展前：建立会展的电子商务平台，发布会展信息，有效利用网络优势进行会展推广、会展招商、展位预订、服务合作、服务预订、参展商信息发布、网络观众预订、网络调研等，以及建立包含多功能的大型数据库。

（2）会展中：会展现场新闻报道、信息发布，会展现场图片传播、摄像直播，会展

图8-2　客户服务中心

现场观众登记统计分析、观众条码识别胸卡制作、观众信息识别管理，参展商、观众统计信息发布等。

（3）会展后：对会展信息资源数据库进行整理、会展信息资源数据库提交、会展信息资源详细统计分析、会展成效成本统计分析、网络会展系统管理等。

另外，会展组织者还可以为参展商和观众特制电子参展证，通常用磁卡或带条形码的材料制作。

3. 利用网络技术为参展企业服务

会展电子商务为参展企业服务的主要内容有：

（1）会展前：会展查询、会展比较、展位预订、服务查询预订等。

（2）会展中：现场报道、展台摄像、网络会展、网络企业路演等。

（3）会展后：网络展示、展台布置、展品特效、在线交易等。

需要指出的是，在利用电子商务平台进行网络报名时，可以让出席者直接在网络上填写申请表，在网络上浏览会议详情，自动统计出席者人数，自动监控财务交易。

在利用电子商务平台进行住宿安排时，应引导代表团在网上预订旅店，可以把免费团体住宿安排应用软件、网上预订工具和报名数据库结合起来使用。

在利用电子商务平台进行旅行安排时，可以让会员在网上作旅行安排。如果参加者能够在网上预订机票，那么机票预订系统应该自动将打折率考虑在内。

在利用电子商务平台进行会议服务时，可以给任何地点的任何人作讲演或产品演示；可以让会议中任何人观看、编辑发言人的各种电子文档；向所有与会者播放发言人计算机里的多媒体文件；发言人带领其他与会者共同浏览网页；发言人计算机里的任何应用程序可以共享，对方可以进行各种操作；使用桌面控制功能进行远程技术支持；视频功能使会议更人性化；语音功能可以节约大量的电话费用。以上所有功能都是实时、交互的，会议中的任何人都可以同样实现。

8.3　会展商务旅游服务

8.3.1　会展旅游的概念

一般认为，会展旅游的概念有广义和狭义之分。广义的概念是把会议、展览、节事活动作为旅游活动的一种特殊类型；而狭义的概念是指会议、展览、节事活动之余所伴随的观光、休闲活动。确切地说，会展旅游是为会议、展览、节事活动举办提供会展现场之外的且与旅游业相关的服务，并从中获取一定收益的经济活动。

会展旅游产业链是会展产业链和旅游产业链相互结合的结果，会展旅游是会展产业链的一个重要组成部分，是会展服务的发展和延伸。举办会展时，参展商和观众参加会展是主要目的，参加会展旅游只是参加会展活动的一种延伸和补充。办展机构或参展商在安排会展旅游服务时，一定要注意到会展旅游不能脱离会展而存在，它只是依托会展并服务于会展的。

国际旅游业市场细分中有一个“会展及奖励旅游”（MICE）的市场，即会议（Meetings）、奖励旅游（Incentives）、大会（Conventions）、展览（Exhibitions），并包括以节日庆典和体育赛事为主题的节事（Events）在内的旅游形式。由于对会展概念界定的不同，对奖励旅游（Incentives）本书不展开讨论。

会议旅游是人们由于会议的原因离开自己的常住地前往会议举办地的旅行和短暂逗留活动，以及这些活动引起的各种现象和关系的总和。

会议旅游服务从付费方式来看，一般有全包服务、半包服务及单项服务几种方式。

全包服务是指从交通票务、迎送、住宿、会务费、餐饮到所有的旅游活动，以一个价格报出并作出统筹安排，一旦购买，与会者就不必再为选择旅游活动项目而分心，也不必为经费的花费安排费脑筋或由于参加会议时所携带的费用不足而烦恼。购买全包服务比分别购买单项的旅游服务项目更划算，购买者常常可以获得一定额度的优惠。

半包服务是指与会者除会务费必须交纳以外，在交通票务、迎送、住宿、餐饮及项旅游活动中省略某一项或几项。

单项服务是指与会者除交纳会务费外，不再预先购买交通票务、迎送、住宿、餐饮和各项旅游活动项目。这一类与会者往往自己安排住宿和迎送，对于餐饮、交通票务及旅游项目可能以单项的形式临时购买。

展览旅游和展览活动服务的主要对象是参展人群，如参展商和观众，也为伴随参展的家属提供服务。与一般的旅游者不同，参展商通常有较强的独立性，追求的是放松和自由自在，其参加展览活动的区域比较集中，参加旅游活动多为就近或顺道旅行。

节事活动是指举办地（国家或城市）组织的系列节庆活动或有特色的非经常发生的特殊事件。从西方学者的研究成果看，关于节事旅游有两种提法：一种为“Event Tourism”，中文译为“事件旅游”；另一种为“FSE Tourism”，中文译为“节事旅游”。前者泛指由所有类型节庆而引发的旅游活动；后者强调由节日和特殊事件分别引发的旅游活动，即分为节日旅游和特殊事件旅游两种类型。

节事旅游者的第一角色一般是某个主题节事活动的参与者。比如，观看世界杯足球赛事的球迷，首先以球迷的角色出现在这个节事活动中，在时间充足的前提下会作出旅游的选择。

概括来说，会展旅游是指借助举办的各种类型的会议、展览会、博览会、交易会、招商会、文化体育、科技交流等活动，吸引游客前来洽谈贸易，观光旅游，进行技术合作、信息沟通和文化交流，并带动交通、旅游、商贸等多项相关产业发展的一种旅游活动。

会展旅游主要有两方面的目的：一是商务考察；二是观光休闲。

1. 商务考察

早期的旅游研究者提出了商务旅游的概念，他们认为，商务旅游是以经商为目的，把商业经营与旅游、游览结合起来的一种旅游形式。据统计，全球商务旅游者约占旅游者总数的1/30。

所谓商务考察，就是以收集有关商品的市场信息，了解有关市场行情为主要目的的商务活动。

据调查，参加会展的参展商和观众有90%以上是商务人士，这些商务人士对会展具有的贸易、展示、信息和发布四大功能的要求各不相同。如果参展商和观众觉得在会展上获取的东西还未达到他参加此次会展的全部目的，那么，他们就有亲自去市场看一看的愿望，商务考察的需求就产生了。

参展商和观众进行商务考察的主要目的是收集市场信息和了解市场行情，一般来说，商务考察活动安排在会展前或会展中为宜。

2. 观光休闲

以观光休息为主要目的的会展旅游集中在会展结束之后，在会展前和会展中比较少见。这种会展旅游主要是为了在游览风景名胜古迹等旅游景点的过程中使得身心放松，增长见识。

观光休闲可以说是会展的一种延伸，尤其是在一些国际性的会展中，有许多参展商和观众来自不同的国家、地区，他们对当地的风土人情可能是有所耳闻但没有目睹，会展结束后的观光休闲活动恰好满足了他们的心理需求。

随着我国会展经济的发展，会议和展览旅游活动迅速发展。目前我国作为举办国际会议、展览旅游的目的地已逐渐被人们了解，在亚洲乃至在世界上已具备了一定的知名度，并形成了一些会展旅游中心城市。

会展中心分为地区性会展旅游中心、全国性会展旅游中心及国际性会展旅游中心。目前我国尚未形成国际性会展旅游中心，北京、上海、广州已成为公认的全国性会展旅游中心。地区性会展旅游中心的辐射范围仅限于城市的周边地区，体现为某一特定产业服务功能，如宁波的服装节、珠海的航空展、哈尔滨的边境地方经济贸易洽谈会等。

8.3.2 会展商务旅游服务的主要环节

会展商务旅游活动十分复杂，除了不能违反相关规定之外，在服务与管理中须考虑诸多的细节。

1. 策划

会展商务旅游服务工作要想成功，精心策划是第一步。在策划会展旅游项目及线路时要考虑以下几个方面：

（1）切合会展主题。

参观、考察、游览的项目要尽可能与会展活动的目标和主题相适应。如召开展览搭建方面的专题研讨会，就应该组织参观知名的展示材料生产工厂、基地等相关地方。

（2）照顾对象的兴趣。

参加旅游的对象可能会有不同的兴趣、擅长和要求，在具体进行会展旅游项目和线路策划时应当充分考虑到。要尽可能地安排大部分参加对象感兴趣的项目。参加对象兴趣不大或毫无兴趣，则策划该旅游参观项目就没有意义了。

（3）接待能力。

要考虑参观、考察、旅游的当地是否具有足够的接待能力。如果接待能力有问题，则应改变或取消该项活动，以免效果不好，事倍功半。

（4）内外有别。

有的项目不宜组织外国人参观游览，有的项目参观时有一定的限制要求。策划安排时应了解有关规定，做到内外有别，注意做好保密工作。有些项目则需要报经有关部门批准。

2. 安排落实

会展旅游项目确定之后，应及时与接待单位取得联系，以保证会展旅游项目的顺利实施。

制订详细计划，安排参观游览的线路、具体日程和时间表，并明确告知参加对象，让他们做好思想准备和物质准备。大型会展活动安排应当在会议通知、邀请函中加以说明，并列明各观光项目和线路的报价，以便参加对象选择。落实好车辆，安排好食宿。安排车辆时，细到座位数都必须考虑到，细节决定成败。准备必要的资金和物品，如摄像机、对讲机、团队标志、卫生急救药品等。人数较多时，应事先编组并确定组长，明确责任。旅游项目也可委托旅行社实施，但必须选择信誉好、价格合理的旅行社，并签订合同。

3. 过程管理

会展业的发展离不开吃、住、行、游、购、娱六个要素，会展旅游服务与管理应以这六大要素为主要对象（详见 8.3.3 会展商务旅游服务的过程管理）。

4. 陪同与导游

组织会展旅游一般应当派有相当身份的负责人陪同。除必要的工作人员外，其他陪同人员不宜过多。每到一处，被考察、参观单位应派有一定身份的负责人出面接待。游览名胜古迹一定要配备导游。陪同外宾参观游览时，还应配备翻译人员。

每参观游览一处，应由解说员或导游人员作具体解说和介绍。介绍情况时，数字、材料要确切。向外宾介绍情况时，要避开敏感的政治、宗教问题，保密内容不能介绍。对外宾不宜用“汇报”“请示”“指示”“指导”“检查工作”等词语。

5. 危机处理与评估

会展旅游难免会遇到各类突发事件、安全事件等危机问题，必须加强这方面的管理。

参观游览，安全第一。如参观施工现场、实验室等，要事先宣布注意事项，如在有一定危险的旅游景区游览，一定要告知每一个参加者注意安全。每到一处参观旅游，开车前要仔细清点人数，避免遗漏。

会展旅游评估是对会展旅游服务各个环节、工作和效果进行系统的、深入的评价和总结。评估工作的意义在于为判断会展旅游服务工作效率和效果提供一定的标准，并为以后的会展旅游服务工作的决策和优化提供客观依据。其目的是总结经验、发现问题、改进工作和提高效率。

8.3.3 会展商务旅游服务的过程管理

吃、住、行、游、购、娱是会展商务旅游服务的六大要素，会展商务旅游服务的过程管理就是围绕这六大要素进行的管理。

1. 餐饮住宿管理要点

（1）会展商务旅游饮食安排要点。

1）准备工作。

- 统计参加会展旅游人数。
- 了解参加会展旅游人员的基本情况。

- 研究旅游目的地及当地餐饮情况。

2）制定饮食工作方案。

- 就餐标准。
- 就餐时间。
- 就餐地点。
- 就餐形式。
- 就餐人员组合方式。
- 就餐凭证。
- 保证措施。

3）预订餐厅。

- 餐厅的大小是否合适。
- 餐厅的卫生条件是否达标。
- 饭菜品种及质量能否满足要求。
- 餐厅是否在景点附近。
- 价格是否合理。

4）统计就餐人数。

- 根据会展旅游活动签到情况。
- 分组统计，最后汇总。

5）商定菜谱。

- 在经费预算的框架内。
- 营养结构科学合理。
- 考虑宗教信仰、民族饮食习惯。
- 选择具有地方特色的饭菜。

6）餐前检查。

- 质量。
- 份数。
- 卫生状况。

7）用餐服务。

- 餐桌布置：餐桌饰品、桌布、餐巾、调味瓶等。
- 安排就座：VIP 餐桌、席卡等。
- 收取餐券：如使用餐券，要有序收取。
- 上菜形式：自助餐、半自助餐、法式、俄罗斯式、装盘等。
- 控制环境：通风、灯光等。

8）餐后反馈。

- 主动听取用餐者意见，及时改进。

(2) 会展商务旅游住宿安排要点。

1) 安排住宿的要求。

- 住处相对集中。
- 距离旅游地较近。
- 设施齐备，确保安全。
- 安排合理，特殊照顾。
- 规格适中，勤俭节约。

2) 制定住宿方案。

- 宾馆的地点、规格、费用。
- 房间分配原则。

3) 统计住宿人数。

- 参会/展代表。
- 记者。
- 参会/展人员的随行人员。
- 会务工作人员。

4) 分析会展旅游人员情况。

- 适当照顾女性、年长者或职务较高者。
- 分类安排。
- 考虑特殊要求。

5) 确定预订房间的数量。

- 考虑会展旅游者的人数和具体情况。
- 考虑管理和服务的具体需要。
- 预订若干会客厅。
- 预订若干大小适中的会议室。

6) 预订宾馆。

- 宾馆的容纳量。
- 价格是否合理。
- 房间布局是否集中。
- 设施是否良好。
- 留有一定余地，以备急用。

7) 分发房间钥匙。

- 由会务工作人员和宾馆工作人员一起操作。

2. 旅游交通管理要点

会展商务旅游交通管理的主要内容如图8-3所示。

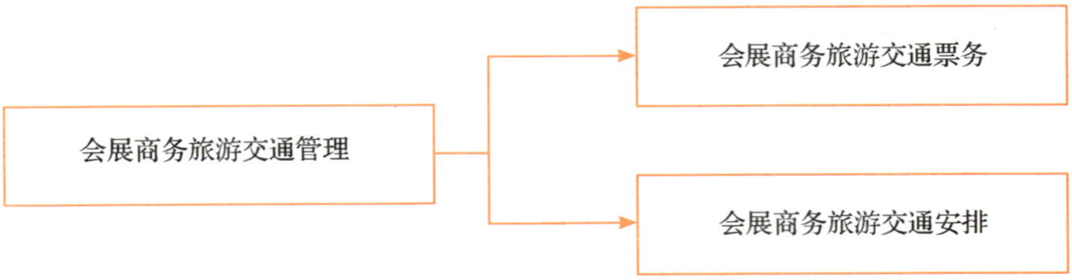

图 8-3　会展商务旅游交通管理的主要内容

（1）会展商务旅游交通票务服务要点。

1）航空票务。

● 预订机票：了解旅游者信息、航空服务公司信息，填好“飞机票预订单”。

● 购买机票：证件要齐全（现金或支票、有效身份证、护照等），核对机票与乘机人姓名、航班、起飞时间、票价金额和前往目的地等。

● 退订、退购机票：及时办理手续，以减少损失。

● 补票与机票变更：机票丢失须及早挂失，变更航班、日期、舱位等须提前 48 小时提出变更申请。

2）铁路交通票务。

● 预订火车票：了解旅游者和列车两方面信息，提出预订计划（数量、种类、车次、抵达站名）。

● 购买火车票：根据约定，持现金或支票购买。

● 退票：按铁路部门有关规定办理，交纳相应退票费。

● 车票改签：在开车 6 小时前办理，直达特快车票和新型空调车票、卧铺车票不办理改签业务。

● 变更路径：及早提出变更声明，办理相关手续。

3）公路交通票务。

● 了解旅游汽车服务公司（车型、数量、费用）。

● 签订租车协议。

● 与汽车公司总调度室联系核实车辆情况。

● 将车型、驾驶员信息等通报旅行社或接待部门。

4）水运交通票务。

● 预订船票。

● 逐项核对船票的日期、离港时间、航次、航向、乘客名单、船票数量、船票金额等。

● 及时办理增购或退票手续。

（2）会展商务旅游交通安排服务要点。

会展旅游交通贯穿整个会展旅游全过程，会展主办方要对整个活动的旅游交通尽可能全面、周到地进行安排。其要点有：

● 带队人员的指定。

- 考虑是否提供特殊饮食。
- 旅游者中是否有人存在健康问题。
- 会展方是否提供接站服务。
- 如何计算费用。
- 预计搭乘人数是多少。
- 需要多少辆车。
- 导游的确定与服务。
- 上车时间、地点。
- 是否使用公交线路或提供接送服务。

3. 会展商务旅游服务其他要素的管理

(1) 游览安排。

游览安排要点如下：

- 及时与接待单位联系。
- 安排参观、游览路线，具体日程和时间表告知参加者。
- 准备好必要的物资（照相机、对讲机、团队标志和急救药品等）。
- 落实陪同人员（陪同外宾参观游览应配有翻译）。
- 介绍情况。

(2) 娱乐安排。

娱乐安排要点如下：

- 娱乐项目的费用。
- 娱乐节目的内容。
- 娱乐的时间。
- 娱乐专业演出公司的选择。
- 娱乐节目安排协议的签订。

(3) 购物安排。

购物安排要点如下：

- 为旅游者提供当地购物中心信息。
- 以旅游者自愿为原则。

案例参考

中国会展及会展旅游的现状与发展趋势

一、中国会展的现状

(一) 会展业发展迅速，已经成为带动经济发展的新的增长点

近年来我国会展业发展迅速，据不完全统计，20世纪90年代以来，我国会展业每

年以20%左右的速度递增，1999年举办的具有相当规模的展览会总数达到1 326个，北京国际会议中心近年来每年接待的超过千人的国际会议有10个以上，300人以上的国际会议30多个。会展业已经成为我国经济的新亮点。

（二）各地政府积极参与主导会展业的发展

由于会展业本身的高速发展及对经济的巨大带动作用，各地政府非常重视会展业的发展，形成了政府主导会展业发展的局面。北京市组建了副市长牵头的领导小组对会展业进行全面研究，包括组建课题组，撰写了《北京会展业发展研究报告》，责成北京市统计局会同有关单位制定一套会展业统计指标体系等。上海、杭州等地也在政府的主导下，制定了会展业发展的规划。

（三）各地开始建立自律性的行业协会

各地会展企业在政府的主导下，开始组建行业自律性的会展协会。1998年6月由北京市贸促会发起，组建了我国第一家国际会议展览业的协会——北京国际会议展览业协会。2002年4月上海成立会展行业协会，2002年2月山东成立国际展览业协会。

（四）全国掀起了展览场馆的建设高潮

我国会展业发展的最大的特点就是硬件优先发展。全国室内展馆面积，“九五”前不足80万平方米，但截至2001年，正式投入使用的室内展馆面积增长了一倍，场馆面积达到516万平方米。目前在建或已经建成的大型展馆有：上海新国际博览中心，总展览面积为室内20万平方米，室外5万平方米；杭州西湖国际会议中心，总建筑面积49万平方米，会议中心建筑面积12万平方米，设有大小会议厅30余个，配有10路同声传译系统和7 000个国际标准展位。

（五）主要会议接待单位纷纷加入国际会议组织

各地经营会展的公司和一些旅游行政管理部门纷纷加入相关的国际会展组织。截至2002年5月，我国有14家单位加入国际会议协会（ICCA），分别是：北京国际会议中心、北京市旅游局、中国国际航空公司、中国民间国际旅游公司、中国会议及奖励旅游组织、浙江中国世贸中心、中国世贸中心、中旅国际会展公司、华亭宾馆、春秋旅行社、山东国际旅行社、上海国际会展中心、锦江会展公司、上海旅游委。此外，中青旅参加了国际航协（IATA）、美国旅行代理人协会（ASTA）、亚太旅游协会（PATA），国际展览中心参加了国际博览会联盟（UFI）等。

（六）会展产业体系正在形成

国际会展业在多年的实践中，形成了一整套接待服务体系，目前我国的会展业也正在形成自己的服务体系。如会展组织者（PCO）、目的地接待者（DMC）正在建立中，很多经营会展的公司都开始培训自己的PCO。

此外，会展业的教育培训也开始步入正轨。为顺应国际展览业发展的大趋势，使中国的国际展览业业务水平缩短与发达国家的距离，北京国际会议展览业协会举办了培训班，专门为展览业中、高级经理和从业人员开设培训课程，以促进国内展览业务的发展和展览水平的提升，培养高素质的展览专业人才。北京第二外国语学院与国际特殊事件学会（ISES）、美国乔治·华盛顿大学等联合开办“节庆会展管理”培训，解决会展人才不足的问题。

（七）网络参与

现代网络技术在我国会展业起步时就开始介入。这些网站有的介绍会展，有的已经开始直接经营网上会展业务。这说明我国会展业起步的科技含量较高。

（八）会展旅游业引起旅游业界的重视

我国的会展业一直是经贸部门管理和经营的，旅游部门是最近几年才开始介入的，比较早介入的是北京市旅游局，从1995年就开始了会展旅游业的研究。目前北京、上海等大城市在政府主导会展业的发展中将会展业与旅游业密切结合在一起，其中北京市举办的几次大型国际会展业研讨会都有北京市旅游局和首都旅游集团的参与。

二、中国会展旅游服务与管理存在的问题

（一）市场化不够

1. 没有形成完整的接待服务体系

国际会展业的成功经验表明，会展组织者、目的地接待者分工体系是会展旅游业发展的重要内容，但我国目前无论是会展旅游企业还是政府都较关注目的地接待者，对于会展中最为重要的会展组织者缺乏认识。

2. 政府主导会展旅游业的发展，行政干预过多

会展业在发展的初级阶段必须有政府的主导，但是政府在什么层次上主导，参与到什么程度，这些根本问题没有解决。政府干预过多，导致会展业非市场化，在场馆建设等方面参与过多，而对会展管理体系、服务体系建立等方面参与较少。政府组织的一些会展不计成本，使得很多会展公司对这些会展业务敬而远之。

3. 我国的会展市场目前还是单一买家市场

德国等会展大国的会展业之所以能够保持世界领先地位，一个重要原因就是其会展地本身就是国际大都市，开办展览的受众对象是国际化的。但我国的大都市还没有成为国际化的大都市，参观会展的受众几乎是清一色的国内客人，因此，不是针对国内买家的会展一般不会在我国举办。这是限制我国国际会展业发展的重要原因。

4. 会展业还没有独立成为一个产业

我国会展业曾经由一些非市场化的发起单位和部门全部或部分垄断，这些单位和部门还没有意识到中介公司提供服务的效率会更高。因此，会展业在目前还处于一定的垄断阶段，会展业还不能称为一个独立的产业。

（二）外部环境亟待改善

会展旅游业作为都市旅游的重要组成部分，其发展尤其依赖外部条件的完善，但目前我国会展旅游业发展的外部条件还不健全。

1. 法律、法规不健全

日本等国为发展会展旅游业曾出台《通过促销和举办国际会议等振兴国际旅游法》，

但我国旅游行政管理部门还没有从扩大国际旅游业的角度，以法律、法规的形式促进会展旅游业的发展。

目前我国会展业有待规范，主要表现在重复办展、会展内容混乱、受众对象不明确、举办会展的中介公司良莠不齐等。

2. 审批手续复杂

由于法律不健全，我国举办会展的审批中人为因素过多，审批手续繁杂，有的会展审批时间达一年以上。这也是旅游企业不愿意介入会展旅游业的重要原因。

我国对会展审批审慎主要是基于国家安全等方面的考虑，其实目前国际会展大部分是科学性和商业性的，与政治等方面关系不大。根据ICCA 2000年的统计，国际会议从专业上划分，比例从高到低依次是医学类（32%）、科学类（13.6%）、工业类（8%）、技术类（7.4%）、教育类（4.7%）、农业类（4%），以后才是社会科学、经济教育、商业管理、生态环保等。因此，适当简化、放宽审批手续是不成问题的。

3. 城市环境有待改善

会展旅游业作为都市旅游业的重要组成部分，其发展受制于国际旅游城市的发展。目前，我国就连北京等城市距离国际旅游城市的标准还有相当差距，这严重阻碍了会展旅游业的健康发展。

（三）重硬件轻软件，重展轻会

目前，我国省会城市和大型城市几乎都将会展业作为其经济发展的增长点，并将重点放在场馆等硬件设施的建设上。但会展旅游业的发展绝不仅仅依赖场馆的建设，其发展更依赖于软环境的规范化、国际化等。

按照国际上对会展及奖励旅游业的认识，包括了MICE的四个方面。我们且先不提奖励旅游，会展旅游业至少应是会议和展览并重，但是目前各地在开展会展旅游业研究的过程中非常重视展览而忽视会议。比如，北京市政府研究室做的《北京会展业发展研究报告》中几乎只字未提会议的问题，通篇都是展览业的情况。形成这样的局面可能与我们对会议的顾虑有关。

（四）国际化品牌的会展少

世界上会展业发达的国家或地区，举办的大都是世界著名会展，如米兰国际博览会、巴黎博览会等，但在我国，除广交会等会展有一定的世界性影响外，绝大多数会展都是临时的、国内的。

（五）对会展业缺乏科学研究

当前，我国对会展旅游业的研究还处于初级阶段，对会展旅游业各方面还没有形成统一的认识。最大的问题是没有建立一套科学的统计指标体系，导致统计口径混乱，无从分析会展业的范围、效益等。比如，会展业对经济的贡献程度从1∶4到1∶10各种说法不一。这严重阻碍了会展旅游业的健康发展。

三、中国会展旅游的发展趋势

（一）举办会展的法律将进一步完善，并逐步向国际通行的登记制转化

目前，国家已经开始制定有关会展的法律、法规，今后几年有关会展的法律、法规将相继出台，会展业的市场将进一步规范化。今后举办会展审批手续将会更为简单，并将按照国际惯例逐步过渡到登记制。这将促使会展业真正成为一个规范的市场。

（二）自律性的协会将进一步规范会展行业的行为

自1998年6月由北京市贸促会发起，组建了我国第一家国际会展业的中介组织——北京国际会议展览业协会之后，2002年上海、山东省等省市也相继组建了国际会展业协会，制定了国际展览业协会章程，旨在支持公平、平等的竞争，反对不正当竞争及欺诈行为，改善、优化展览业市场环境，更好地协调、管理、规范会展业的市场秩序。

（三）会展业将向几个大城市集中

通过对国际会展业发展的分析，会展业在特定城市的发展有“通吃”效应，即会展业的发展会自身加速，形成更大的规模，而不可能全国遍地开花。今后北京、上海、广州等重点城市将成为我国会展业的中心。

（四）会展旅游中介组织将大批出现，会展业将形成独立的产业

目前，我国从事会展的企业数量众多，但还没有形成专业化的会展组织者，或者仅仅处于初级阶段，组织接待会展处于不规范的阶段。目的地接待者也仅仅是提供一些单独的会展场馆出租等单项服务，没有完全形成一条龙服务的目的地接待公司。今后随着国际会展的增加，会展业培训体系的建立和国际会展人才的引进，专门从事会展的专业化中介公司将大批出现。

此外，我国的很多大型会展还垄断在一些非市场化的组织手中，这些组织自己举办国际会展，自己联系接待服务等一系列工作，还没有完全市场化。今后随着会展中介组织的完善，会展业必将成为一个专门的行业，并从那些部门垄断中独立出来，成为市场经济中的独立产业。

（五）会展旅游市场将专业化细分

目前，国际会展业已经形成了非常细致的市场分工，比如ICCA的市场范围包括50人以上的国际会议，而国际协会联盟则在300人以上等。目前，我国的会展公司还处于发展初期，没有形成细分化的市场。今后随着市场的发展必将形成专业化的分工，形成专门经营展览业、会议业及其中更细分市场的格局。

（六）大型旅游企业将大批进入会展旅游市场

目前，我国的大型旅游集团如上海锦江、中青旅、春秋旅行社等已经加入了国际会展组织，开发会展旅游市场，但更多的大型旅游集团，如首都旅游集团、陕西旅游集团等还没有完全介入会展旅游市场，或仅仅从事了目的地接待者的接待服务工作。这些大型旅游集团已经普遍看好会展旅游市场，有的正在进行市场调研，有的已经开始参与场

馆建设，有的正在申请加入国际会展协会等，可以预见，今后几年我国的大型旅游集团将以其规模大、服务全、无形资产高、资金雄厚等优势进入会展旅游市场。

（七）国际会展组织和会展中介公司将大批进入中国会展旅游市场

随着中国加入WTO，国际会展组织和经营会展的大型公司将大批涌进我国，会展旅游业将形成更加激烈的竞争局面。由于目前我国的管理体制还不允许国外公司单独经营会展业务，外国会展公司主要通过与中方合资的形式进入中国市场。今后国际会展公司将从会议、展览、组织、接待等方面全方位地进入中国市场。

（八）展览场馆将可能全面过剩

国际会展业是社会经济发展推动的结果，绝不是简单建几个会展场馆的问题。此外，从国际会展业向大城市集中的发展趋势上看，今后几年除北京、上海等大城市的会展场馆效益稳定，以及一些具有独特资源的中等城市发展特种会展外，一些小城市的大型国际会展中心将面临生存危机。从总体上看（不是从结构上看），我国的会展场馆将会全面过剩。

案例解析

由于会展旅游具有经济效益好、信息交流广及产业带动大等特点，会展旅游日益受到人们的重视。以全球的视野看，会展旅游作为一种交叉性的、新型的无烟产业形态，正向着生态化和人文化、本土化和全球化、多元化和交叉化等趋势发展。中国会展旅游起步较晚，产业化发展尚不成熟，在国际会展业中的地位还很低，在服务与管理中还存在诸多问题。经济全球化的趋势带给中国会展旅游业的将是更加激烈的竞争局面，这也必将促进中国会展旅游走向国际市场和更加成熟。

本章小结

在会展商务服务中，会展现场所涉及的商务服务，尤其是会展商务中心、会展客户服务中心等的服务应以高质快捷、价格合理为标准，尽量满足参展商和会展观众的商务需求。在会展商务服务中，电子商务服务工作越来越受到会展主办机构、参展商的重视，会展观众对会展电子商务服务的要求也越来越高。会展商务旅游服务及其他会展商务活动服务可以看作会展商务服务的延伸服务项目，它是会展成功不可分割的因素，值得重视。

作业

1. 分组讨论现代会展商务中心应该具备哪些基本的服务项目。
2. 阅读下面的案例，试讨论“电子商务作为一种新形式的营销架构，必然在一定

程度上替代传统的营销方式”这一说法。

电子商务

中国国际鞋贸网CEO虞笑江在接受《民营经济报·产业周刊》记者采访时表示：国内网上会展的模式大多只具备单一的功能，起到的只是宣传广告的作用，客户的产品只是在网络上得到单纯的展示，而不一定能够得到采购商的关注。他认为，做电子商务一个是做全，另一个是做专，前者是超市，后者是专卖店。

据虞笑江介绍，中国国际鞋贸网是把电子商务、展览业、实体制造业融为一体的贸易系统。主要表现在三个方面：第一，提供网上的电子商务平台；第二，提供实体展示平台，除了网上平台这一主要服务外，鞋贸网还为注册的会员客户提供实体的展位，如在广交会同期，就有一个1 070平方米的专门会展，届时鞋贸网会按照鞋的不同风格、款式来分展位，客户只需要提供鞋样就可以了，其他的服务都由鞋贸网提供；第三，设立专门海外市场部，寻找优质国际买家，为供应商提供专业外贸服务。

虞笑江表示，电子商务的本质作用是使得交流和交易变得成本低、效率高、效应大。传统行业的营销经典理论有市场区隔和市场细分的说法。在现阶段，电子商务已经发展到了市场区隔和市场细分的阶段。

专家认为，对制鞋工业来说，电子商务的涉入作为一种新形式的营销架构，必然在一定程度上替代传统的营销方式，尤其对于进出口业务而言。也许这就是网络与会展联姻的最大价值所在。

3. 阅读下面的案例，就“为什么这个拥有一万多人的小城能成功举办世界经济论坛”这一问题谈谈你的观点。

瑞士达沃斯

以召开世界经济论坛而闻名的达沃斯，风光绮丽。达沃斯旅游局的麦克先生介绍说，旅游是达沃斯的第一大支柱产业，旅游收入居瑞士各城市的第三位，因为这里有独一无二的自然风光，还有完善的体育及旅游设施。达沃斯是欧洲的滑雪胜地，每年旅游收入的50%来自冬季。达沃斯的会议旅游也占有很重要的地位，每年的会议旅游占全国旅游总收入的8%～10%。这里的体育、旅游设施60%是州或当地政府兴建的，其余为私人公司兴建。当我们走进达沃斯会议中心时，发现里面的建筑装修并不像我们想象中那么豪华，但这里的音响及其他设施是世界一流的。在达沃斯召开的国际性和地区性会议较多，每年在这里召开的国际性会议有35个，地区性会议有170个。为什么这个拥有一万多人的小城能成功举办世界经济论坛？瑞士联邦旅游局驻北京的首席代表张雯佳说：“达沃斯举办的世界经济论坛之所以成功，主要是依靠当地优美的自然风光、完善的旅游设施和成功的商业运作，此外，达沃斯还有多年丰富的会议旅游承办经验。”

第9章

会展安保清洁服务

案例导入

意大利名贵珠宝展失窃 案值或达数百万欧元

当地时间2018年1月3日，据意大利安莎社报道，威尼斯著名景点总督府举办的16—20世纪印度珠宝展，展出过程中发生一起盗窃案，失窃的展品据估算价值或达数百万欧元（见图9-1）。

图9-1 意大利名贵珠宝展图片

当地警方负责人表示，盗窃案发生在此次展出的最后一个公开日，至少有两名窃贼提前周密策划，混入游客人群中实施偷盗，从展台中偷走了一对耳环和一个饰针，且成功地从配备了高级警报系统的总督府中逃出。

当地警方透露，尽管失窃展品在海关仅按3万欧元（约合23.4万元人民币）报关，且只是270件展品中的一小部分，但其实际价值可能达到数百万欧元。

（资料来源：中国新闻网。）

案例分析

会展场所人员聚集，密度高，必须保障安全，会展上存放大量财产、物资和资金，因此人、财、物、信息等安全都成为宾客的基本需要。会展安全的主体是会议场所、展览场馆及节事活动现场等的安全，要保障客人和员工的生命财产安全，就必须有一系列的计划、组织、指挥、协调、控制等管理措施。案例所述珠宝展是对安全要求极高的特殊展览，不仅需要加大会展期间的安全保卫工作，而且需加强保险工作，这样才能最大限度地降低损失，确保会展的安全。

教学目标

- 熟知会展安保服务形式与内容。
- 了解对会展安保人员的一般要求。

- 了解会展安保清洁人员安排。
- 掌握会展场馆安保工作程序。
- 掌握会展清洁工作的操作流程。

基本概念

会展安保清洁（exhibition security and clean）　服务规范（services specifications）　人员安排（staff arrangement）　工作程序（work processes）　操作流程（operating processes）

9.1　会展安保清洁服务概述

9.1.1　会展安保服务形式与内容

国家对安保人员有统一的岗位职责要求，从 2001 年 6 月 1 日起，全国安保人员陆续换着由公安部统一制式样的保安服装和标志。保安服装颜色男女统一为中宝灰色，衬衫颜色为浅宝蓝色。保安新式服装明显有别于军队和警察的服装，安保人员统一着装是加强保安队伍正规化建设的具体措施，也是确保安保人员更加有效地协助公安机关维护社会治安秩序，保障服务区安全的需要。安保人员服装上的标志有胸标、领花、帽徽和级别臂章。

安保人员的着装和配置如图 9－2 所示。

图 9－2　安保人员的着装和配置

对讲机是保安员常用的无线通信设备。超小型频率合成调频手持对讲机是保安行业最常用的一种，它性能优良，使用灵活，体积小，功能多，用途十分广泛。尽管产品型号有多种多样，但原理基本相同，一般都由发射机和接收机两部分组成。频率范围一般为136MHz～150MHz和150MHz～174MHz。

会展安全保卫工作一般包括会展治安秩序管理、消防安全管理及意外事故的查处等方面的内容。一般大型会展活动都会专门成立会展保卫办公室，负责展览场所和重要活动安全保卫工作的组织领导，包括制定各种保卫方案和措施，协助各级公安部门行动，为会展创造安全良好的社会环境；指导各参展商做好自身的安全保卫工作；维护展馆的防火安全；维护会展现场及附近道路交通秩序，保障交通顺畅；负责发放内宾证件和车证等。

所谓安保服务，就是保证所管辖会展环境范围内的安全、稳定秩序的服务。安保人员服务范围包括防盗、消防、应急、管理停车场及车库等内容。

9.1.2 对会展安保人员的一般要求

安全保卫工作是一项政策性很强的工作，所以，安保人员要有较高的业务水平。安全保卫人员在平时应注意学习，有较强的政策观念和政策水平，在处理问题时，既要有原则性，又要有一定的灵活性。

会展安保工作许多是流动性的工作，要有高度的事业心和责任感。对安全保卫工作要有敏感性，积极主动维护会展的秩序，做好防盗、防火、防抢、防破坏、防治安灾害事故工作。

会展安保人员要认真学习有关法规和各项政策纪律，增强法制观念和政策、纪律观念，自觉地遵守法纪和执法。安保人员要敢于与一切不良行为作斗争，发现违法犯罪分子要积极奋勇擒拿。

在仪容要求方面，会展安保人员男保安员蓄发不得露出帽外，不准留大鬓角、胡须，帽檐以下头发不得超过1.5cm。女保安员发辫不得过肩，不得烫发。保安员穿着制服时不准围围巾、戴手套。女保安员工作时不准戴耳环、项链、戒指和发网、发带等装饰品，不得描眉、涂口红、抹胭脂、染指甲。不得把口罩带系在帽子上，不戴时应将口罩取下来，不能挂在胸前。保安员着制服时，只准佩戴公司统一颁发的徽章，不得佩戴其他徽章。徽章一律戴在上衣的左上方。各种会议、展览临时制作的出入证或工作证只限于在会议上和展览场所佩戴。保安员必须严格按着装规定统一着制式服装。基本要求是：规范、配套、整洁。

会展安保人员的姿态如图9-3所示。

1. 规范

着制式服装是着装的最基本要求。保安不能私自改制服装，也不能在制服外面套自

图 9-3　会展安保人员的姿态

购的风衣、皮夹克、羽绒服等便服。必须按规定佩戴帽徽、领花、肩章。

2. 配套

服装按季节分为冬夏服装。按照规定，帽子、上衣、裤子必须配套穿着，不得将在不同季节的制服随意混穿，更不允许与便服混穿。

3. 整洁

系好风纪扣，衣扣要扣好，内衣下摆不得外露。不得挽袖、卷裤腿、披衣、敞怀。衣帽鞋袜要经常洗换，保持干净。服装保持清洁、平整。

安保人员的坐姿应有一种庄重挺拔、稳如泰山的美感。那种跷二郎腿，或歪头趴坐的姿态是绝对不允许的。齐步是保安员常用的步伐，要求走直线，精神饱满，身体稳当，步伐雄健有力，动作有明显节奏。保安员在日常值勤时也要注意走路姿态，不准袖手、背手或将手插在口袋里，不准边走边吸烟、吃东西，或者边走路边随意说笑。

9.1.3　会展清洁服务内容

会展尤其是大型会展场馆占地面积大，功能区域多且分散，因此，会展的清洁服务工作难度较大。

1. 环境卫生工作

环境卫生包括场馆外部环境卫生和场馆内部环境卫生。

场馆外部环境包括场馆建筑物外墙和屋面、人行道路、广场、室外楼梯和平台、室外餐厅、草地、垃圾站、沟渠、停车场及车库等。有些场馆还设有水池、喷水池、人造小溪等，也需要进行卫生管理。

场馆内部环境包括各楼层和各展厅及会议室地面、墙面、玻璃、茶水间、公共厕所、楼梯、各类门、电梯、餐饮区、室内天花板、立柱、楼道开关、垃圾箱、灯具，以及内部绿化等。

2. 日常清洁卫生工作

展前的清洁卫生工作主要有进行场馆卫生检查、制定会展活动的卫生管理计划、确定人员分工与责任区域、制定每个岗位的工作任务和责任，以及对相关人员进行岗位培训等。

展中阶段是人流最为密集的阶段，也是最容易发生卫生安全事故的阶段，因此，应按照清洁卫生计划，严格地进行清洁卫生管理，确保会展期间清洁卫生工作的顺利开展。

撤展阶段清洁卫生的重点是将场馆环境恢复到与展前的状况一样，以迎接下一个会展。

除了以上三种情况之外，还有一种特殊的情况，即会展期间出现了流行疾病，或者参加活动人员中出现了流行疾病疑似患者。对于这种情况，必须加强对环境卫生的管理，严格控制流行疾病。

会展清洁卫生部门一般会对清洁人员提出工作要求，清洁人员必须服从领导，听从分配及管理，必须热爱自己的本职工作，能吃苦耐劳，不怕脏、不怕累，全心全意地投入自己的本职工作中。

清洁人员要及时清除生活用品垃圾，并运送到指定位置。

服务区保洁人员要保证服务区周围墙壁无乱贴乱画、乱拉乱挂现象，并监督车辆及杂物存放到指定位置。

厕所保洁人员要保持地面干净，无脏物、积水、烟头、纸屑及废弃物。保持门窗、墙壁清洁，无蜘蛛网、积灰，无乱贴乱画现象。要保证厕所无痰迹、便溺，爱护厕所公共设施。大便卫生纸篓定时清理，保持厕所通风良好。对各种清洁用具要注意保养、维修，并妥善保管，以延长其使用期。

需要指出的是，所有提供会展清洁服务的人员必须经过卫生部门的健康体检，合格后方可上岗工作。发现患有“五病”（痢疾、伤寒、病毒性肝炎、活动性肺结核、化脓性或渗出性皮肤病）及有碍公共卫生疾病的人员，应及时调离岗位。

9.2 会展安保清洁人员安排

会展安保清洁人员的配备需要根据会展的规模大小、会展的类型、会展的重要程度等诸多因素综合考虑。合理安排人员可以提高效率，节约成本。

9.2.1 人员配备

一般来说，规模在5 000平方米的会展需配备7～8名清洁人员、10名安保人员。

如果会展中的特装摊位比较多，那么，清洁人员需多配 2～3 名。对于人流量特别大的品牌或专业会展，则安保人员需要多配一些。

9.2.2 安保清洁人员组织结构图

会展安保清洁人员的安排可采取两种方式，即以岗位和以区域来划分。

（1）以岗位来划分的安保、清洁组织结构图如图 9－4 和图 9－5 所示。

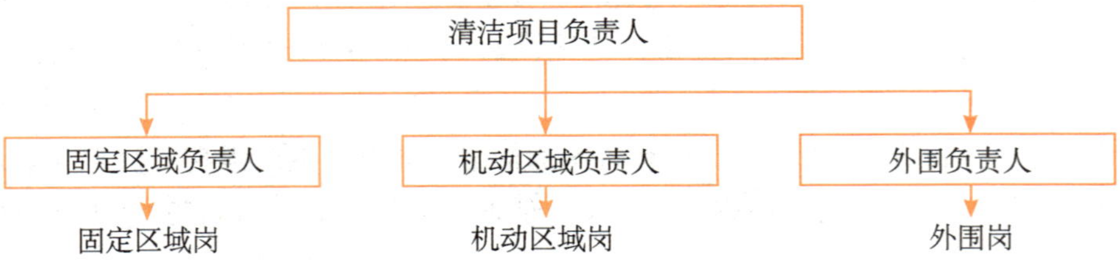

图 9－4　以岗位来划分的安保组织结构图

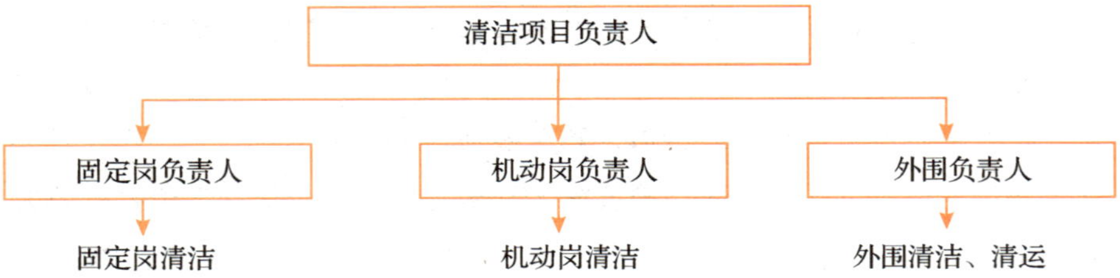

图 9－5　以岗位来划分的清洁组织结构图

（2）以区域来划分的安保、清洁组织结构图如图 9－6 和图 9－7 所示。

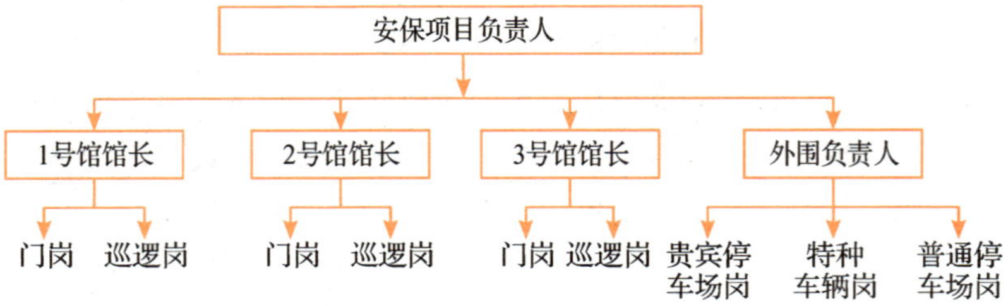

图 9－6　以区域来划分的安保组织结构图

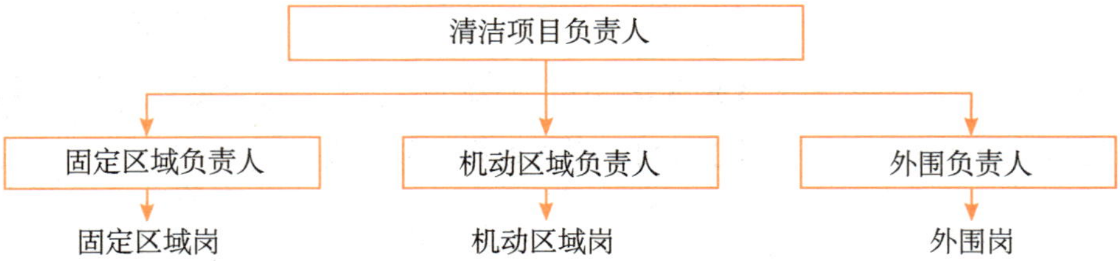

图 9－7　以区域来划分的清洁组织结构图

9.3 会展安保清洁服务规范与流程

9.3.1 会展安保人员服务规范

1. 严肃纪律

对会展安保人员纪律方面的要求如下：

（1）坚守工作岗位，尽职尽责，不准擅离职守。

（2）维护国家、集体、公民或客户的合法权益。

（3）严格遵守客户单位的规章制度。

（4）保守国家秘密、保卫工作的秘密及客户提出的需要保密的事项。

（5）不得假借名义，无故不履行合同规定的义务。

2. 注意礼节礼貌

会展安保人员要注意礼节礼貌，具体如下：

（1）遇见领导或上级时，应当敬礼。在本单位内对经常接触的领导和上级可不敬礼，但要点头示意。

（2）参加集会，听到奏国歌、国际歌时，应自行起立。升国旗时，队列中有领导干部和未列队的干部，安保人员应行举手礼。

（3）佩带武器和执行任务时，不准喝酒；着保安制服时，不准在公共场合饮酒；在任何情况下都不得酗酒滋事。

（4）安保人员要使用礼貌用语，执勤遇到客人时必须做到让道、微笑、问好。

（5）有自我约束能力，不违章违纪。

（6）服从领导分配、指挥。

（7）严格遵守考勤制度，不迟到，不早退，不擅自替换班。

（8）端庄稳重，尽职尽责。

（9）有自我管理意识，处理问题要有耐心。

（10）因公到客户单位或家中，进门前应打招呼，进门后要举止端正，说话和气，注意礼貌。

（11）对来办事的人员，要热情接待，恳切交谈。

9.3.2 门卫安保工作规范

门卫安保工作规范如下：

（1）门卫保安要对出入人员进行严格验证，并依据客户单位有关会客登记制度严格履行登记手续，严禁无关人员入内。

（2）对出入人员和车辆所携带、装运的物品、物资进行严格的检验、核查。

（3）疏导出入车辆和行人，清理门卫责任区内无关人员，保证车辆进出通畅，人员出入有序。

（4）配合有关部门做好来人来访接待工作，遇有来访人员确有要事需办理时，要及时做好传达工作。

9.3.3　安保守护工作规范

安保守护工作规范如下：

（1）保护人身安全，即由保安员通过对守护场所的守护而保护人身安全。

（2）保护财产安全，保安员保护财产安全工作的重点是做好防火、防盗、防破坏等工作。

（3）维护会展现场的正常秩序，安保人员对发生在守护范围内的各种有碍会议或展览进行的情况应尽快采取措施予以劝阻、制止，防止事态扩大。

9.3.4　安保巡逻工作规范

安保巡逻工作规范如下：

（1）维护巡逻区域内和保护目标周围的正常治安秩序。

（2）预防、发现、制止各种违法犯罪行为。

（3）及时发现各种可疑情况，抓获现行违法犯罪嫌疑人。

（4）检查、发现防范方面的漏洞。

（5）突发事件或意外事故的处理。

9.3.5　会展现场安保工作规范

会展现场安保工作规范如下：

（1）保护会展现场的安保人员要有高度的责任感，工作必须认真细致。

（2）要有严明的组织纪律观念，并严格按照现场保护要求履行职责。

（3）要注意保守现场的秘密，不得随意向无关人员泄露现场发现的与犯罪或事故有关的痕迹、物证情况。

（4）提高处置紧急情况的能力，对于遇到的各种紧急情况，均应沉着、机警，迅速采取果断措施，既达到抢救的目的，又切实起到对现场的保护作用。

（5）安保人员应有针对性地向围观群众宣传教育，以取得群众的理解、支持和配合，从而为现场保护提供更有利的条件。

9.3.6 监控中心岗位职责

监控中心岗位职责如下：

（1）监控中心自我检查，按规定着装，仪容仪表端庄整洁，做好上岗签名。

（2）安保监控、消防报警系统昼夜开通，设立 24 小时监控值班岗，全面了解和严密监视保安区的安全状况。

（3）当班员工要密切注意屏幕情况，发现可疑情况定点录像。在大堂、客梯、楼面及要害部位发现可疑情况要采取跟踪监视和定点录像措施，并通知有关岗位上的安保人员另行注意或询问盘查，同时向安保部门报告。

（4）发现火灾自动报警装置报警，应立即通知使用人（保卫科）和保安巡视，迅速赶赴报警现场，查明情况。如是误报，应在设备上消除报警信号。

（5）与工作无关的人员不得擅自进入监控室，持工作联系介绍信在有关领导的陪同下方可入内，并做好登记。

（6）建立岗位记事本，发现有异常情况，应记录备案，做好交接班的口头和书面汇报。

（7）进入监控中心必须换拖鞋，保持室内整洁，严禁吸烟，严禁使用电水壶，设备与操作台上不得堆放杂物。

（8）监控中心人员必须保持充沛精力，以高度的责任感认真观察，不得随意向外人提供保安区监控点、消防设备等安保方面的详细资料。

9.3.7 会展场馆安保工作程序

1. 会展场馆内安保工作程序

会展场馆内安保工作程序如下：

（1）上岗前自我检查，按规定着装，仪容仪表端庄整洁，做好上岗签名。

（2）精神饱满，站姿端正，真诚微笑，规范认真地执行安全保卫任务。

（3）遇到不明身份者，问清情况，与保安区内的人员及时联系，办理有关手续后方可入内。建立岗位记事本，发现可疑情况，不论如何处理，都应有记录。做好交换岗和交接班的口头和书面汇报。

（4）必须有礼貌地执行验证工作。

（5）严格执行各项规章制度，严格工作作风，树立保安的良好形象。

2. 门卫流动岗、场外保安工作程序

门卫流动岗、场外保安工作程序如下：

（1）上岗前自我检查，按规定着装，仪容仪表端庄整洁，做好上岗签名。

（2）精神饱满，勤巡逻，勤观察，勤思考，发现衣冠不整者和其他闲杂人员时要阻止其入内。

（3）维护保卫区内的交通秩序，指挥和疏导进出车辆，引导要及时，手势要规范。

（4）遇有运输车出入，进门时问清来车单位和目的，出门时要验看出门证（出门证需对方单位签证，各项手续完备才能放行）。

（5）建立岗位记事本，发现有异常情况的，不论如何处理，都应有记录。做好交换岗和交接班的口头和书面汇报。

3. 巡视稽查工作程序

巡视稽查工作程序如下：

（1）上岗前自我检查，按规定着装，仪容仪表端庄整洁，做好上岗签名。

（2）巡视范围包括主楼各层楼面、员工通道、男女更衣室、各处通道。

（3）按责任路线巡视检查，登楼至高，徒步下楼，呈S形巡视，发现问题及时解决，遇到大问题通知领班，巡视中严防死角。

（4）巡视中应思想集中，通过看、听、闻、问发现问题，并及时向领班汇报。巡视时还得注意消防设施及器材。

（5）巡视时见被安保人员要主动打招呼问好，有礼貌地回答被安保人员的提问，文明服务。

（6）建立岗位记事本，发现异常情况应记录备案，做好交接班的口头和书面汇报。

（7）接到治安、火警报警时，应及时赶到现场，了解情况，作出正确处理。

4. 地下车库安保工作程序

地下车库安保工作程序如下：

（1）上岗前自我检查，按规定着装，仪容仪表端庄整洁，做好上岗签名。

（2）精神饱满，进行车库安全服务，停车合理，指挥规范，队形整齐。

（3）经常巡视已停车辆，发现车辆门、后盖未锁或玻璃窗未摇上的，要及时处理。

（4）外来车辆原则上实行停车收费，停泊在临时车道上。

（5）建立岗位记事本，发现有异常情况，应记录备案，做好交接班的口头和书面汇报。

（6）在有客人出入的公共活动区域，设立禁止车辆停放标志，发现有车滞留，告知驾驶员立即开到指定地点停放。

5. 会展安全防范

了解会展有关安全方面的规定和防范措施十分重要。下面是参展商在会展安保中应

该注意的一些事项：

（1）展前。

● 是否有完整的突发事件处理方案？

● 是否有救生系统和火警系统？

● 紧急出口是否明显标示、畅通无阻并能正常使用？

● 展览会期间，场馆内是否提供医疗服务？如果没有，最近的正规诊所或医院在哪里？

● 场馆内是否有公众广播系统以便紧急事件发生时可以及时通知？

● 场馆设施是否符合 ADA 标准？

● 场馆设施是否经历过自然灾害（如飓风、台风、地震等）？如果经历过，是怎样处理这些情况的？

● 场馆和参展商下榻的酒店内部或附近是否有治安问题？

● 场馆或酒店内部和附近哪些地方应该尽量少去？

● 在展览会期间如何控制和管理观众、展位工作人员、基建人员等的出入？这些措施是否有效？

● 场馆外部和停车场的照明是否足够？

● 场馆的安全措施如何保证设备在展前、展中和展后的安全？

（2）展中。

● 贵重物品要放在展览设施所提供的封闭区域或保险箱内。经常检查储物区的安全情况，保证贵重物品或设备得到有效保护。可以了解一下该区域内是否有警报器、监控器及安全巡查人员。

● 白天展位开放后也要时刻提高警惕，不要使之处于无人看管状态。展览会管理部门不对在会展中被盗的物品负任何责任。为保护展位和昂贵的设备，可以考虑使用保密电缆、标签、螺丝钉、尼龙搭扣和警报器等物品。

● 如果你想雇用安全人员，那么要找一家信誉良好并已经在保险公司投保的公司。你应该向他们提供明确的书面安全职责要求和发生紧急事件时的联系方式。

● 如果需要大量的安全人员，那么要参照国家在这方面的有关规定详细说明自己的具体标准、报酬和对安保人员行为表现的要求。要和负责设施安全的工作人员密切合作，当出现安全问题时，无论事件大小，都要向他汇报。

（3）展览会外。

● 在会展现场外，不要把你的会展证件露在外面，对周围环境要时刻保持警惕。走路时要表现出自信，对问题或场合感觉不妙时，要相信自己的直觉。不要单独行走，晚上要待在照明良好的商业区。据报道，两个人在一起的时候，被袭击的可能性要下降70%，三个或更多人在一起要下降90%。

● 不要佩戴贵重珠宝和手表，不要携带值钱的物品。

● 要确定酒店所有房间的锁都可以正常使用并学会正确使用，不要给陌生人开门。要留意你房间最近的紧急出口的位置。如果遇到有人威胁你，要先遵从他的要求，然后报警。

9.3.8 会展清洁工作的操作流程

1. 筹展阶段

筹展阶段的清洁工作操作流程如下：

（1）对场馆内外环境进行全面清洁。

（2）对公共区域的物体表面消毒，包括公共区域的地面、墙壁、电梯，以及经常使用或接触的物体表面，如门窗、柜台、桌椅、门把手、水龙头、话筒、洗手池、卫生间等。

（3）对场馆内外排水系统进行清洁。

（4）打开门窗通风，保持场馆内的空气清新。使用空调系统的，应保证送风安全、通畅。必要时对空调或通风系统中的过滤器与滤网、排风扇进行清洁消毒。

（5）大型会议前，应对座位套、扶手套等纺织物品清洗消毒，保持清洁。

（6）必要时，对展馆进行全面的空气消毒。

（7）在场馆内外进行一次全面的杀虫灭鼠工作，防止场馆内出现昆虫、老鼠等。

（8）及时将布展垃圾清除出场。

（9）进行馆内外的绿化维护。

2. 展中阶段

展中阶段的清洁工作操作流程如下：

（1）随时保持展馆内外的环境整洁，地面无废弃物。每天闭馆后要对地面和墙面进行卫生清洁、消毒，特殊时期还需要对展馆内进行空气消毒。

（2）特别注意厕所卫生，随时清洁。

（3）对公共区域进行清洗、消毒，如电梯扶手、柜台等。

（4）会议室茶具每客一换，清洗后消毒。

（5）对场馆内的公共电子设备如计算机的键盘、鼠标、公用电话话筒等每天进行消毒。

（6）垃圾要及时清运到垃圾中转站。

（7）及时清理餐饮残余物。

（8）加强自然通风，会展闭馆后开窗换气，开馆前利用风机、空调、换气扇等全面换气。

（9）会展场馆内张贴禁烟标志，吸烟室内要及时清洁。

（10）密切关注参与人员的身体状况，尤其是在传染病易发时期，有情况及时上报。

3. 撤展阶段

撤展阶段的清洁工作操作流程如下：

（1）将撤展后遗留的垃圾进行分类整理，回收和清运出馆。

（2）洗刷地毯与地面，修补地面或墙面的损伤。

（3）对场馆进行全面清洗与消毒。

（4）修复场馆周围设施及绿化，及时撤走活动造型花坛，清洗花坛地面，确保不留痕迹。

（5）全面清除沙井、明沟内的污物，疏通下水管道并进行消毒。

案例参考

北京奥运安保先行

盛会常常伴随着危险，而大多数危险都是人为所致。奥林匹克运动诞生至今，由于受到众多因素的影响，一直行进在复杂的自然和社会环境中，早已不是单纯的高水平体育竞技比赛，而是一个涉及政治、经济、文化、社会等诸多因素在内的重大综合性活动。

近年来，奥运会的直接参与者大都超过3万人，所集聚的观众和旅游者更是超过百万。奥运会裹挟了太大的利益，牵扯了太多的矛盾，在各种国际争端和某些国家的内部矛盾不断激化的形势下，特别是1972年慕尼黑奥运会上开了“奥运会可以被劫持”恐怖活动先河后，奥运会愈加紧密地与安全联系在了一起。举办城市的安保压力越来越大，不知道来到奥运会的哪个人与恐怖分子结下了怨仇，不知道什么人想借奥运会之机制造影响，不知道偌大的体育场里和人海里隐藏着何种安全隐患，不知道人群的集聚会产生什么不和谐的因素……

奥运安保是个新课题，为了制定一个奥运安保总体规划，北京市公安局建立了综合安保指挥系统、情报收集和预警评估系统等，在安保力量配置和培训等方面，制定了《奥运安全保卫专项规划》，并且纳入《北京奥运行动规划》之中。北京市公安机关可利用的安保警力达数万人，此外还投入约1万人的应急力量，包括技术警务、消防、抢险、救护等。奥运会帆船比赛和足球预赛城市也将配备足够的安保力量。奥运会期间，北京提供参与安保工作的人力资源约8万人。所有安保人员和志愿者都经过严格的招聘和选拔，并进行专项培训，其后勤支持由组委会予以保障。

奥运场馆的安全保卫系统是《北京奥运行动规划》中突出的一项工作，北京市公安局广泛借鉴各奥运举办城市的安保经验，提出了安保配套设施与奥运场馆同步规划、同步设计、同步施工、同步验收、同步使用的“五个同步”理念，在相关领域专家严格研究论证的基础上，制定了包括国家体育场在内的全部30个京内比赛场馆和奥运村、主新闻中心、国际广播电视中心的安全保卫设施配套系统设计大纲，开创性地制定了《奥运场馆安保系统建设标书》，并通过专家评审。内容涉及安保用房、安保设施等四大部分37个方面，涵盖通信、指挥、消防、反恐防暴等七大系统。

标书中仅安全保卫专用设施系统就涉及突发事件取证跟踪、要人紧急避险、安检验证信道、人员紧急疏散等16个方面。北京警方借鉴国内外先进经验，采取安检前置、远距离控制的方法，在远离场馆处便设置安检门，并预留缓冲区。

上述工作不仅得到了北京奥组委的赞许，而且得到了国际奥委会安全顾问、原悉尼奥运会安保总指挥官彼得·瑞恩先生的肯定，称这是北京警方的一个创举。

奥运会安全是涉及方方面面的“大安保”的概念，不是公安系统一家能够担当得起来的。为此，2002年8月21日，北京市公安局特别聘请了北京气象学会理事长、工程院院士、原国家气象中心主任李泽椿，北京市系统工作学会副理事长、研究员、原中国军事科学院总工程师、中国管理科学院副院长朱松春，北京减灾协会常务理事、研究员、原北京市气象科学研究所总工程师、北京市政府专家顾问团顾问吴正华等22位涉及气象、减灾、电子、安防、建筑等行业的专家，带着他们在各自的工作领域中的丰富经验，担当北京奥运会安保筹备工作顾问的职责。

作为奥运安全保卫工作主责单位之一，北京市公安局丝毫不敢懈怠，本着安保先行的精神，2008年奥运会安保工作于2003年7月17日正式启动，并提出了“安全奥运”的口号，确定了“反恐防暴、立体防范”的工作核心，公布了十项重点建设任务。其中包括：建立统一、高效、强力的安保指挥系统；建立以反恐怖为重点的专业化快速反应特别行动队；建立多警种协同作战、群防群治、有效覆盖全社会的治安防控体系；建立更加完善的智能化城市道路交通管理体系等。确保以良好的社会秩序、可靠的交通和消防保障体系、安全的医疗卫生体系和严密细致的保障措施，确保奥运会的安全。

北京市反恐怖工作协调小组构建了一套反恐工作系统，形成了务实有效的反恐工作运行机制。市公安局组建了反恐怖特别行动队，各公安分局也相应成立了反恐防暴小组，于2003年提交了一份相对完整的反恐防暴规划，其中明确将“建立以反恐怖为重点的专业化快速反应特别部队”列为规划重点。

反恐怖工作不能仅限于纸上谈兵，而要着眼于未来的实战。对此，北京市公安局结合职能任务，有计划地开展了反恐怖训练和演练。2002年7月，北京市反恐怖综合演练正式启动。演练的目的是检验北京市多警种、跨行业协同作战的能力。这次演练历时2个月，动用参演力量3 000余人，各种专业车辆300余辆，共进行了50余次单科目训练、7次全科目合练和2次预演。

针对地铁易受恐怖袭击、危害后果严重、处置难度大的特点，特别是为了解决指挥系统在演练中发现的问题，北京市反恐办还组织进行了“北京市处置地铁生化恐怖袭击事件指挥系统室内模拟演示”的专项演练。韩国大邱市发生地铁特大纵火事件后，北京市反恐办再次以西单地铁站为假想背景，进行了一次由北京卫戍区防化团、市公安局、市卫生局及地铁运营公司等单位参加的军、警、民地铁灾难处置“室内指挥系统和实兵实地灭火抢险救援演练”。通过这两次专项演习，完善了北京市处置地铁恐怖袭击的组织体系、救援程序，提高了各级领导的决策指挥和现场处置能力。

2004年6月9日，来自奥林匹克圣城雅典的圣火第一次在北京点燃！这次为期35天的奥运圣火环球之旅跨越五大洲，历经27个国家的34个城市，这在奥运史上尚属首次。北京是这次火炬全球接力传递的第5站，而且是唯一一个圣火停留两天并举办活动的城市。

这之前，雅典奥组委主席吉娜女士特意致函北京奥组委主席刘淇，希望火炬到北京后能够停留两天，并安排相应的活动。这在雅典奥运会火炬全球传递计划中是绝无仅有的。吉娜女士的用意是深长的，不仅因为北京作为2008年奥运会的举办地，与雅典奥运会紧密地联系在一起，更因为北京是东方文明的集大成者，雅典是西方文明的杰出代表，两大文明为奥林匹克运动、为共同的理想，共同擎起了象征奥林匹克精神的圣火。

火炬传递路线选择是一个大问题。古老优美的北京有太多应该展示给世人的景观，但是要把北京最美、最有代表性的地方串在一起，就不得不考虑交通压力、电视直播等问题。北京市公安交通管理局在这方面最有发言权，本着“展示古都新貌、体现热烈喜庆、确保顺畅安全”的精神，其对火炬传递路线提出合理的修改意见，最终确定了从人民大会堂东门外广场为起点，颐和园为终点，全长56.7千米，历时10余小时的传递路线。为了确保传递路线的可行性、最佳性，测定每一个火炬交接点的合理性与确切位置，交管局的民警在夜深人静的时候，以火炬手行进的速度在传递路线上对147个火炬交接点逐个进行登记、计时，往返勘测了30多次。

传递路线经过东城、西城、崇文、朝阳、海淀五个城区和清华、北大两个校园，这次活动是2008年北京奥运会前的一次警务大练兵。各单位制订出了详尽的安保方案。

圣火不仅属于中国和希腊，也属于全世界，不能出一点差错。交管局多次实地勘查路线，根据传递线路，制订详尽的交通秩序维护方案。火炬传递途经的公安分局针对火炬传递途经的居民区密集、庆祝活动集中等敏感、复杂路段，制订了有针对性的警务工作方案，沿线部署警力对垃圾桶、草丛、花坛等可能安放爆炸物等易燃易爆危险品的部位和设施进行就地安检。

案例解析

奥林匹克运动是人类历史上的一个史无前例的杰作，它将体育运动的多种功能发挥到淋漓尽致的地步，每一届奥运会都是多民族精英的国际盛会。由于奥运会的特点是人流量大、人群密度大、受关注程度高，自它诞生以来，不可避免地存在安全问题。安全问题是包括奥运盛会在内的会展业发展所面临的主要风险。北京奥运将安全保卫专项规划写进了《北京奥运行动规划》，制订了《奥运安全保卫专项规划》，聘请专家做安保工作顾问，进行了反恐演练等，这一系列举措确保了奥运的安全，是会展安保工作中的典型案例。

本章小结

在会展活动中，各种突发事件，如流行疾病、自然灾害、人为破坏、突发性伤亡事故等随时可能发生，这些突发事件不仅能导致会展的延期或夭折，而且会带来不可预见的极其严重的后果，甚至会造成轰动社会的影响。及早预测、周密计划、措施得力、规避风险是对会展安保服务的基本要求。会展的清洁卫生工作不仅涉及会展的形象问题，而且涉及会展活动参与者的安全问题。清洁卫生服务工作做得好，给会展提供一个优雅、整洁和安全的环境，能使人流连忘返，印象深刻。

作业

1. 在垃圾处理方面，2005 年日本爱知世博会的做法是：世博会现场内的每个垃圾点都设立有九个分类垃圾桶，包括液体垃圾桶、电池回收桶、生活垃圾桶、纸品回收桶、塑料回收桶等。如果一个游客要将手中的饮料杯丢弃，需要先将杯中未喝完的饮料或冰块倒入液体垃圾桶，然后将吸管和杯盖丢到塑料回收桶，最后将纸杯丢入纸品回收桶。试讨论这种做法的借鉴意义。

2. 糖尿病昏迷是糖尿病最严重的急性并发症，如不及时抢救治疗，昏迷超过 6 小时就会造成不可恢复的脑组织损伤，甚至死亡。如果在某个会展上，糖尿病患者发生昏迷该怎么办？

3. 阅读下列材料，谈谈你对会展安全保卫工作的看法。

《中国进出口商品交易会安全保卫规定》

为了维护中国进出口商品交易会（以下简称广交会）的良好秩序，防止各类事故的发生，确保大会安全，依据社会治安有关管理规定，制定本规定。

一、各商会、交易团应成立保卫组，由团长、会长担任组长（为本单位广交会期间安全保卫第一责任人）。同时，要配备一定数量的专职保卫干部，协助做好大会和展馆的安全保卫工作。

二、实行安全保卫责任制，按照谁主管、谁负责的原则，制定安全保卫方案措施，加强宣传教育和管理，提高与会人员安全防范意识，确保大会安全。

三、全体与会人员须高度重视安全工作，自觉遵守大会各项规定，共同维护大会秩序。

四、从筹展之日起，所有进馆人员须将证件挂在胸前，服从和配合保卫人员检查。不准将证件转借他人和带无证人员进馆，违者按有关规定给予处罚。

五、妥善保管好展品、样品和个人随身物品。每天闭馆前，要将贵重展样品存放展柜和保险柜内或采取其他有效保护措施，并由专人负责看守和管理。参展商应按时进馆，不要提前退馆，以确保展样品安全。

六、陈列的刀具、枪支等展样品要有专人看护，妥善保管，上下班要清点数目，防止被盗。

七、剧毒品、易燃易爆和放射性等展样品只能使用仿制代用品，严禁携带实物进入展馆。

八、展馆展位装修、搭建，参照《中国进出口商品交易会展馆防火规定》（以下简称《展馆防火规定》）执行。展样品须按规定摆放，任何单位和个人不得将展品、样品摆在展位外的地方。要服从大会检查组、保卫人员的检查纠正。

九、认真做好安全防火工作。各单位要切实贯彻执行《展馆防火规定》，加强对所属人员安全防火教育，做到防火工作人人皆知，自觉遵守，确保安全。

十、展馆内（包括展场、展位、办公室、仓库、通道、楼梯间、电梯室和天桥等场所）严禁吸烟，违者按章处罚。吸烟者可到大会设置的吸烟区。

十一、筹展期间，运送展样品的汽车进入大院后，按指定地点临时停放，卸货后即驶出大院。搬运展样品出大院时，须凭交易团出具的放行条，经门卫人员查验后放行。

十二、进入大院的汽车须服从交通管理人员的指挥，按规定路线行驶，按指定位置停放。

十三、大会期间，凡拾获的各种物品应及时送交大会保卫办展馆保卫科登记处理，不准自行保管和擅自处理。

以上规定，请大家严格遵守，共同维护大会秩序，保证大会安全。

第 10 章

会展客户跟踪服务

案例导入

第 29 届中国国际自行车展览会展后报告

中国国际自行车展（CHINA CYCLE 2019）使用了国家会展中心（上海）的 1 号馆、2 号馆、3 号馆、4.1 号馆、5.1 号馆和北厅，共计展览面积 15 万 m^2。参加 CHINA CYCLE 2019 的展商总数共计 1 224 家，展位数为 6 375 个。其中中方企业为 1 126 家，展位为 6 018.5 个，均较上届略有下降，减少比例分别为 9.82% 和 9.18%；境外企业为 98 家，来自 25 个国家和地区，包括日本、韩国、丹麦、墨西哥、泰国、巴基斯坦、德国、荷兰、美国、印度尼西亚、意大利、法国、芬兰、西班牙、俄罗斯、斯里兰卡、印度、孟加拉国、英国、阿联酋、捷克、新加坡、比利时等，还有中国香港、中国台湾的企业，展位 356.5 个，企业数较上届上升 2.04%，展位数较上届减少 15.79%。

展品概况如图 10－1、图 10－2 所示。

	展商数 / 家			展位数 / 个		
展品类别	28 届	29 届	增减幅 /%	28 届	29 届	增减幅 /%
A. 整车	301	309	2.65	2 505.50	2 548.00	1.71
B. 车架、前叉及零件	109	105	-3.67	534.00	449.50	-15.82
C. 轮胎、轮圈及零件	162	145	-10.49	825.00	722.00	-12.48
D. 传动零件	73	75	2.73	377.00	391.00	3.71
E. 操控零件组	174	183	5.17	821.00	843.00	2.61
F. 配件	169	152	-10.06	640.67	576.00	-10.09
G. 机械设备及工具	28	30	6.67	74.00	78.00	5.4
H. 综合类	68	53	-22.06	279.33	271.00	-2.98
I. 骑行、户外用品	157	145	-7.64	573.00	530.00	-7.50
K. 电动自行车整车	143	158	10.49	969.50	1 134.00	16.97
L. 电动自行车及零配件	112	118	5.36	524.00	554.00	5.73
M. 摩托车	33	0		182.57	0.00	
N. 贸易商	12	13	8.33	71.00	78.00	9.86

图 10－1　2018 与 2019 中国展展品类别对比

	地区排名及展商数					
展馆及主要展品	NO.1	展商数	NO.2	展商数	NO.3	展商数
[1] 传动操控零件（台资）及轮胎馆	江苏	88	浙江	71	广东	55
[2] 自行车整车馆及传动操控零件馆	浙江	69	天津	39	广东	38
[3] 国际品牌及自行车整车馆	广东	36	江苏	33	台湾	32
[4.1] 童车馆、骑行户外装备展	河北	84	浙江	66	广东	33
[5.1] 电动自行车及零配件展、骑行户外用品展	浙江	81	江苏	52	广东	32

图 10－2　2019 中国展各展馆排名前三地区展商数统计

新展商情况

参加本届展会的新展商中有193家中方企业、15家境外企业，共计208家第一次参加CHINA CYCLE的新展商如图10-3、图10-4、图10-5、图10-6所示。

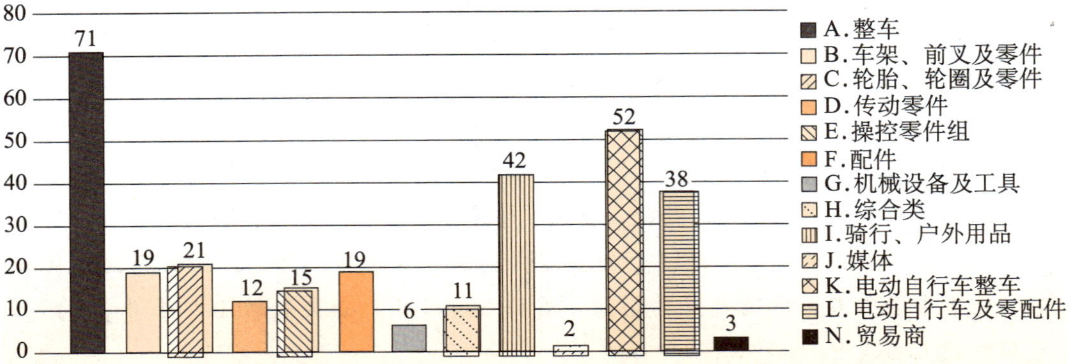

图10-3　2019中国展新展商按展品类别分统计数量

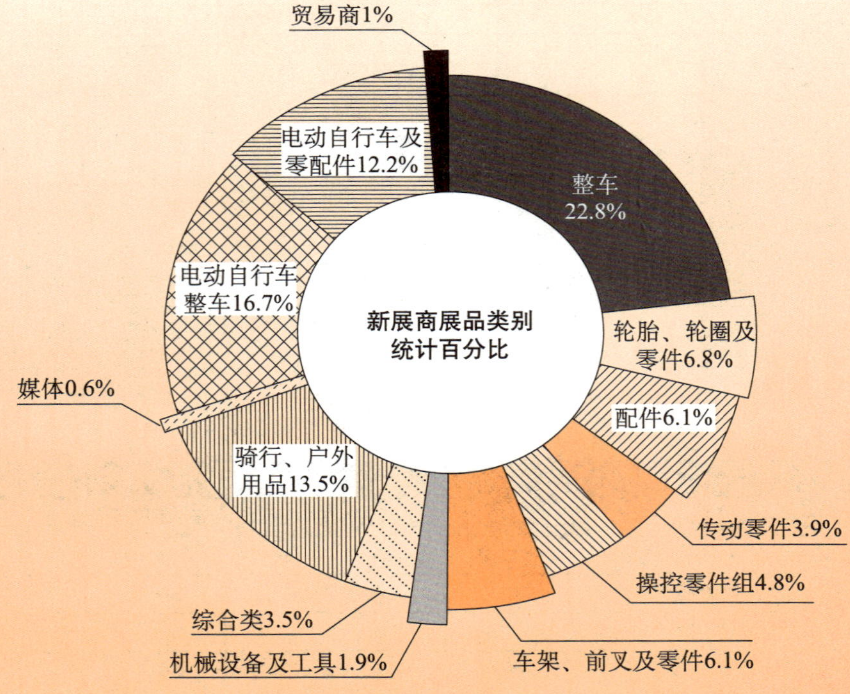

图10-4

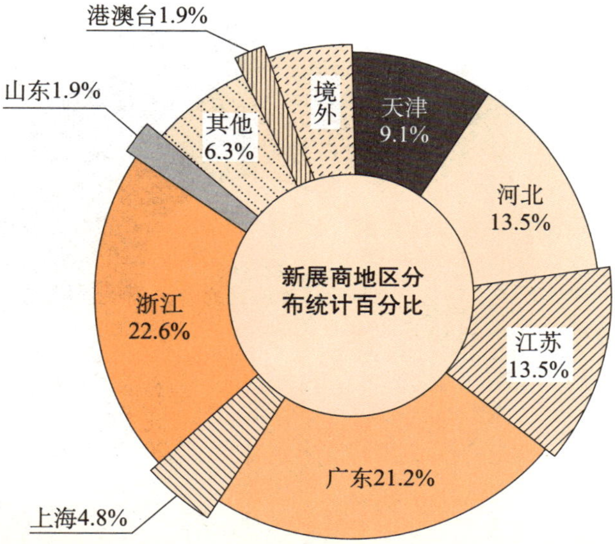

图 10-5

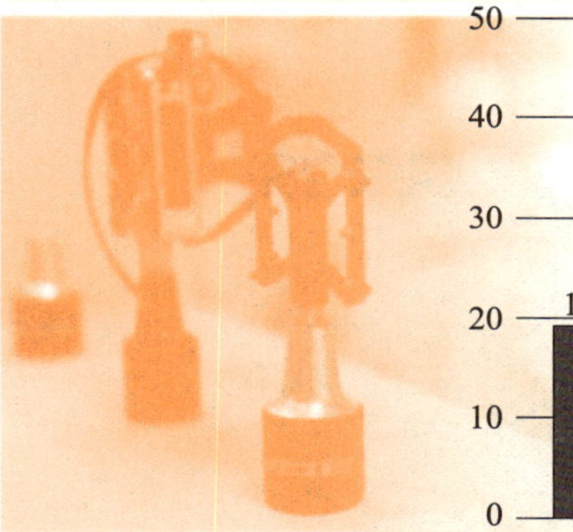

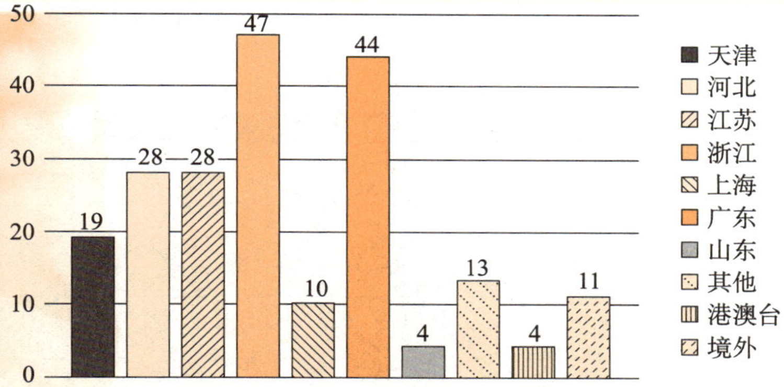

图 10-6　2019 中国展新展商按地区分布分统计数量

观众报告

1. 2019 年观众总人次 140 594 和总人数 107 040，与 2018 年相比，参观人数稍有下降。2019 年展会举办时间是工作日，专业观众的数量占较大比重，普通观众数量较去年相比减少。

2. 展会前两天的观众人数仍然占了绝大多数，达 75.3%，和 2018 年的数据 73.8% 差距不大。根据分析，这部分观众在展会期间会多次重复入场。

3. 本届展会线上（微信端、App 和网站）登记观众数量，在 2018 年大幅上升的基础上，进一步大幅上升，占到展会参观总人数的 86.2%。这些线上登记通道进一步推进了中国展的“无纸化”发展，让观众观展更方便、更快捷，开拓了展会与观众线上交流空间，增加了互动性，提高了观众的观展体验。

4. 境外观众比例与 2018 年相比持平，境外观众共计 8 892 人，来自 91 个国家和地区。欧亚国家来访观众数量增幅明显，如图 10-7、图 10-8、图 10-9、图 10-10 所示。

（资料来源：搜狐网，2019-07-22.）

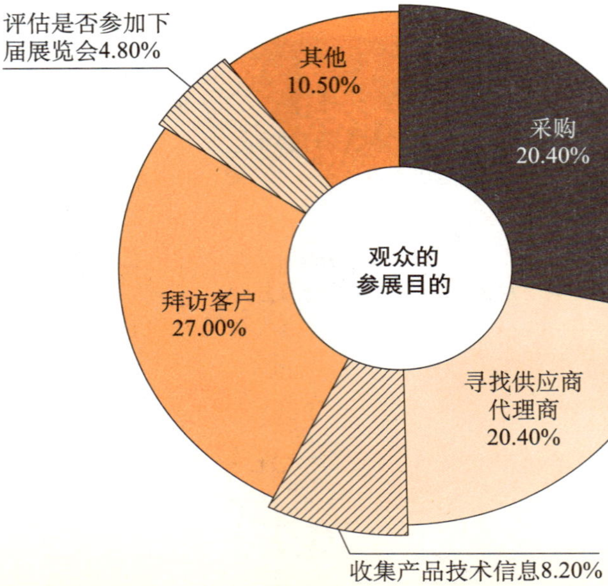

图 10-7　观众情况一

2019中国展境外观众排名
前10位的国家和地区

编号	国家或地区	区域	百分比/%
1	印度	亚洲	16.33
2	日本	亚洲	11.84
3	台湾	亚洲	8.48
4	俄罗斯	欧洲	8.31
5	韩国	亚洲	7.70
6	马来西亚	亚洲	3.69
7	香港	亚洲	3.69
8	法国	欧洲	3.16
9	意大利	欧洲	2.57
10	泰国	亚洲	2.31

图 10-8　观众情况二

2019中国展境外观众排名
前10位的国家和地区

编号	国家或地区	区域	百分比/%
1	印度	亚洲	16.33
2	日本	亚洲	11.84
3	台湾	亚洲	8.48
4	俄罗斯	欧洲	8.31
5	韩国	亚洲	7.70
6	马来西亚	亚洲	3.69
7	香港	亚洲	3.69
8	法国	欧洲	3.16
9	意大利	欧洲	2.57
10	泰国	亚洲	2.31

图 10-9　观众情况三

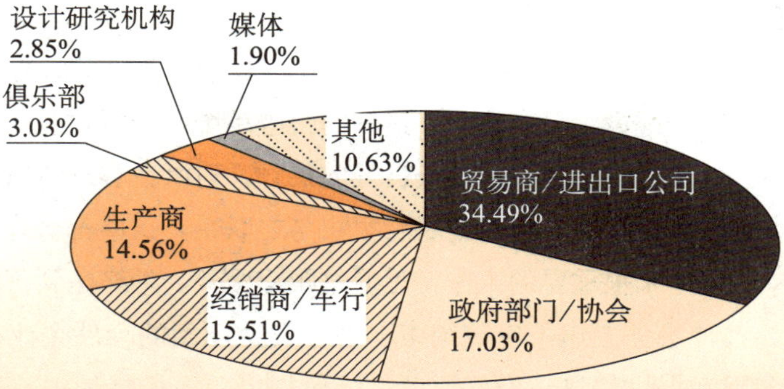

图 10－10 观众情况四

案例分析

会展结束后，会展的主办机构除了收集整理会展数据供发布外，还需要展开调查访问，对会展的举办效果进行总结和评估。第 29 届中国国际自行车展览会在新展商的开发、买家邀请、观众的组织等方面做了扎实的工作。会展结束后，会展企业要及时分析有关的数据，及时与客户沟通，这是打造品牌会展必不可少的环节。

教学目标

- 熟知会展客户跟踪服务的概念。
- 了解会展客户跟踪服务的要求。
- 了解会展客户信息数据库的建立。
- 熟悉会展评估的一般程序。
- 掌握会展评估的内容与总结。

基本概念

会展客户（exhibition clients） 跟踪服务（tracking service） 信息数据库（information database） 会展评估（exhibition assessment） 会展总结（exhibition summary）

10.1 会展客户跟踪服务概述

10.1.1 会展客户跟踪服务的概念

会展客户跟踪服务是会展工作的延续和重要组成部分，是实现会展目标和价值，最终达到营销目的的主要工作手段。

好的跟踪服务工作，其实就是要建立一个有效的“跟进”系统，要制订出细致的服务计划，并与展出活动同时进行。只有建立了良好的跟进系统，会展过程中的信息收集工作才有意义。如果在会展上与潜在客户进行了良好的接触，对潜在客户进行了全面的产品展示，在潜在客户离开之前向其许诺将在会展后很快与之联系，这些都会在潜在客户的心目中建立良好的印象。接下来很重要的工作就是通过跟踪服务，最终达到营销目的。

会展结束后，各种服务工作不应该结束。许多发达国家的会展企业在会展结束后仍主动、积极地为参展者提供信息、做好服务，这值得借鉴。概括地说，对会展客户跟踪服务其实就是在会展结束之后一如既往地为客户提供方便和解决问题。

10.1.2 会展客户跟踪服务的内容

会展客户跟踪服务的内容主要有以下几个方面：

（1）对会展实施期间的未了事宜服务，如会展参与人员的洽谈与参观安排、海外展品邮购的手续、未结清费用的了结等。

（2）会展信息，如会展期间的相关数据汇总、参展客商新的需求和市场信息收集等。

（3）解答疑问，如对参展客商要求会展进出馆时间安排充裕、展位费价格国内外一致等各种问题进行解答。

（4）整理会展的资料，包括对参展客商名录、媒体的宣传报道及征询意见等资料进行汇总、整理，并编印成册。

（5）与客户建立良好的沟通合作关系。

会展结束意味着新的会展的开始，大型会展如奥运会、世博会要提前一两届来准备。会展企业应及时将本届会展的总结情况、下一届的准备情况、企业的其他相关信息等及时向客户发布。信息发布的形式是多种多样的，如电话、网络、当面沟通、会展刊物及书面信件等。对不同的客户，其沟通方式也有所不同，如对国外的客户，采取网络沟通的方式比较合适，对本地的客户，可以采取当面沟通的方式，这样更容易增进双方的感情。

在会展过程中会收集到大量的潜在客户信息，直接致函可以使企业在最短的时间里和这些企业取得联系。邮寄计划应当认真地统筹考虑，确定切实可行的目标和严格的截止日期。

对潜在客户，可以以一封简短的信对其给予本企业展位的关注表示感谢，并强调在参展时会展企业的产品或服务的优越之处。为了尽快得到答复，会展企业也可以用传真或电子邮件的方式来沟通。在信的结尾处，可以向客户承诺在近期内进行更细致的访问。

接着，应当按顺序寄发一系列商务信件。每封信的内容都要有所不同，要强调产品和服务的特性。信函的设计要有创造性，必须抓住收信人的注意力。美国的一项调查显示：第一份资料（从展台上得到），1周内有8%的参观者阅读；第二份资料（参展企业邮寄)，45 天内有 13%的参观者阅读；第三份资料（参展企业邮寄)，90 天内有 17%的参观者阅读；第四份资料（参展企业邮寄)，5 个月内有 21%的参观者阅读；第五份资料（参展企业邮寄)，8 个月内有 25%的参观者阅读；第六份资料（参展企业邮寄)，11 个月内有 28%的参观者阅读；第七份资料（参展企业邮寄)，14 个月内有 33%的参观者阅读。调查还显示，由参观会展导致的实际成交有 20%是在会展之后 11～24 个月达成的。

由此可见，会展的跟踪服务工作及后续寄发资料工作的频率对成交有着相当大的作用。

会展客户跟踪服务采取个性化的服务往往能收到良好的效果，如对提供信息的客户，要由会展高层人士亲笔签署回信表示感谢，对其提出的意见或建议要采取相应的措施。还可以定期举办一些联谊及相关活动，并邀请相关媒体、政府官员、专家等重要客户对企业及新会展的准备进行指导及评价。对客户的重要活动，如公司成立纪念日、新产品研发成功、主要联系人过生日等，都应打电话或寄贺卡以表示祝贺。

10.1.3 会展客户跟踪服务的要求

要做好会展客户跟踪服务，必须明确其具体要求，这些要求如下所述。

1. 真诚

对客户处于顺境时表示祝贺，处于逆境时也不能忘记对客户的鼓励与支持，真诚可以赢得客户的长久支持与信任。

2. 连贯性

要与会展期间的要求相一致，不能出现前后矛盾现象。

3. 统一性

在会展客户跟踪服务过程中，应对所有客商一视同仁，不能亲此疏彼，尤其是对观众和虽然没有参加会展但仍希望了解信息的展商要做好服务。

4. 主动性

把所掌握的新情况、新信息，主动告知客户，对询问者耐心地做好应答。

5. 及时性

对客户的后续跟踪服务要及时、快捷，不能拖拖拉拉。

6. 人性化与个性化

会展客户跟踪服务务要亲切、自然、有人情味，使客户乐于接受，避免公式化。追求个性化可使服务独树一帜，让客户印象深刻，从而拥有稳定的客户群并且不断赢得更多的新客户，为成功举办会展奠定良好的客户基础。

会展客户跟踪服务最终的落脚点在“认真”上，要规范高效、服务达标、始终如一。认真做好会展的后续服务工作，无论对会展的主办、承办机构还是对参展商来说，都是十分重要的。

10.2 建立客户信息数据库

客户跟踪服务首先要明确服务的对象。从办展机构的角度来说，会展客户主要是指参展商和观众；从参展企业的角度来说，会展客户主要是指各种类型的客商，包括国内外客商及服务供应商等。为客户服务，必须要收集关于他们的完整资料，即建立客户信息数据库。

10.2.1 参展客户信息数据

参展客户信息数据包括企业信息、人员信息及展出信息等。参展客户的有关信息可以通过行业企业名录、商会和行业协会、政府主管部门、专业报刊、同类会展、外国驻华机构、专业网站及电话黄页等途径进行收集。除了要收集参展客户的名称、地址、联系电话、传真、电子邮箱和网址、联系人等基本信息外，还要收集其产品种类、目标市场、企业规模等信息。

收集到上述各种信息数据后，借助电脑和网络技术，就可以建立参展客户的数据库了。建立这个数据库要注意下述事项。

1. 提出数据分类标准并按标准对数据进行分类

在给数据分类时，既要考虑行业产品的分类特点，又要考虑招展的需要，还要考虑数据库使用的便利性。例如，家具行业可以分为家居家具、办公家具等；服装行业可分为职业装、休闲装、童装等。分类标准确定后，要严格按该标准进行分类，为建立数据库做准备。

2. 确定数据库基本字段

数据库一般都以表格的形式出现。所谓基本字段，就是该表格中基本不变的项目，如“企业名称”就是一个字段，在这个字段下，可以填进 n 个企业具体的名称，“地址”“电话”“传真”等也可以作为字段。数据库基本字段是对数据分类进行具体执行，它决定着数据检索的便利性。

3. 选择合适的软件

数据库的建立是借助于计算机和网络技术来实现的，要根据数据量的大小，在充分考虑速度、安全性、便利性、容量及成本的基础上，选择合适的软件来编写数据库的应用程序。

4. 输入目标参展商信息

有些数据库的数据量很大，可多达几万条或几十万条，在输入数据时，要注意确保输入的准确性。

10.2.2 参观客户信息数据

采集参观观众数据样本，特别是专业观众和境外观众的资料，主要是通过会展报到处和客商登记与观众注册登记表来完成的。

1. 现场实时取样

根据每天从会展现场得到的现场数据进行统计。

2. 登记表登记

根据专业观众进场前的登记进行统计。

3. 网络注册取样

利用会展专业网站上的电子登记系统，将所需取样的内容制成表格，以电子请帖的形式提供给观众填写，将取样的文字内容编入其中。

4. 会展身份识别信息管理软件

信息收集工作一般借助相关的客户管理软件来进行。

值得注意的是，参观客户信息数据库的建立要注意确保信息准确、更新及时、分类科学、易于查找与检索。

观众信息主要包括：

（1）基本信息。包括观众的姓名、性别、年龄、国籍、属地、单位、部门、职务等信息和电话、手机、传真、电子邮箱、地址等通信联系信息。

（2）需求信息。根据所采集到的信息，对每个观众进行定义，尤其是要根据观展目的和个人主要需求进行定义。

（3）行为信息。行为信息包括观众在会展现场进出各场馆、访问各展台、参加有关会议和活动等观展行为，使用目前的信息技术可以方便地采集到这类重要信息。这类信息对会展和展后的有关服务管理具有重要价值。

10.2.3 会展客户关系管理

会展客户关系管理（Exhibition Customer Relationship Management，ECRM）是一种借助于现代计算机技术和电子商务技术，通过最有效的客户关系管理来实现企业的核心竞争力的经营战略。

办展机构以客户为中心，以客户全面满意为目标，通过收集和管理客户信息，了解并适应客户不断变化的需求，从而有针对性地提供个性化的服务，以此来培养和加强客户忠诚度，达到与客户精诚合作、实现双赢的最高境界。其核心思想是将客户作为最重要的企业资源，通过完善的客户服务和深入的客户分析来满足客户的需求，保证实现客户的目标价值。

会展客户关系管理的目的和作用如下：

（1）提高服务质量，提高客户满意度。

（2）提供跟踪服务，培养客户忠诚度。

（3）激发赢利潜能，创造客户价值。

（4）提高管理水平，降低销售成本。

（5）提高会展收益，获得最大利润。

会展客户关系管理的大致流程如图 10－11 所示。

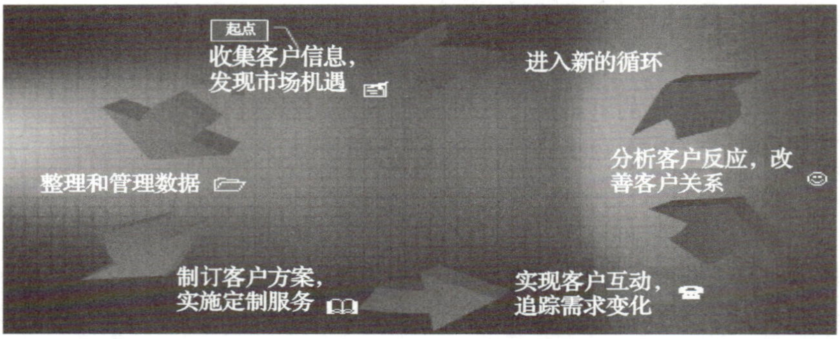

图 10－11　会展客户关系管理大致流程

在会展的跟踪服务阶段，会展客户关系管理的任务主要是提供跟踪服务，通过服务质量的提高，培养客户忠诚度。

会展客户跟踪服务的流程如图 10－12 所示。

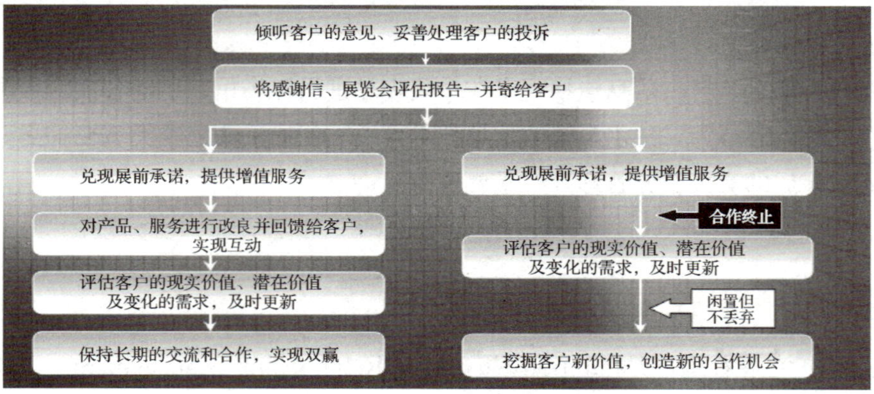

图 10－12　会展客户跟踪服务的流程

10.3 信息反馈与会展评估

10.3.1 会展信息反馈机制

办展机构与参展商和展会观众的合作不是一次性的，而是长期的。反馈机制是建立在会展主办方与客户之间的桥梁。所以，主办方应及时提供和反馈会展信息，以便吸引和鼓励他们积极参展，同时做好参展的各项准备。

主办方应主动联系媒体这一反馈信息的渠道，向他们提供各种资料，供他们选择发表，争取他们的支持。媒体报道可以进一步扩大会展的影响。

会展信息的通报应当具有连续性。会展发布反馈信息的内容大体包括以下几个方面：

(1) 会展的历史和宗旨。

(2) 会展的近期业绩，包括各种统计数据。

(3) 会展主办者及办事机构。

(4) 预订的展出项目、主题时间及筹备进程。

(5) 展馆及展位，以及已经预订的展馆、展位。

(6) 展馆的各种设备和附属设施。

(7) 招商引资办法及实施细节。

(8) 会展交通情况。

(9) 会展的其他配套服务项目（如接待、食宿、布展等）。

以上会展信息可以在互联网上发布，面向全体客户。对于重点客户，还应当寄发纸质文档，以期引起注意。会展应当设有专门的咨询机构，以解答客户的疑难，提供有关信息。

10.3.2 会展评估的一般程序

会展评估是一项复杂的工作，必须按照一定的程序科学地进行。

会展评估与其他营销活动的评估是类似的，即按照一定标准，对统计数据和观察资料进行分析和研究，最后得出判断和结论。

会展评估的一般程序如下。

1. 选择标准

选择标准，即选定一个评估方案，方案中有一系列的评价指标，且每一个指标根据重要性有不同的分值（权数）。评估标准直接决定评估的结果，对评估标准的要求是：

权威、客观、明确、具体。

（1）权威。

评估标准必须为主办者、参展商及会展主管部门所认可，否则难以保证评估结果能够为各方所接受。

（2）客观。

评估标准要符合客观实际，不至于过高或者过低。因为评估标准对会展主办者有较强的引导作用，合理的标准可以促进会展业的发展又不至于造成浪费。

（3）明确。

评估指标必须清楚，说明进行评估工作的方法。

（4）具体。

评估标准必须易于量化、可操作性强，能有效减少评分时的主观随意性。

2. 收集信息

收集信息是会展评估工作中最耗费时间和精力的步骤。收集信息的主要方法有收集历史资料、现场观察记录、问卷调查、会议座谈等。这些方法可从定性和定量两方面获取信息，而问卷调查是最常用的方式。

（1）收集历史资料。

历史资料主要有历届会展的统计资料、竞争对手的资料、报刊的相关报道，以及专业和内部媒体的评估资料等。

（2）现场观察记录。

在会展进行过程中，需要组织评估人员对工作项目、工作环节、工作结果等方面进行记录。通过这些记录，可以得到诸如参观者数量、交通密度、意向成交金额等重要的评估数据。

（3）问卷调查。

会展评估中使用的调查问卷主要包括参观者问卷和参展商问卷。参观者问卷用于了解参观者的基本情况及对会展效果的评价。其中，由主办者发送的参观者问卷目的在于了解会展整体效果，参展商也会向参观者发送问卷以测量其公司和产品的参展效果。参展商问卷重在了解参展商对会展服务的反馈意见及对会展效果的评价。问卷调查工作通常以概率抽样的方式进行，可以委托专业的市场调查公司完成。

下面是一份参观调查表：

1. 您参观过哪几届本展览会？

□2013　□2014　□2015　□2016　□2017

2. 本届展览会期间，您参观了几天？

□1 天　□2 天　□3 天　□4 天　□每天

3. 您平均每天参观几小时？

□1 小时　□2 小时　□4 小时　□6 小时　□全天

4. 您参观了哪几个馆？

□全部　□A 馆　□B 馆　□C 馆　□D 馆

5. 您来展览会的路程有多远（千米）？

□10　□50　□100　□200　□500 以上

6. 您从何途径知道本展览会？

□直接发函　□报刊广告　□新闻报道　□内部刊物　□别人告知

7. 展台吸引您注意的原因是什么？

□展台设计　□产品　□展台人员　□资料　□其他

8. 您有兴趣去购买的产品有哪些？

（详细排列，供参观者打钩选择）

9. 您在公司购买过程中的作用是？

□决定　□参与　□建议　□不参与

10. 您是否参观过其他同类展览会？

□是，请列举__________　□否

11. 本展览会下一届将在××××年××月××地举办，您是否会参观？

□是　□否　□未确定

12. 您对展台设计有何意见、建议？

____

13. 您对展台人员表现有何意见、建议？

____

14. 您对展品有何意见、建议？

____

15. 您的姓名是？

____

16. 您的职务是？

____

17. 您所在公司的经营性质是？

□制造　□进出口　□批发　□零售　□经销

18. 您公司经营范围是？

（可列表供打钩）

19. 您公司成立的时间是？

____

20. 您公司的雇员人数是？

□1～9 人　□10～49 人　□50～99 人　□100～499 人
□500～999 人　□1 000 人以上

21. 您参观的目的是?

□收集信息　□寻找代理　□寻找新货源　□订货

22. 您经常阅读的专业报刊是?

□报纸 A　□报纸 B　□报纸 C　□期刊 A　□期刊 B
□期刊 C

填写日期

签字

（4）会议座谈。

会展期间可以组织各种规模的会议，邀请政府部门、商会、行业协会、展览会的专业人士参与座谈，定性地收集专业人士的见解和评价。

3. 统计分析

会展评估中的统计分析是将所收集到的数据资料统计整理成系统化的、条理清晰的材料，根据所选定的评估方案的标准进行评分，并分析存在的问题及原因。通过统计分析，容易得到如潜在顾客数、签订合同金额等指标，但是要得到市场状况、趋势、竞争对手情况等信息，需要结合其他手段来分析。在统计过程中，要合理运用各种统计工具，也可以委托专业的市场调查公司来处理统计分析工作。

4. 评估结果

会展评估结果是反映会展情况的一系列数字、图表、比例和陈述，通常按照会展评估方案的要求提交。

在会展评估的过程中，需要特别注意以下两点：

第一，会展评估要有权威的评估方。评估方必须以中立的身份主持评估工作，做到公平公正，通常可考虑由政府主管部门或行业协会开展评估活动。

第二，要在评估工作开展之前制订合理的工作计划，特别要保证人力和物力的投入。

10.3.3　会展评估的内容与总结

评估（测评）是指根据一定的法则用数字对事物加以确定。会展评估是对会展环境、会展工作和会展效果进行系统的、深入的评价。

会展评估是会展工作的重要组成部分，一般包括对会展前台工作和后台工作两方面的评估。评估后台工作主要是对会展环境，以及会展筹备和组织工作进行评估，在会展结束时完成。评估前台工作主要是对会展人员工作水平和会展效果进行评估，需要在会展结束时及后续时间跟踪调查评估。

会展评估工作，根据其评估内容的侧重点不同，可以有几种分类方法。从宏观角度看，可分为对会展社会效果的评估和对其经济效果的评估；从表现形式角度看，可分为对会展交易效果的评估和对会展本身效果的评估；从时间角度看，可分为对会展即时效果的评估和对其潜在效果（长期效果）的评估。

1. 会展工作评估

会展工作评估包括以下几方面：

（1）展出目标评估。

展出目标是否合理，需要根据展出者的经营方针、市场条件、会展情况等进行评估。

（2）展台人员评估。

对展台人员的评估一般通过询问参观过展台的观众来了解和统计，或者计算展台人员每小时接待观众的平均数。此外，还要注意展台人员组合安排是否合理，效率是否高，言谈、举止、态度是否适合等。

（3）展台评估。

展台评估主要考虑两点：一是展台人员实际接待目标观众的数量在目标观众总数中的比例；二是展台总开支除以实际接待的目标观众数量之商。有一种评估展台的指标称作展览记忆率，它是指参观者在参观展台后 8～10 周仍能记住展台情况的比例。

（4）展品工作评估。

展品工作评估主要包括展品选择是否合适、市场效果是否好等。

（5）设计工作评估。

对设计工作的评估分定性和定量两方面，即展台能否表现公司形象、展台图表资料是否有助于展出、是否能使展台突出和易于识别，展台设计和施工的成本效率、展台和设施的功能效率、各种与竞争者的数据比较等。

（6）宣传工作评估。

宣传工作评估主要包括宣传和公关工作效率、宣传效果、资料散发及媒体的评价等。

（7）管理工作评估。

管理工作评估主要包括会展筹备管理的质量和效率，展台管理的质量和效率，管理工作有无疏漏，尤其是会展的后续跟踪服务方面。

（8）费用评估。

费用评估主要包括预算制定得是否合理、预算执行状况等。

2. 会展效果评估

会展效果评估比较复杂，不同会展主体的评价角度也有差异。以下是几种主要的评估指标：

（1）展台效果。

若接待了70%以上的潜在客户，而客户接触的平均成本低于其他展台平均成本，则展台效果是优秀的。

（2）成本效益。

目前比较常用的评估办法有以下两种：

$$参展成本效益比=\frac{展出开支总额}{展览成交总额}$$

$$参展成本效益比=\frac{展出开支总额}{新建立的客户总数}$$

上述两个公式各有不同的适用对象和评估内涵。前者较适合综合性会展，后者较适合专业性会展。

（3）成本利润。

成本利润评估不仅要计算成本和收益，还要计算成本利润率。其公式如下：

平均成本＝会展总开支/成交笔数

利润＝成交总额－（展览总开支＋产品总成本）

成本利润率＝利润/展览成本

（4）成交评估。

成交评估的具体内容主要有：销售目标是否达到、成交额多少、成交笔数多少、实际成交额多少、意向成交额多少、新客户成交额多少、老客户成交额多少、新产品成交额多少、老产品成交额多少、展期成交额多少、预计展后成交额多少等。

（5）客户接待。

客户接待主要是参展商对其展位实际接待的客户数量、质量进行评估。具体评估指标由参展商设计、选择、决定。

3. 会展总结

总结是会展工作的最后一个环节，它可以是一份会展评估工作的分析报告，也可以是会展整体工作的回顾、分析、研究。会展总结最后要形成一份总结文件，需上报主管单位，抄送合作单位，经审查无误后还可以作为会展跟踪服务的一项内容发给目标客户，以供借鉴、参考。

案例参考

2019汉诺威工业博览会展后总结（节选）

展出时间：2019年4月1—5日

展出地点：德国 汉诺威展览中心

参展商数：来自75个国家的6 500家展商

专业观众数：215 000名（40%来自境外）

总展出净面积：227 000平方米

中国展商数：1 400家企业，参展面积22 000平方米

中国观众数量：7 200名

“让数字化转型触手可及”——这是2019汉诺威工业博览会的愿景。为期5天的展会落下帷幕，主办方正式发布展后报告，成果喜人。本届全球性工业技术顶尖盛会最重要的话题包括：工业和机器人领域的人工智能、工业应用中新5G移动通信标准、轻量设计以及数字化迅猛发展背景下未来工作等。

“2019汉诺威工业博览会向全世界证明它为工业化转型技术提供了重要的展示平台，”德国汉诺威展览公司董事局主席柯克勒博士说道，“超过215 000名观众借助汉诺威工业博览会这一平台投资新技术，为未来贸易发展做准备。只有汉诺威能提供全方位视角，让参观者们了解应用场景、工业4.0的潜力和互动、人工智能、5G和能源解决方案。”

来自世界各地约6 500名参展商展示了未来制造业和能源供给的解决方案，包括500多个案例，涉及工业制造中的人工智能部署、5G应用、能源和动力传输解决方案等。机器人同样是吸引参观者的一大噱头。顶尖机器人制造商和初创公司为业界所有部门展示实际应用。本届合作伙伴国瑞典凭借高新科技脱颖而出，共有160家参展公司。

本届展会迎来215 000名专业观众，其中近40%来自境外。“本届展会参与者人数打破历史纪录，再次印证了汉诺威工业博览会的国际意义，展示了德国作为工业大国的强劲实力，”柯克勒博士说道。仅次于德国观众，中国观众人数（7 200）位居第二，荷兰（5 900）第三，意大利（3 400）第四，美国（3 400）第五。合作伙伴国瑞典观众人数为2 600人。

参展商们对展会给予了高度评价。“如今，机械工业行业发展迷云已逐渐散去，汉诺威工业博览会作为业界和创新领域的明灯这一作用也愈发重要。机械工程师们正处在产品连接时代背景的前沿，而展会观众对机器到机器的通信以及‘全球机器语言’OPC统一架构的强烈兴趣证实了我们的成员正处在发展前沿。整合制造业的另一关键因素是超速5G移动通信标准，而本届汉诺威工业博览会在该领域表现出强劲势头。最近几年，工业4.0浪潮不断席卷，而今年的展会揭示了我们从开始到现在到底进步了多少。”德国工程联盟执行董事Thilo Brodtmann说道。

“5G和汉诺威工业博览会简直是完美拍档。”ZVEI工业联盟首席执行官Klaus Mittelbach说道。“明年的展会将聚焦5G技术应用。从事电气工程和电子行业的企业迫切希望使用这一移动通信新标准。和人工智能一样，5G技术将成为重要竞争因素。”他总结道。

作为首映主要合作方，展会技术支持商诺基亚和高通首次让参观者们亲临5G测试

环境。这一创举助力解决方案供应商和潜在用户展示和尝试这一工业应用移动通信新标准的潜能。

汉诺威工业博览会上的5G技术首映同样标志着德国汉诺威展览公司“智能场所”倡议的启动，即在未来几个月内，汉诺威展览中心将成为全球首个全方位使用5G技术的展会场所。

汉诺威工业博览会开展了形式多样的论坛和会议，来自工业、政界和研发领域的专家们针对工业4.0、人工智能和未来工作等话题展开对话，成果丰硕。其他会议活动最受关注的要数德国经济与能源事务部主办的轻量设计峰会、产业大会中的未来工作和工业先锋峰会。

数字化转型时代，汉诺威工业博览会也在不断发展。得益于品牌重塑、新主题方案、新展馆布局等战略调整，汉诺威工业博览会正不断强化自身作为全球工业技术顶尖展会的角色定位。展会的主要展出主题类别，升级后的展会布局将为工业、能源和物流领域的未来发展奠定基础。

资料来源：http：//www. hannovermesse. com. cn/Co/？CID=19&AID=83。

案例解析

会展总结是会展管理工作的一个重要组成部分，总结的功能是统计整理工作资料，研究分析已做的工作，为未来工作提供数据、资料、经验和建议。2019汉诺威工业博览会展后报告借该会展董事局柯克勒博士之口，总结出会展的主题，并指出波兰参展企业的突出表现，对会展进行了较全面的总结，为下一届会展目标的确立提供了参考和指南。

本章小结

做好会展的客户跟踪服务是赢得回头客的重要途径。会展客户跟踪服务的内容十分广泛，比如为客户整理会展的会后总结、收集该行业今后的发展信息等。只要能够在合同项目列表上为客户多付出一份努力，就能奠定今后会展的成效。从大的方面讲，开展会展评估工作的目的在于促进会展业健康发展，减少重复办展、无序竞争，达到规范市场秩序和保证行业竞争的效果。从参展企业的角度讲，关注会展评估的目的在于测量会展效果，为以后的会展活动和其他营销活动提高效率和效益提供经验和建议。目前，各地都有加大会展评估工作力度的趋势。

作业

1. 简述会展客户跟踪服务的重要性。

2. 阅读下列材料，分析第七届高交会电子展获得成功的原因。

第七届高交会电子展参展商分析

一、参展商基本情况

第七届高交会电子展（ELEXCON 2005）是一个高层次、国际化、明星企业云集的年度电子盛会。

（一）参展商以新产品展示为主

73.8%的参展商是为了利用会展机会进行市场推广，寻找新的合作伙伴，显示了专业馆参展商参展目的的务实趋势，为专业馆的成功举办及吸引专业买家奠定了基础。

（二）外商比例较高

境外参展商113家，参展面积占总展览面积的58.6%，其中跨国知名企业16家，参展面积占总展览面积的11.8%。境外参展企业主要来自美国、英国、日本、韩国、瑞士、新加坡、德国等国家和地区。

第七届高交会电子展参展商分布如图10-13所示。

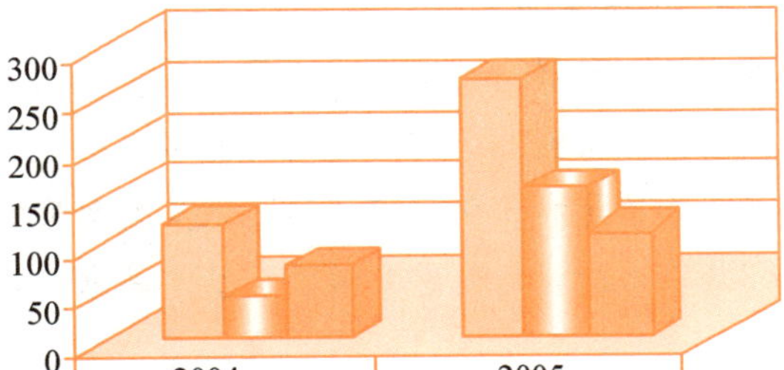

	2004	2005
合计	116	266
国内	42	153
国际	74	113

图10-13　第七届高交会电子展参展商分布

（三）参展商素质高

NEC、京瓷、泰科电子、ALPS、3M、索尼化学、EPCOS、美国国家仪器、太阳诱电、安凯、特瑞仕、信利半导体、富晶、韩国世宗、美国福禄克、AGC、IEI、BRADY、INTERTEK、STAUBLI等著名企业参与了本次展览，在行业中具有代表性。

二、参展商反馈

（一）专业性定位获参展商认同

电子技术是高新科技的重要组成部分，电子技术及电子生产技术的发展与应用对于推动高新科技产业的发展有着重要的意义和作用。电子展的设立，能重点展示集成电路、被动元件、无铅制造技术、测试测量等主题，展出国际电子及生产领域的前沿技术，并配合专题研讨会，为广大参展商提供一个展示企业核心竞争实力、技术交流、合作洽谈的平台。

专业性突出，展示内容针对国内电子制造业的需求，深受业界瞩目。本次电子展是高交会继续朝着专业化发展的又一次成功尝试。

（二）参展目的注重实效

高交会电子展参展商的第一参展目的是推广市场及产品，而提高企业知名度成为第二目的。这表明本届高交会参展商的参会目的更加务实，参展商更注重展览的实效。

（三）技术发布及研讨会受欢迎

调查显示，技术研讨会与产品发布深受参展商欢迎。本届电子展期间的技术研讨会吸引了众多业界领袖企业积极参加，在行业内影响广泛，几个研讨会均座无虚席，吸引了业界的关注。

（四）专业观众的数量和质量获得好评

细致、一流的观众组织服务获得了参展商的一致认可。主办方展前借助行业网站、专业买家数据库、各专业合作媒体宣传，以及印制大量的会展前瞻、观众指南等推广资料，包含所有同期研讨会及部分参展商信息，于展前发送给潜在的业内观众，确保了电子展专业观众的数量及质量。

本届高交会电子展的观众来源包括：特别邀请的VIP买家、高交会原有观众群、网站及传真反馈的专业观众、参展商邀请的客户等。此外，还有依靠专业买家数据库邀请函，以及各支持专业媒体、行业协会协助邀请及宣传吸引来的观众。

参展商对于专业观众的数量和质量评价颇高，尤其是数量方面，获得一致好评。对于专业观众的质量，83%以上的参展商感到满意或基本满意，同时希望专业观众的素质能进一步提高。

（五）下届高交会电子展参加意向

在针对所有参展商的调查中，96%的参展商有意向明年继续参展，同时有32%的参展商表示下届会展将扩大展览面积。另有多家企业在参观会展现场后对未能及时报名参展表示遗憾。

本届电子展现场ELEXCON 2006展位预订处至大会闭幕时止，逾四成展位已被本届参展商续订。

针对本届未参展的客户，主办方也得到了积极的反馈，现场及会后的电话调查中，有60%以上的客户表示将考虑参加下一届高交会电子展。

参展商抽样调查：

- 是否有兴趣参加2006年第八届高交会电子展？

  是 57.1%　　考虑 38.9%　　否 4%

- 对大会的总体评价是？

  非常满意 19.5%　　满意并超出预期 69.5%　　一般 11%　　不满意 0

- 对买家及观众的评价是？

  非常满意 20%　　基本满意 63%　　一般 15%　　不满意 2%

第七届高交会电子展参展商满意度调查如图 10－14 和图 10－15 所示。

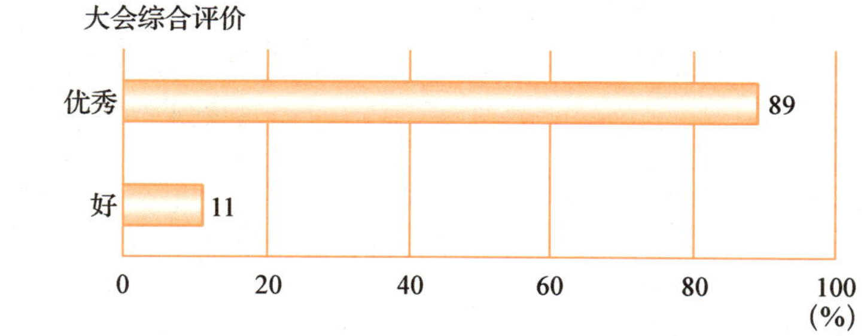

图 10－14　第七届高交会电子展参展商满意度调查一

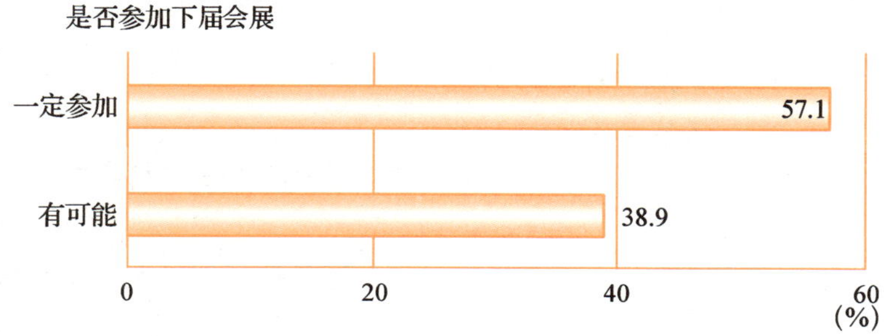

图 10－15　第七届高交会电子展参展商满意度调查二

3. 阅读下列材料，指出如何在会展客户跟踪服务过程中应用统计报表。

上海推出会展业统计报表制度

目前，会展业已被列入《国民经济行业分类》中，但是没有具体的统计细则，内容是空白的。上海市会展行业协会成立后，在上海市统计局主管部门的支持下，出台了《会议和展览服务业统计报表制度》。

在整个调研和制定过程中，上海市会展行业协会把会展行业划分为三大板块：

(1) 主（承）办企业。

主办企业指具有国家主管部门批准的、有报批会展项目资质的单位；承办单位指虽没有报批会展项目资质，但同主办单位一样具有招商招展能力和举办会展的民事责任承担能力，设有专门从事办展的部门并有相应的展览专业人员，并具有完善的办展规章制度的单位。

(2) 展馆企业。

展馆企业指以一定规模的展览场地（包括室内、室外展览区）为依托，具有为国际会展提供配套服务的功能，并配置规范服务和管理的专业人员的单位。

(3) 展览服务企业。

展览服务企业指协助主办单位实施会展项目，为参展商提供各类服务（如设计、制作、搭建、租赁家具、展运等）的企业。

整个统计调查细则分为三个部分制成调查表：

第一部分是企业的基本要素，如企业的代码、详细名称、详细地址。

第二部分是企业人、财、物各方面的统计数据，这是国家财务、税务主管部门规定的统计项目，不可缺少。

第三部分则是会展行业所特有的数据统计。以下说明这方面的统计项目及界定：

（1）在境外举办经贸类展览会：指有在境外组展资质的单位经国家主管部门批准，组织国内企业在境外举办经贸类展览会的全年总个数。

（2）在境外举办经贸类展览会参展商：指参加在境外举办的经贸类展览会的国内企业总数量。

（3）在境外举办经贸类展览会参展总人数：指参加在境外举办的经贸类展览会的组织单位、实施单位及参展单位等总人数。

（4）在境外举办经贸类展览会租用面积：指在境外举办经贸类展览会所租用展览场地面积的总和。

（5）在境外举办经贸类展览会经贸合同：指在境外举办经贸类展览会期间签订经贸合同的总金额。

（6）组织企业参加境外经贸类展览会：指有在境外组展资质的单位经国家主管部门批准，组织国内企业参加境外的经贸类展览会的全年总个数。

（7）组织企业参加境外经贸类展览会参展商：指组织企业参加境外经贸类展览会的国内企业总数量。

（8）组织企业参加境外经贸类展览会参展总人数：指组织企业参加境外经贸类展览会的组织单位、实施单位及参展单位等总人数。

（9）组织企业参加境外经贸类展览会租用面积：指组织企业参加境外经贸类展览会所租用展览场地面积的总和。

（10）组织企业参加境外经贸类展览会经贸合同：指组织企业参加境外经贸类展览会期间签订经贸合同的总金额。

（11）在外省市主办或联合主办国际展览会：指全年总数。

（12）在本市主办各种展览会：指本企业组织主办的展览地在上海的各种展览会总个数。凡在相同日期、地点（展馆），同一组织机构在一个主题下举办的若干相关题材的展览会应视作一个展览项目计算。

（13）主办国际展览会：本企业组织主办的展览地在上海经申报批准并有境外参展企业参展的专业性展览会的全年总个数。

（14）在本市主办展览会参展商：企业在上海参加的各种展览会必须与主办单位签约付款，从而获得展台或规定场地的参展单位（商）的总数。

（15）境外参展单位（商）：指本企业组织主办在上海的各种展览会的境外参展单位

（商）总数量。

（16）参观展览会累计人数：指参观本企业主办的展览会，持有付费门票进入会展的参观者或经过观众登记（展前或现场）进入会展的参观者的人次之和。

（17）境外观众数：指参观本企业主办的展览会的境外观众的全年累计人次之和，以其在注册登记表上登记的国外地址或其身份证明为依据。

（18）主办展览会租用面积：指主办单位与展馆方签租场馆合同，并以实际租用面积付费的全年展览会累计面积之和。

（19）其中展览面积（净）：指本企业组织主办在上海的各种展览会的参展单位（商）实际展出面积之和，包括标准展台和特装展台的占地面积，以参展商付费、参展商使用为原则并以展台合同为依据。

（20）其中境外参展商展览面积：与上条相同，另列出境外参展商使用面积。

（21）其中特装面积：指除标准摊位展台或改良型标准展台之外经过专门创意、设计，并用各种新型器材布置的展台，计算以租地面积为统计标准。

（22）主办展览会标准展位数：指本单位组织主办的展览会折成标准展位的总个数。标准展位以占地面积 3m×3m 为计算单位。

（23）其中境外展商标准展位数：指本单位组织主办的展览会中境外参展商购买的标准展位的总个数。标准展位以占地面积 3m×3m 为计算单位。

（24）举办各种会议：指由本企业举办的各种会议全年总场数。

（25）国际会议：指由本企业举办的国际性会议全年总场数。

（26）参加会议累计人数：指参加本企业组织的会议的全年累计人次之和。

（27）境外参加者人数：指参加本企业组织的会议的境外参加者全年累计人次之和。

虽然上海已基本完成了会展行业的统计指标体系和报表设计，但还要通过不断地实践，不断改进，使之更全面、系统和完整。

参考文献

1. 谭实．现代会展导论［M］．北京：中国商务出版社，2015.

2. 张学梅，付业勤．会展项目策划与管理［M］．北京：经济管理出版社，2016.

3. ［美］乔治·费尼奇．会展业导论［M］．王春雷，译．重庆：重庆大学出版社，2018.

4. 马勇，王春雷．会展管理的理论、方法与案例．北京：高等教育出版社，2003.

5. 俞华，朱立文．会展学原理．北京：机械工业出版社，2005.

6. 刘大可，陈刚，王起静．会展经济理论与实务．北京：首都经济贸易大学出版社，2006.

7. 刘大可，王起静．会展活动概论．北京：清华大学出版社，2004.

8. 丁萍萍．会展营销与服务．北京：高等教育出版社，2006.

9. 华谦生．会展策划与营销．广州：广东经济出版社，2004.

10. 王春雷，陈震．展览会策划与管理．北京：中国旅游出版社，2006.

11. 丁霞．会展策划与管理．北京：高等教育出版社，2006.

12. 许传宏．会展策划．上海：复旦大学出版社，2005.

13. 许传宏．会展项目策划与组织．重庆：重庆大学出版社，2007.

14. 李莉．会展服务礼仪规范．长沙：湖南科学技术出版社，2005.

15. 王保伦．会展经营与管理．北京：北京大学出版社，2006.

16. 朱迪·艾伦．活动策划完全手册．北京：旅游教育出版社，2006.

17. 刘松萍．会展营销与策划．北京：首都经济贸易大学出版社，2006.

18. 唐少清．会展运营管理．北京：机械工业出版社，2007.

19. 牟红．会展服务管理．北京：机械工业出版社，2007.

20. 金辉．会展营销与服务．上海：上海交通大学出版社，2003.

21. 伦纳德·纳德勒．成功的会议管理：从策划到评估．北京：机械工业出版社，2003.

22. 王向宁．会展管理．北京：清华大学出版社，2004.

23. 刘松萍，郭牧，毛大奔．参展商实务．北京：机械工业出版社，2005.

24. 冯丹．展览现场管理．北京：中国劳动社会保障出版社，2007.

25. 黛博拉·偌贝．如何进行成功的会展管理．北京：高等教育出版社，2004.
26. 胡平．会展管理．北京：高等教育出版社，2004.
27. 向国敏．会展实务．上海：上海财经大学出版社，2005.
28. 瓦拉瑞尔·泽丝曼尔，等．服务营销．北京：机械工业出版社，2008.
29. 张以琼．会展场馆管理与服务．广州：广东经济出版社，2007.
30. 谢苏．会展心理．重庆：重庆大学出版社，2007.
31. 吴亚生，覃旭瑞．会展空间设计与搭建．重庆：重庆大学出版社，2007.
32. 向洪．会展资本．北京：中国水利水电出版社，2003.
33. 魏中龙．我为会展狂．北京：机械工业出版社，2002.
34. 胡平．会展旅游概论．上海：立信会计出版社，2003.
35. 龙泽．如何进行会议管理．北京：北京大学出版社，2004.
36. 陆永庆，阮益中．现代会务服务．上海：上海交通大学出版社，2005.
37. 邓玲．会展旅游实务．北京：中国劳动社会保障出版社，2006.
38. 谭红翔．会展营销与筹办实训．北京：中国劳动社会保障出版社，2006.
39. 卢晓．节事活动策划与管理．上海：上海人民出版社，2006.
40. 周彬．会展策划与实务．上海：立信会计出版社，2006.
41. 王斌．会展礼仪实训教程．重庆：重庆大学出版社，2007.
42. 孙有恒．服务营销实战．郑州：郑州大学出版社，2004.
43. 黛丝瑞·奥瓦内尔．会展：一门特殊的艺术．上海：上海教育出版社，2004.
44. 薛晨皓．会展企业客户服务．北京：电子工业出版社，2007.
45. 任国岩，骆小欢．会展组织与管理．北京：高等教育出版社，2004.
46. 马青．会展设计与布局．北京：高等教育出版社，2004.

图书在版编目（CIP）数据

会展服务与现场管理 / 许传宏编著．-- 4 版．-- 北京：中国人民大学出版社，2021.5
21 世纪高职高专规划教材．旅游与酒店管理系列
ISBN 978-7-300-29346-2

Ⅰ.①会… Ⅱ.①许… Ⅲ.①展览会-商业服务-高等职业教育-教材②展览会-商业管理-高等职业教育-教材 Ⅳ.①G245

中国版本图书馆 CIP 数据核字（2021）第 086613 号

“十二五”职业教育国家规划教材
经全国职业教育教材审定委员会审定
21 世纪高职高专规划教材·旅游与酒店管理系列
会展服务与现场管理（第四版）
许传宏　编著
Huizhan Fuwu yu Xianchang Guanli

出版发行	中国人民大学出版社		
社　　址	北京中关村大街 31 号	**邮政编码**	100080
电　　话	010－62511242（总编室）		010－62511770（质管部）
	010－82501766（邮购部）		010－62514148（门市部）
	010－62515195（发行公司）		010－62515275（盗版举报）
网　　址	http://www.crup.com.cn		
经　　销	新华书店		
印　　刷	北京密兴印刷有限公司	**版　　次**	2008 年 2 月第 1 版
开　　本	787 mm×1092 mm　1/16		2021 年 5 月第 4 版
印　　张	14.75	**印　　次**	2024 年 12 月第 5 次印刷
字　　数	296 000	**定　　价**	39.00 元